Adão e Eva, a primeira história de amor

Bruce Feiler

Adão e Eva, a primeira história de amor

E o que eles podem nos ensinar sobre relacionamentos

Tradução:
Maria Luiza X. de A. Borges

Para Andrew e Laura

Título original:
The First Love Story
(Adam, Eve, and Us)

Tradução autorizada da primeira edição americana, publicada em 2017
por Penguin Press, de Nova York, Estados Unidos

Copyright © 2017, Bruce Feiler

Copyright da edição brasileira © 2019:
Jorge Zahar Editor Ltda.
rua Marquês de S. Vicente 99 – 1º | 22451-041 Rio de Janeiro, RJ
tel (21) 2529-4750 | fax (21) 2529-4787
editora@zahar.com.br | www.zahar.com.br

Todos os direitos reservados.
A reprodução não autorizada desta publicação, no todo
ou em parte, constitui violação de direitos autorais. (Lei 9.610/98)

A editora não se responsabiliza por links ou sites aqui indicados,
nem pode garantir que eles continuarão ativos e/ou adequados,
salvo os que forem propriedade da Zahar.

Grafia atualizada respeitando o novo
Acordo Ortográfico da Língua Portuguesa

Revisão: Eduardo Monteiro, Carolina Sampaio | Indexação: Gabriella Russano
Capa: Estúdio Insólito | Foto da capa: *Adão e Eva*, 1932 (óleo sobre tela),
Rizzo, Pippo/Galleria Nazionale d'Arte Moderna e Contemporanea, Roma, Lazio,
Itália/Mondadori Portfolio/Archivio Vasari/Alessandro Vasari/Bridgeman Images

CIP-Brasil. Catalogação na publicação
Sindicato Nacional dos Editores de Livros, RJ

Feiler, Bruce, 1964-

F329a   Adão e Eva, a primeira história de amor: e o que eles podem nos ensinar sobre
relacionamentos/Bruce Feiler; tradução Maria Luiza X. de A. Borges. – 1.ed. –
Rio de Janeiro: Zahar, 2019.

Tradução de: The first love story: Adam, Eve, and us
Inclui bibliografia e índice
ISBN 978-85-378-1825-1

1. Adão (Personagem bíblico). 2. Eva (Personagem bíblico). 3. Relação homem-
mulher – Aspectos psicológicos. 4. Relação homem-mulher – Aspectos religiosos
– Cristianismo. 5. Amor – Ensinamento bíblico. I. Borges, Maria Luiza X. de A.
II. Título.

                                                     CDD: 222.110505

19-54694   CDU: 27-452.5

Meri Gleice Rodrigues de Souza – Bibliotecária – CRB-7/6439

O amor é nosso verdadeiro destino. Não encontramos o sentido da vida sozinhos, e sim com outra pessoa.

THOMAS MERTON

Sumário

Introdução: O primeiro casal   9
Por que Adão e Eva ainda têm importância

1. Primeiro vem o amor   21
Como Adão e Eva inventaram o amor

2. Encontro encantador   44
Quem estava presente na criação?

3. O demônio me levou a fazer isso   67
O que fazemos por amor

4. Guerras das tarefas   91
Quem precisa de amor?

5. Aquele olhar nos olhos deles   112
Como o sexo se tornou maligno, depois deixou de ser

6. A outra mulher   133
O lado sombrio do amor

7. Assunto de família   153
Somos os guardiões de nossos filhos?

8. O amor que você faz   175
Bendita seja a estrada interrompida

Conclusão: Vida após a morte 199
O que Adão e Eva podem nos ensinar sobre relacionamentos

Bibliografia selecionada 227
Fontes 235
Agradecimentos 243
Índice remissivo 245

Introdução: O primeiro casal

Por que Adão e Eva ainda têm importância

OUVIMOS MUITAS HISTÓRIAS sobre indivíduos hoje em dia. Uma pessoa. Um herói. Um gênio. Um pistoleiro.

Esta não é uma dessas histórias. Esta é uma história sobre duas pessoas. Aprendendo a estar juntas. Aprendendo a viver como uma.

E é a história, ao que parece, que deveríamos ouvir em primeiro lugar. Porque se nos voltarmos aos primórdios – estamos falando dos primórdios do Jardim do Éden –, a história que encontraremos não começa com uma pessoa. Começa com duas.

No entanto essa história de união não é o que geralmente lembramos. Porque de todas as coisas que nos contaram estarem presentes naquele jardim – homem, mulher, serpente, sexo, tentação, engano, pecado, morte –, aquela que é mais importante não está na lista.

No entanto é a coisa mais decisiva para sobrevivermos. É o antídoto para todo sofrimento que, segundo a história, nos atormentava então – solidão, isolamento, ansiedade, medo – e que nos atormenta ainda mais hoje. É a essência, a história insiste, do que significa ser humano.

É o amor.

Sim, o amor – misterioso, libidinoso, doloroso, belo, exausto, tenso, resiliente, triunfante.

Essa é a verdadeira história do Jardim do Éden, mas é a história que de algum modo deixamos de ouvir.

Este livro é a história de como nos esquecemos dessa mensagem, e a história de como podemos recuperá-la novamente.

Esta é a história de Adão e Eva.

A primeira história de amor.

A história que nunca contamos.

QUANDO MINHAS FILHAS gêmeas idênticas eram bem pequenas, fui a um viveiro comprar algumas plantas para o alpendre da frente de nossa casa no Brooklyn. O vendedor era um homem de pele grossa e enrugada, barba espetada branca, um bico de viúva e um buraco negro onde deveria estar seu canino, do qual se projetava um mascado palito. Ele tinha sido outrora jardineiro do Yankee Stadium. Quando descrevi os ventos constantes de nossa região, ele se animou.

"O que você precisa é de um azevinho!", disse, e começou a me conduzir através do matagal.

Lembrando-me de ser guiado por meu avô através de uma vegetação rasteira semelhante em Pin Point, Geórgia, quando eu era menino, procurando glicínia sexualmente compatível, perguntei: "Mas com azevinhos a gente não precisa de um macho e uma fêmea para que deem frutos?"

"Ah, não se preocupe", disse ele. "Um macho pode tomar conta de sete fêmeas."

"Isso é perfeito", respondi. "Tenho duas filhas, uma mulher, uma irmã, uma babá, uma mãe e uma sogra. Sou um azevinho!"

Por mais de uma década, vivi em grande parte na companhia de mulheres. Isso significa, pelo menos em minha casa, que volta e meia surgem certas conversas: meninas e matemática, meninas e codificação, meninas e imagem corporal, meninas e bullying. (Estou ignorando as conversas sobre as deficiências dos pais.) De muitas maneiras, esses temas refletem as conversas mais amplas que minha mulher e eu temos toda noite e que a maioria dos casais que conheço tem de uma forma ou de outra – homens, mulheres e trabalho; homens, mulheres e poder; homens, mulheres e sexo. Mas há uma conversa sobre a qual raramente ouço falar.

Homens, mulheres e Deus.

Como pai – especialmente um pai que se importa com coisas antiquadas como valores e espiritualidade –, o assunto fé é particularmente aflitivo. Por um lado, não há nada que eu gostaria mais que ver minhas filhas crescerem com um saudável interesse pela espiritualidade, a liberdade de explorar aquilo em que realmente acreditam e a sensibilidade

Introdução II

para viver ao lado de quem possam discordar. Por outro, dada a maneira como a religião organizada, ou seja, a religião como instituição, discriminou as mulheres por séculos de maneira sistemática, deliberada e muitas vezes violenta, posso eu encorajá-las a encontrar sua voz num mundo que por muito tempo tentou excluí-las? Ainda mais radical, posso eu sugerir-lhes – ou para mim mesmo, aliás – que algo tão invariavelmente desequilibrado com relação aos sexos tem algo a dizer sobre relacionamentos hoje?

No entanto, precisamos de toda a ajuda que pudermos. Certamente não é ousadia sugerir que vivemos num tempo de grande confusão quanto ao modo como nos relacionamos. Estamos todos tão ocupados olhando para nossas telas 24 horas por dia, sete dias por semana, que esquecemos de olhar para as pessoas que estão bem à nossa frente. Em vez de ficarmos mais próximos pelos avanços da vida moderna, parece que estamos mais afastados. Nossos vínculos mais básicos de comunidade, família, até civilidade, parecem estar se desgastando. Em nosso mundo hiperconectado, temos uma crise de conexão.

Além disso, a última geração viu mudanças impressionantes no que diz respeito a estar num relacionamento prolongado com outro ser humano. As regras mais simples relativas a com quem nos unimos, quem faz o que dentro de um relacionamento e por quanto tempo concordamos em permanecer juntos estão sendo reescritas todos os dias. Isso inclui mais mulheres trabalhando fora de casa, mais homens ajudando dentro e mais de todos se engalfinhando com as definições de intimidade, felicidade e vida significativa. Os índices de casamento despencaram; os de divórcio se consolidaram; nada mais parece permanente.

A internet tornou uma situação complicada ainda mais instável, com maneiras inteiramente novas de se associar, romper ou simplesmente isolar-se. Com envio de mensagens eróticas, aplicativos de infidelidade e pornografia on-line, assuntos outrora tabu como poliamor, relacionamentos abertos e outros tipos de "não monogamia consensual" estão explodindo. A sexualidade se tornou tão onipresente e a nudez tão banal que até a *Playboy* parou de publicar nus.

Como adulto, essas mudanças me parecem bastante desconcertantes. Como pai, estou francamente amedrontado. E como muitos, não posso deixar de me perguntar: há alguma sabedoria antiga que possa nos ajudar hoje? Terão todas as coisas do passado se tornado obsoletas? Ou há alguns valores, lições ou histórias que merecem ser preservados?

Em minha família, luto com essas questões todos os dias. Minha mulher, Linda, tem uma carreira fabulosa, mas exigente, o que significa que me sinto orgulhoso dela e do exemplo que dá para nossas filhas, mas não consigo vê-la tanto quanto gostaria. Quando de fato nos encontramos, ou por telefone ou ao fim de um longo dia, passamos grande parte do tempo decidindo quem supervisiona os deveres de casa, quem leva as crianças para tomar a vacina contra a gripe e quem faz planos para escapadas de fim de semana, quando todos ficamos olhando fixamente para as nossas telas, mesmo que haja coisas muito mais interessantes para vermos ao redor. E embora eu possa ser um ponto fora da curva num mundo em que mulheres mostram mais interesse por religião que homens e assumem mais responsabilidade pelo ensino de valores aos filhos, em minha casa eu sou aquele que insiste em recuperar certo ritual antigo ou discutir algum texto ultrapassado. Especialmente numa era de neurociência e nanotecnologia, ainda acredito que há insights em verdades desgastadas pelo tempo. Eu tuíto, mas consulto o Talmude também.

Todas essas questões chegaram inesperadamente a um ponto crítico quando nossas meninas de oito anos e eu acompanhamos Linda numa viagem a trabalho a Roma. Em nosso primeiro dia, tive a brilhante ideia de levar nossas filhas, privadas de sono, ao Vaticano. Ver um pouco de arte! Adquirir um pouco de cultura! As coisas não correram bem. Enquanto eu as arrastava pelos corredores atapetados do museu, cheios de deslumbrantes nus gregos e afrescos de Rafael, elas se rebelavam. "Detestamos tapetes! Meus pés estão doendo. Isto é chaaaaato."

Finalmente chegamos à capela Sistina. Insisti que olhassem para baixo, levei-as até o centro da sala e disse: "Olhem para cima." Uma de minhas filhas deu uma olhada na imponente imagem de Deus, voando como um super-herói pelo ar, estendendo o dedo indicador para um apático Adão, e

Introdução

A criação de Adão, de Michelangelo, na capela Sistina.

disse: "Por que tem só um homem? Onde eu estou nessa pintura?" Sua irmã, enquanto isso, para não ser suplantada, apontou para algo que eu nunca tinha visto antes. "Quem é essa mulher debaixo do braço de Deus? É Eva?"

E foi então que me dei conta.

Em todos os estágios da civilização ocidental durante os últimos 3 mil anos, uma narrativa esteve no centro de todas as conversas sobre homens e mulheres. Uma narrativa serviu como campo de batalha para os relacionamentos humanos e a identidade sexual. Uma narrativa foi ao mesmo tempo a suprema fonte de divisão e de harmonia na história da família. Para alguns, essa narrativa é uma fantasia; para outros é um fato. Para todos, porém, ela tem um impacto duradouro no modo como vivemos hoje.

É a história de Adão e Eva.

Criados adultos, Adão e Eva não têm história; eles criam história. Nascidos sem precedentes, eles se tornam precedentes para gerações de seus descendentes. Casados com poucas diretrizes, eles se tornaram as diretrizes com que quase todos os casais no Ocidente lutaram de uma maneira ou de outra desde então.

E embora pouca gente reconheça, essa luta continua. Muitas das tensões sociais mais permanentes de hoje – de salários iguais à função de trocar fraldas, do consentimento sexual ao casamento de pessoas de mesmo sexo – têm suas raízes no Jardim do Éden. Não importa que você seja crente, incréu, alguém que está em busca de algo, alguém que medita, um vou-ao-culto-duas-vezes-por-ano-afora-isso-me-deixe-em-paz, cada parte da sua interação com o sexo oposto (ou até com o mesmo) é moldada num grau assombroso por uma narrativa de 3 mil anos que tem menos de 2 mil palavras.

Se você está num relacionamento com outra pessoa, está num relacionamento com Adão e Eva. Mesmo hoje, não é possível compreender sua vida amorosa, sua vida familiar, sua vida espiritual ou sua vida sexual sem compreender o que aconteceu entre Adão, Eva, a serpente e Deus naquele jardim "no oriente". E depois o que aconteceu quando séculos de líderes religiosos – 99% deles homens – manipularam a narrativa para promover suas próprias perversões e preservar seu poder. Seguido pela revelação de como novas gerações de líderes – muitos dos quais mulheres – reinterpretaram a narrativa para realçar seus temas mais igualitários.

Naquele momento, na capela Sistina, decidi revisitar a emaranhada narrativa de Adão e Eva. Eu viajaria nas pegadas do mais famoso casal da história – dos rios da Mesopotâmia ao local de nascimento do movimento feminista, do paraíso de John Milton à Hollywood de Mae West – e tentaria responder à pergunta: Adão e Eva são meramente a causa de pecado, degradação e desconfiança entre os sexos ou poderiam eles ser uma fonte de unidade, resiliência e, ouso dizer, inspiração?

Podem Adão e Eva servir de modelo para relacionamentos nos dias de hoje?

À PRIMEIRA VISTA, a ideia de que Adão e Eva ainda são relevantes hoje parece absurda. Para começar, muita gente simplesmente rejeita a narrativa. É inventada! É um conto de fadas! Somos mais astutos agora. Somos sensatos o bastante. E quem pode censurá-los? A narrativa parece ter ocorrido num nevoeiro da história. Apesar de séculos de investigação, não há nenhuma prova de que qualquer dos eventos no Jardim do

Introdução 15

Éden – ou todo o Gênesis, aliás – tenha ocorrido. E apesar de séculos de negação, há provas esmagadoras de que os seres humanos evoluíram de maneira contrária àquela que o Gênesis descreve. Hoje, sabemos muito mais sobre como o mundo foi criado, as origens da humanidade e as raízes biológicas de ser homem e mulher. Quem ainda precisa de Adão e Eva? Avançamos.

Mesmo no mundo dos que são profundamente crentes, no qual passei muito tempo nas últimas décadas, muitos veem a narrativa como alegórica. Santo Agostinho, que construiu toda uma teologia em torno de Adão e Eva, disse que ver a história como literal era "infantil". Embora ele pudesse estar à frente de seus pares, o mundo acabou por alcançá-lo. Com o tempo, Adão e Eva tornaram-se o patriarca e a matriarca esquecidos, tendo cedido o palco para seus presunçosos descendentes: Abraão, Moisés, Davi e Jesus. Eles são os decrépitos avós da civilização, empalhados em alguma casa de repouso, retirados algumas vezes por ano para eventos de família, em que ficam sentados no canto, ignorados.

E fica ainda pior. Mesmo esses adeptos intransigentes que ainda reconhecem Adão e Eva nunca os perdoaram por terem arruinado a vida do resto de nós. Adão e Eva são antimodelos; são os primeiros anti-heróis. Por milhares de anos, eles foram quase universalmente censurados por serem egoístas, infiéis, libidinosos, vergonhosos e por terem trazido sozinhos ignomínia, pecado, imoralidade e até morte para o mundo. Seu julgamento foi o julgamento original, e o tribunal da opinião pública foi brutal: sentenciamento por sermão; morte por milhares de *midrashim*.*

Na realidade, trata-se do maior caso de difamação na história do mundo. Como diz o lamento moderno: "Aonde vou para recuperar minha reputação?"**

Bem, vamos começar aqui.

---

* *Midrashim* é o plural de *midrash*, que significa exegese; interpretação, com conotação de investigação, procura. (N.T.)

** Frase dita pelo norte-americano Raymond J. Donovan, ex-secretário do Trabalho e empresário na área da construção civil após ser absolvido num julgamento por fraude e apropriação indébita. (N.T.)

Há três razões principais pelas quais Adão e Eva ainda têm importância e pelas quais merecem nosso respeito, até nossos louvores.

Primeira, eles são parte de quem somos. A mesma educação moderna que nos ensinou sobre biologia, psicologia e o poder da mente humana nos ensinou que certas ideias, tropos e símbolos, o que Jung chamava "anima", vivem enterrados em culturas e se expressam de formas poderosas e inesperadas. Histórias são o principal ingrediente dessa tradição compartilhada. Contadas e recontadas, são nossa cola social, nossos meios de compreender o mundo e nossa maneira de mudá-lo quando o reinterpretamos. Entrelaçadas, essas histórias compartilhadas tornam-se memes que formam nosso DNA cultural.

Adão e Eva são o meme máximo. Pois durante todo o tempo em que nossa espécie deixou traços, nossas histórias mais duradouras revolveram em torno de nascimentos, casamentos, viagens, mortes – acontecimentos associados com os começos e fins de vínculos sociais. Estamos irremediavelmente conectados a Adão e Eva porque eles constituem nosso vínculo mais antigo. Nossa árvore genealógica começa com eles. Eles são o big bang da humanidade. E isso é verdade mesmo que por acaso não acreditemos que existiram exatamente como a Bíblia diz. Não precisamos acreditar em mitos gregos, por exemplo, para acreditar que eles nos ensinam algo vital.

Certamente, na arena dos relacionamentos, trinta séculos de humanidade lutaram com essa história – são 150 gerações. Pense em praticamente qualquer grande figura criativa ou intelectual nos últimos 2 mil anos; há grande probabilidade de que tenham interagido com Adão e Eva de maneira significativa. Isso inclui Michelangelo, Rafael, Rembrandt, Shakespeare, Milton, Mary Shelley, John Keats, William Wordsworth, Sigmund Freud, Mark Twain, Zora Neale Hurston, Ernest Hemingway, Bob Dylan, Beyoncé. A lista se prolonga, indefinidamente. Seria preciso nada menos que completa arrogância para acreditar que nossa geração poderia simplesmente apagar essa história da mente como uma enorme lobotomia cultural.

Como Avraham Biran, o decano dos arqueólogos bíblicos, disse-me uma vez sobre Abraão: "Não sei se ele existiu naquele tempo, mas sei que existe agora." O mesmo se aplica a Adão e Eva. Não sei se eles estavam

Introdução

vivos no Jardim do Éden, mas sei que estiveram vivos fora de lá pelos três últimos milênios. Ignorá-los – confiná-los ao armário de relíquias ou ao Museu da Criação – é ignorar algo vital sobre quem somos.

Segunda, Adão e Eva ainda importam porque capturam o que continua sendo uma verdade fundamental sobre estar vivo: nossa maior ameaça como indivíduos é nos sentirmos excluídos, isolados, amedrontados, sozinhos; nossa maior ameaça como sociedade é sucumbir a forças semelhantes de desunião, desarmonia, medo, ódio. Olhe em volta, e por quaisquer critérios nossas conversas diárias são dominadas por ansiedade e confusão sobre o risco de desconexão e distanciamento, sobre o desafio de manter fortes laços sociais; sobre preocupações com a deterioração de nosso tecido social. Nosso sentido de comunidade está se dissolvendo? Estamos esquecendo de quem somos?

A arraigada necessidade humana de conexão é o tema – talvez até o tema dominante – que percorre toda a história de Adão e Eva, desde o primeiro momento, quando Deus olha para Adão e diz "Não é bom que o homem esteja só", até a decisão de Eva de compartilhar o fruto com Adão em vez de se arriscar a viver sem ele; à penosa escolha do primeiro casal sobre como reagir à dor inimaginável de ter um de seus filhos morto pelas mãos do outro. Adão e Eva estão lutando constantemente para decidir se devem permanecer juntos ou se separar. A dolorosa questão de sua história é se podem encontrar um caminho.

O restante da sociedade levou 3 mil anos para alcançar essa compreensão sobre o que significa ser humano. No pensamento contemporâneo, Freud foi um dos primeiros a escrever sobre os perigos de sentir-se isolado e sozinho. Meio século mais tarde, o psicólogo pioneiro Erich Fromm fez disso o ponto central de seu trabalho. "Somos criaturas sociais, tornadas ansiosas por nossa segregação", escreveu ele. Estar segregado significa ser amputado, disse ele; significa perder nossa capacidade de ser humano.

Hoje, esses medos latentes tornaram-se uma praga inequívoca. Estamos imersos na retórica da divisão e esmagados pelo colapso das instituições familiares. A porcentagem de americanos que moram sozinhos é mais alta que em qualquer época na história. O número de idosos sozinhos cresceu; o número de pais se virando sozinhos disparou; até o número de jovens que dizem se sentir sozinhos aumentou subitamente. Temos menos amigos – estudos mostraram –, menos pessoas em quem podemos confiar, menos pessoas a quem podemos recorrer em momentos de dificuldade. Os índices de depressão elevaram-se repentinamente; a infelicidade está desenfreada; o suicídio, mais elevado que nunca.

Como superar essa desagregação, como alcançar união, como transcender nossa vida individual e viver em sintonia com outrem tornou-se uma questão decisiva da vida moderna. Como conectar. É a mesma questão que Adão e Eva enfrentaram, e acredito que a resposta deles ainda se sustenta.

Essa resposta é a terceira e última razão pela qual Adão e Eva ainda importam. Eles foram os primeiros a lutar – algumas vezes com sucesso, outras não – com o mistério central de não estar só: estar apaixonado. Suas vidas são uma prova do poder dos relacionamentos e da ideia de que a maior defesa contra as forças do isolamento e da divisão que nos ameaçam todos os dias é a força ainda mais robusta do afeto. Confrontado com o caos, Deus responde com conexão. Sua mensagem: a única coisa mais poderosa que a separação é a união. A única coisa mais eficaz que o ódio é o amor.

Ao longo do último século, durante o tempo em que Adão, Eva e outros luminares bíblicos estavam perdendo prestígio, uma nova maneira de envolver o mundo ganhava popularidade. Incluía o uso de ciência social, DNA e *big data** para explicar o comportamento humano. Enquanto antes citávamos pregadores ou teólogos, agora citamos palestras do TED ou ganhadores do Nobel.

Embora nosso instinto seja acreditar que esse conhecimento de ponta tornou os insights do passado irrelevantes, na arena dos relacionamentos, ao menos, o contrário é verdadeiro. Os dois mostram notável convergência. Cientistas sociais estão dizendo agora o que a Bíblia falava desde o princípio. Uma descoberta central da psicologia moderna, por exemplo, é

---

* Conjunto de dados extremamente amplos e complexos cujo processamento requer o uso de ferramentas especiais. (N.T.)

Introdução 19

que nosso bem-estar depende de nossas interações com outros. Ser feliz é estar conectado. E isso inclui a conexão mais central de todas: uma ligação romântica com outra pessoa.

Uma das coisas mais eficazes que você pode fazer para melhorar sua qualidade de vida é ser bem-sucedido naquilo em que é mais difícil ter sucesso – o amor. Viktor Frankl, em seu clássico do pós-guerra *Em busca de sentido*, chamou o amor de "a suprema e mais elevada meta a que o homem pode aspirar". Até num campo do Holocausto, disse Frankl, o amor era a única coisa que podia proporcionar paz. "Compreendi como um homem a quem não sobra nada neste mundo ainda pode conhecer a felicidade, ainda que apenas por um breve momento, na contemplação de sua amada."

Erich Fromm, em *A arte de amar*, publicado em 1956, associou a propensão ao amor ao ímpeto para superar a solidão. "O desejo de fusão interpessoal é o mais poderoso esforço no homem", disse ele. "É a força que mantém a raça humana unida." O famoso místico do século XX Thomas Merton foi ainda mais longe. Ele disse que o amor é tão poderoso que mesmo aqueles que afirmam não estar interessados nele estão presos em seus tentáculos desde o momento em que nasceram. "Porque o amor não é apenas algo que lhe acontece: *é uma certa maneira especial de estar vivo.*" O amor, ele continua, é "uma intensificação, uma completude, uma inteireza da vida".

Essa linha de pensamento está longe de ser nova, é claro. Ela emergiu de uma tradição secular de tentar investigar o que Joseph Campbell chamou de "o mistério universal" do vínculo afetivo humano. Através da história, nossos pensadores mais profundos exploraram a ideia de que a vida é construída em torno da fusão de duas almas. Que a vida é mais intensamente vivida e experimentada de forma mais plena se for uma narrativa de identidade compartilhada. Estar vivo é esmagador demais para que o façamos sozinhos, só podemos ser nós mesmos quando estamos com outro. O filósofo Robert Solomon resumiu bem: "O amor é fundamentalmente a experiência de redefinir o próprio eu em termos do outro."

Nos últimos anos, quando voltou a ser moda discutir o amor romântico, a origem da ideia foi atribuída a um grande número de fontes no Ocidente: românticos europeus, pensadores do Iluminismo, cortesãos medievais, poetas romanos, filósofos gregos, os Evangelhos. Acredito que todas elas estão erradas e que deixam passar a real fonte desse insight. Condicionados a pensar que toda ideia duradoura deve ter suas raízes no berço do pensamento ocidental, deixamos de ver que *essa* ideia duradoura veio na realidade do berço da crença ocidental.

Quem inventou o amor como o conhecemos não foram os gregos, nem os romanos, os persas, os europeus ou os americanos. Foram os israelitas. O mais antigo modelo de um relacionamento robusto, resiliente, duradouro aparece na Bíblia hebraica.

A premissa fundamental deste livro é que a maior crônica da vida humana no Oriente Próximo antigo introduziu a ideia de amor no mundo. E não nos salmos, nos profetas ou mesmo nos patriarcas, como às vezes se afirma. Mas na primeira história de interação humana.

Tenho a mais forte convicção de que essa história fala de maneira intensa e inesperada aos mais profundos anseios dos seres humanos hoje. Como perdemos de vista esse feito é algo extraordinário, raramente contado. Como podemos reviver isso é um desafio vital. Acredito que podemos – e devemos – enfrentá-lo, porque devolver a ideia de cocriação ao centro de nossa vida é gerar o mais forte baluarte que conhecemos contra as forças da alienação e autocomplacência que ameaçam nos despedaçar.

"Ó, diga-me a verdade sobre o amor", escreveu Auden. A verdade é que ele começou com Adão e Eva. Eles são o primeiro casal de nossa civilização. É a sua história que precisamos recuperar.

1. Primeiro vem o amor

Como Adão e Eva inventaram o amor

No inverno de 2004, menos de um ano depois da queda de Saddam Hussein, fui de carro em direção ao sul de Bagdá, penetrando no interior do vale mesopotâmio meridional, rumo à cidade tribal de Qurnah, na junção dos rios Tigre e Eufrates. O júbilo que se seguiu à derrubada de um dos ditadores mais sanguinários da região tinha sido substituído por uma sensação de caos e medo. Bombardeios à beira de estradas estavam aumentando; uma onda de sequestros de jornalistas havia estilhaçado qualquer sentido de ordem. Eu estava acompanhado de um motorista, um segurança e um guia chamado Hikmat, um engraçado professor de inglês com um vasto bigode como o de Saddam.

Nossa intenção era realizar um sonho meu de uma década e visitar a confluência dos dois rios no arco setentrional do Crescente Fértil. Foi nessa vizinhança, a Bíblia sugere, que Deus, após criar o mundo, plantou um jardim cheio de flora e colocou dentro dele sua criação triunfal, homem e mulher. A Bíblia diz que o Éden está localizado na encruzilhada de quatro rios. Dois são desconhecidos; mas os outros são o Tigre e o Eufrates. Durante todo o tempo em que essas histórias foram contadas, o Éden esteve ligado com esse terreno bem irrigado.

A estrada estava repleta de efeitos da guerra: pontes bombardeadas, tanques queimados, caminhões-tanque saqueados. A intervalos de poucos metros havia um vendedor de frutas apregoando os despojos de sanções suspensas: maçãs, laranjas e cachos e mais cachos de bananas. Antes embargadas, as bananas eram um símbolo de status da liberdade.

Outro incidente dessa liberdade era a completa ausência de lei e ordem. Eu estava usando um colete à prova de balas Kejo Level III Rapid Response, feito com Kevlar HT 1100 e contendo duas placas de cerâmica capazes de deter munição de 7,62×39mm de um fuzil AK-47. Usava também um cachecol enrolado em volta da cabeça e calças pretas. Todos discordavam com relação às precauções apropriadas – vá num SUV, não vá num SUV; escureça os vidros, não escureça os vidros – mas todos concordavam numa única coisa: não use jeans. Só americanos usam jeans.

Uma hora ao sul de Bagdá o cenário mudou, de planícies poeirentas, abertas, para um pântano mais verde, mais irrigado. Tamareiras se projetavam do chão numa centena de direções diferentes; riachos e afluentes lambiam a estrada. Mais parecida com um oásis num deserto do que com um jardim inglês, a paisagem me lembrou o quanto nossa visão do Jardim do Éden é filtrada através da arte europeia. Mas é essa realidade pantanosa que está refletida nas passagens iniciais do Gênesis, com Deus criando um espaço no meio do pântano aquoso, separando as águas de cima das águas de baixo, depois arrancando terra da água. A água é a única coisa que Deus não cria; ela está simplesmente lá, no início, como está aqui, onde esse início foi inspirado.

Qurnah era um estacionamento. Um longo e denso engarrafamento de carros esperava em fila para abastecer. Manobramos em torno do congestionamento e chegamos ao ponto onde os rios se juntavam – dois amplos bulevares de prata que convergiam no horizonte. Seria fácil romantizar essa confluência como o lugar de nascimento da Mesopotâmia, mas Saddam desviou os rios ligeiramente e eles só passaram a se encontrar nesse local específico a partir de 1993.

Ainda assim, isso não detinha os nativos. A alguns quarteirões de distância havia um parque público do tamanho de uma quadra de basquete. Os residentes o chamam de *Janat Adan*, o Jardim do Éden. Havia nele duas oliveiras vivas e uma morta, e era revestido de concreto. Joni Mitchell estava certa. Pavimentaram o paraíso. Algumas crianças brincavam quando cheguei, e logo outras chegaram correndo. Puxaram meu paletó e pediram moedas. A cena era alegre e cheia de vida.

Minutos depois, porém, Hikmat veio correndo para o meu lado. "Sr. Bruce", disse ele, "está vendo aqueles homens ali?" Apontou para um gru-

Primeiro vem o amor

pinho do que pareciam desordeiros, vestidos com calças escuras e blusões de couro. Certamente não usavam jeans. "Eles querem roubá-lo", disse. "Chegaram a me oferecer 10% de tudo que conseguissem."

Corremos para o carro, e joguei minha mochila no porta-malas. Os homens avançaram, exibindo armas. Minha mente acelerava e mal tive tempo de registrar a ironia do momento. *Estamos sendo expulsos do Jardim do Éden. Nunca desde Adão e Eva...* Eu estava prestes a saltar no banco de trás quando de repente uma menininha abriu caminho através do grupo de homens e me ofereceu uma pequena lembrança de minha visita.

Um ramo de oliveira.

Seres humanos podem estragar o jardim, mas o Éden nunca morre.

ANTES DE FALARMOS sobre o que Adão e Eva poderiam significar em nossos dias, temos de falar sobre o que Adão e Eva significaram no mundo antigo. Embora tendamos a imaginar a história como transcorrendo no nevoeiro da pré-história, ela realmente brotou de um tempo e lugar definidos na aurora da civilização humana no Crescente Fértil. E mais do que simplesmente brotar dessa era, a história de Adão e Eva representa de várias maneiras decisivas uma ruptura com esse período.

Primeiro, a história tem um só deus.

Segundo, a história tem duas pessoas.

Terceiro, essas duas pessoas estão num relacionamento fundado no amor.

Para desvendar essas mensagens cifradas escondidas à vista de todos, decidi começar minha jornada num lugar que em geral não associamos com Adão e Eva, mas que é central para seu legado: Jerusalém. Um pouco mais de uma década depois de minha visita ao Iraque, voei para Israel no início do outono, durante a semana em que os capítulos iniciais do Gênesis são lidos nas sinagogas do mundo todo. Em hebraico, essa parte da Torá é conhecida como *Bereshit*, da palavra inicial da Bíblia, que foi indelevelmente vertida para o inglês pelos tradutores da Bíblia do Rei Jaime como "In the beginning" ("No princípio").

E que princípio.

O homem e a mulher que se tornam conhecidos como Adão e Eva fazem sua primeira aparição no primeiro capítulo do Gênesis e quase desde o começo uma peculiaridade envolve a vida deles. Não há uma história sobre suas origens na Bíblia; há duas. A segunda é tanto mais longa quanto mais famosa. Ela se inicia em Gênesis 2 e continua até Gênesis 5. Essa narrativa mais detalhada contém muitos dos episódios icônicos na vida de Adão e Eva. Deus forma Adão a partir da terra e o põe no Jardim do Éden. Adão sente-se sozinho, por isso Deus cria Eva de uma parte de seu torso. Adão está apaixonado por Eva, declara-a "osso dos meus ossos e carne da minha carne", e os dois se unem.

Essas cenas felizes são seguidas pelo drama que envolve a árvore do conhecimento do bem e do mal. Uma Eva descontente deixa Adão e se aventura sozinha no jardim. Ela encontra uma serpente falante, que a persuade a comer um pedaço do fruto da árvore, o que Deus proibira expressamente. Eva oferece o fruto a Adão, que também o come. Os dois abrem os olhos e descobrem que estão nus.

No ato final, Deus visita o casal, distribui consequências para seu comportamento, depois expulsa Adão e Eva do Éden. O casal parte para o exílio e rapidamente tem dois filhos, Caim e Abel, um dos quais assassina o outro. Adão e Eva se unem então para ter um terceiro filho, Set, que finalmente cumpre o destino de seus pais de ser férteis e povoar a Terra.

Uma razão pela qual essa segunda história é mais conhecida é que ela contém muitos dos pontos críticos que causaram um debate tão épico ao longo dos anos: quem é superior, o homem ou a mulher? Quem é mais culpado, Eva ou Adão? Em essência, qual é o sexo escolhido de Deus, masculino ou feminino? Mas quando consideramos a segunda história à luz da primeira, essas questões assumem um sentido claramente diferente.

A primeira história ocupa a segunda metade de Gênesis 1 e é, ao mesmo tempo, mais curta e menos conduzida pela trama. Mais importante, sua mensagem sobre o relacionamento entre homem e mulher é quase oposta

Primeiro vem o amor

à da segunda história. Se a segunda história é sobre as hierarquias cambiantes entre homem e mulher, a primeira é sobre sua igualdade fundamental.

No sexto dia da criação, Deus cria a humanidade à sua imagem. Essa criação humana não tem gênero ou personalidade identificáveis. Deus então a divide em macho e fêmea, dá a esses seres humanos domínio sobre os animais e lhes ordena ter muitos filhos. A história termina com Deus declarando sua nova criação "muito boa".

Muitas explicações foram propostas ao longo dos anos para o fato de haver duas histórias muito diferentes em detalhes decisivos. Comentadores tradicionais enfatizaram que a primeira narrativa era mais geral e a segunda mais específica. Verdadeiro, mas não inteiramente satisfatório. A partir do século XIX, a crítica histórica vinculou o primeiro relato ao autor bíblico mais formal, sacerdotal, conhecido como P, e o segundo à fonte mais narrativa, J. Também verdadeiro, mas isso não explica por que o editor do texto final escolheu incluir ambas as versões.

Há uma outra explicação que parece brotar das próprias histórias. A narrativa de Adão e Eva em seu cerne é sobre o poder de dois. Há duas pessoas, dois pontos de vista, e, sim, dois lados da história. O fato de haver duas versões da narrativa reforça essa noção de que a vida é fundamentalmente uma questão de tensão criativa. Criação é cocriação. E essa mensagem não é acidental ou secundária. É central para toda a Bíblia. Abraão tem duas esposas que duelam por seu legado e dois filhos que fazem o mesmo; Isaac tem filhos gêmeos que são também rivais; Jacó tem duas esposas da mesma família. Mais tarde, há duas tábuas da lei, dois reinos, dois exílios e dois templos. Para os cristãos há dois testamentos, antigo e novo. Na visão de mundo bíblica, unidade é a raridade; dualidade é a norma.

Há mais uma dualidade proeminente no coração da história de Adão e Eva, e esta talvez seja a mais radical de todas: há apenas um Deus, mas há duas pessoas. Há uma parceria ente o divino e os seres humanos. Nesse detalhe apenas, o relato bíblico difere de qualquer mito de origem que tenha vindo antes dele. Para compreender o significado disso, deixei Jerusalém uma manhã e rumei para o sul em direção à cidade de Beer Sheva para encontrar um dos principais escavadores do mundo antigo.

Yossi Garfinkel ocupa uma cátedra de arqueologia na Universidade Hebraica e é uma autoridade em mundo neolítico, que se estende de cerca de 12000 a.C. a 2000 a.c. Esse foi o período em que civilizações emergiram pela primeira vez no Crescente Fértil; é também quando a história de Adão e Eva foi contada pela primeira vez. Yossi tem sessenta e poucos anos e é quase calvo, com a pele escurecida pelos anos ao sol. Naquela manhã ele estava escavando num sítio que se acredita ter ligação com o rei Davi. Ele deixou um grupo de estudantes, e nos acomodamos debaixo de uma árvore. Ele começou contextualizando Adão e Eva na história.

Em geral, os estudiosos concordam que o Livro do Gênesis emergiu de uma série de histórias orais que foram transmitidas através dos séculos e escritas a partir do primeiro milênio a.C. Robustas cidades-Estado prosperaram no vale do Tigre-Eufrates desde 5000 a.C. Todas essas civilizações, entre as quais a acádia, a sumeriana e a babilônia, usaram o relato de histórias para explicar suas origens.

"Os mais antigos seres humanos eram caçadores-coletores", disse Yossi. A partir de cerca de 70 mil anos atrás, os seres humanos viveram em bandos pequenos, muito unidos, que se deslocavam bastante. Como disse o antropólogo Yuval Harari sobre essas comunidades: "Membros de um bando se conheciam uns aos outros intimamente, e eram cercados durante toda a vida por amigos e parentes. A solidão e a privacidade eram raras." Homens e mulheres nessas sociedades dividiam responsabilidades mais ou menos igualmente. Homens caçavam, ao passo que as mulheres faziam a coleta. Seus deuses refletiam essa diversificação.

"Em sociedades de caçadores-coletores não havia poderes centrais, por isso não havia divindades centrais", disse Yossi. "As pessoas tinham um deus da chuva, um deus do vento, e assim por diante." Alguns desses deuses tinham características masculinas; outros, femininas; muitos tinham ambas.

Em seguida veio o período que Yossi estuda a fundo, o nascimento da agricultura. "Por volta de 12000 a.C. as pessoas começaram a se estabelecer em aldeias permanentes", disse ele. "Iniciaram a agricultura; domesticaram plantas e animais; começaram a cultivar o próprio alimento. Esse foi

Primeiro vem o amor

realmente o momento em que os seres humanos começaram a se elevar a partir da natureza."

"Alguns dizem que essa é a maior revolução na história", acrescentei.

"Exato. E está perfeitamente refletida na história de Adão e Eva." Quando Adão e Eva estavam no paraíso, explicou, eles obtinham alimento da natureza sem ter de trabalhar duramente. Depois que foram expulsos, começaram a lidar com o que todos os outros enfrentaram depois da revolução agrícola. Tinham de trabalhar muito mais. "Deus diz até que eles terão de viver 'do suor de seu rosto'", continuou Yossi.

"Você está sugerindo que essa transição é capturada na história bíblica?"

"Isso mesmo. Adão e Eva simbolizam a passagem dos caçadores-coletores para a vida na aldeia."

Essa transição também se refletiu na maneira como essas sociedades compreendiam seus deuses. Enquanto antes havia uma ampla variedade de divindades, agora o número se restringiu. "Quando passaram a viver em aldeias, as pessoas começaram a ter um único líder, assim elas criaram deuses com poder mais concentrado", disse ele.

Além disso, à medida que as sociedades se tornaram mais complexas, o número de divindades masculinas aumentou e o de femininas diminuiu. Há discordância sobre a razão por que isso aconteceu, mas certos fatos não estão em discussão. Deuses femininos predominaram no mundo pré-gregário. Segundo Yossi, das dezenas de milhares de esculturas em miniatura encontradas em todo o Mediterrâneo na idade neolítica 95% eram mulheres.

Tornou-se comum em décadas recentes concluir que todas essas estatuetas significavam que sociedades humanas primitivas cultuavam deusas. "No princípio, as pessoas rezavam para a Criadora da Vida, a Senhora do Céu", escreveu a artista Merlin Stone em seu influente livro de 1976 *When God Was a Woman*. Mais recentemente essa visão foi posta em questão. A historiadora Gerda Lerner, escrevendo uma década depois de Stone, descobriu que mulheres eram tidas em alta estima na cultura agrária, assim como deuses femininos. Mas elas ainda não estavam no comando. "Eu concluiria que jamais existiu uma sociedade matriarcal", escreveu ela.

Ainda assim, deuses femininos eram abundantes, especialmente em esferas privadas como a tecelagem, a fabricação de cerveja e a fertilidade.

Então o que aconteceu com todas essas divindades femininas? A resposta, disse Yossi, é que por volta de 2500 a.C. o papel proeminente que as mulheres desempenhavam na sociedade começou a diminuir. A transição para a agricultura aumentou as demandas sobre os recursos, o que aumentou a necessidade de guerra, o que elevou os homens. As sociedades agrárias tornaram algumas pessoas mais ricas, o que permitiu a homens da elite ter várias esposas. O parentesco foi lentamente substituído por classe como princípio organizador das sociedades. Mulheres como vozes preeminentes começaram a decrescer; mulheres como atores coadjuvantes começaram a se elevar.

Essas mudanças acabaram por se refletir nas histórias dos deuses. Papéis antes atribuídos a divindades femininas foram pouco a pouco transferidos para divindades masculinas. Na Suméria, a deusa da cerâmica transformou-se num deus; os poderes de enfeitiçar, antes controlados por um deus feminino, foram dados a um homem. "No fim do segundo milênio", escreve a assiriologista Tikva Frymer-Kensky, "as deusas antigas tinham quase desaparecido."

A importância disso para a Bíblia é que o período durante o qual essa mudança estava ocorrendo, o segundo milênio a.C., é exatamente aquele em que os principais eventos do Gênesis têm lugar. Como não é de surpreender, eles giram em torno de homens – os patriarcas! – com um papel secundário sendo atribuído às mulheres. Essa tensão se reflete também na história de Adão e Eva.

A humanidade faz seu ingresso na Bíblia em Gênesis 1:26. É o sexto dia, e Deus até esse momento criou luz, céu, a terra, os mares, as estrelas e os animais. O Deus da Bíblia já compartilha similaridades com deuses mesopotâmios – a água desempenha um papel crucial em ambas as tradições, assim como o vácuo caótico que existe antes da criação.

Mas as diferenças são maiores. O Deus do Gênesis não tem aparência ou forma; Deus usa palavras para criar o mundo, não poderes físicos; e, o mais importante de tudo, Deus está sozinho. Desapareceram os rituais

Primeiro vem o amor

elaborados que caracterizavam o acasalamento de deuses e deusas; desapareceram as parcerias sexuais entre divindades masculinas e femininas; desapareceu por completo toda a ideia de que deus tem características femininas. O Deus da Bíblia hebraica é quase exclusivamente masculino.

Essa mudança tem várias consequências que moldam a história. Em primeiro lugar, um Deus solitário precisa de um parceiro humano para lhe fazer companhia e realizar sua missão. Segundo, um Deus solitário precisa de um homem e uma mulher para levar a cabo a função sexual que ele não pode mais desempenhar por si mesmo. Mas como um Deus singular cria dois seres humanos com diversidade suficiente para povoar a terra, mas sem uma rivalidade excessiva que poderia tolher seu esforço?

A maneira como a história resolve esse dilema é sensacional. Deus torna-se plural. Após começar masculino no início da história, o Deus singular, masculino, de repente declara em Gênesis 1:26: "Façamos o ser humano à nossa imagem, de acordo com nossa semelhança." Esse uso do plural é chocante, e é seguido por uma elaboração ainda mais surpreendente: Deus cria uma única entidade humana que reflete essa pluralidade. Gênesis 1:27 diz: "Deus criou a humanidade."* A palavra hebraica que o texto usa para a criação de Deus, *ha-adam*, literalmente "o adão" ou "o humano", não é o nome próprio para Adão ou mesmo a palavra para "homem". É um termo mais genérico, neutro, para toda a humanidade. O texto sugere claramente que toda a humanidade é o reflexo de Deus.

Essa escolha de linguagem tem muitas implicações para Adão e Eva, mas o mais relevante para minha visita a Yossi foi que o nascimento da humanidade tal como descrito na Bíblia hebraica contém um momento de paridade entre um Deus singular/plural e uma humanidade singular/plural. Muito antes das hierarquias que sobrecarregaram os relacionamentos homem-mulher por milênios, no início da história há pura igualdade. Deus contém tanto macho quanto fêmea; a humanidade, criada à imagem de Deus, também contém tanto macho quanto fêmea. Para enfatizar esse

---

* Na Bíblia do Rei Jaime Atualizada, lemos em Gênesis 1:27: "Deus, portanto, criou os seres humanos." Na Bíblia de Jerusalém, "Deus criou o homem". (N.T.)

ponto, o texto prossegue para dizer que Deus então divide essa entidade humana em dois sexos paralelos: "Homem e mulher ele os criou."

Então o que está sendo comunicado aqui? Alguns comentadores sugeriram que Deus está falando num plural majestático (o "nós" real) ou talvez se referindo a anjos em sua corte celeste. Alguns intérpretes cristãos disseram que esse plural sugere que Deus está falando com outros membros da Santíssima Trindade. Mas quanto mais aprendi sobre a história de deuses e deusas, mais me perguntei se o Gênesis não poderia conter o eco de um passado não tão distante em que a divindade era compartilhada entre macho e fêmea. Nesse caso, talvez Adão e Eva fossem os herdeiros de uma era em que homens e mulheres, como seus deuses, dividiam responsabilidades mais igualmente.

Perguntei a Yossi o que ele pensava. "Veja, se penso que é possível que a história bíblica contenha um eco dos deuses femininos da Mesopotâmia?", perguntou ele. "Com certeza. Temos referências a deuses femininos mais tarde na Bíblia, no Livro dos Reis, por isso sabemos que os israelitas tinham conhecimento deles."

"Mas por que ter esse eco de maneira tão proeminente nos versículos iniciais do Gênesis?"

"Porque Adão e Eva se destinam a representar toda a espécie humana", disse ele. "Como eles refletem esse movimento mais amplo a partir do paraíso de caçadores-coletores para a difícil vida de agricultores, seria lógico que representassem a mudança mais ampla de deuses masculinos-femininos para um único deus masculino e da cooperação homem-mulher para o patriarcado."

"Mas aqui está o que não compreendo", disse eu. A manhã se transformara em meio-dia e alguma empolgação fora gerada pela escavação. "As pessoas que escreveram essa narrativa não tinham nenhum meio de saber tudo isso. Elas não tinham conhecimento da história de caçadores-coletores ou da batalha acerca da identidade sexual dos deuses. Como elas foram capazes de capturar essa transição?"

"Isso é o que nós chamamos de *longue durée*, a longa duração", disse ele. "Em algum ponto havia pessoas no período neolítico que se lembravam de

Primeiro vem o amor

que seu avô era um caçador-coletor. Elas eram capazes de contar a seus filhos sobre essa transição. E lentamente, à medida que as histórias iam sendo transmitidas, alguns detalhes foram esquecidos e outros acrescentados, até que você chega à narrativa bíblica."

"Eu teria pensado que com todos os seus estudos você rejeitaria essa história", disse eu. "No entanto, a verdade é o oposto. Você a respeita ainda mais."

"Respeito todas essas histórias porque se elas não contivessem essas maravilhosas lições culturais, não teriam sobrevivido. Em algum ponto havia milhões de histórias, mas na Bíblia você tem cerca de vinte. Pense no que significa ser vinte a partir de 1 milhão. Mesmo histórias muito, muito boas foram esquecidas. Aquelas que foram preservadas deviam ser as joias da coroa."

JERUSALÉM NÃO É COMUMENTE associada a montes, mas apesar disso tem alguns dos mais famosos do mundo, entre os quais o monte Sião e o monte da Corrupção. O monte Scopus situa-se no canto nordeste da cidade, parte do espinhaço que inclui o monte das Oliveiras. Olhe para o norte a partir do monte Scopus e você poderá quase avistar o mar da Galileia; olhe para o sul e poderá ver Belém; olhe para o leste e poderá ver o mar Morto. Mas olhe para o oeste e terá uma das visões mais icônicas da Cidade Velha, o monte do Templo (originalmente monte Moriá) e a Cúpula da Rocha.

Foi no topo desse monte, no primeiro milênio a.C., que os israelitas construíram seu Templo, usando pedras e entalhes de madeira para recriar um lar para seres humanos e Deus, explicitamente modelado no Jardim do Éden. E foi ali, dizia a tradição, depois que Adão morreu, que os anjos lavaram seu cadáver, envolveram-no num pano e o enterraram sob a rocha que as três religiões monoteístas continuam a considerar sagrada. Adão e Eva não estão somente no centro de todo relacionamento; eles estão no centro dos mais ferozes conflitos religiosos de nosso tempo.

Depois do encontro com Yossi, fui ao monte Scopus porque ele abriga a principal instituição acadêmica em Israel, a Universidade Hebraica. Eu tinha esperança de explorar o segundo grande avanço que Adão e Eva representam. Se o primeiro marco é que sua história tem apenas um Deus, mas duas pessoas, o segundo marco é que ela apresenta dois personagens que não são apenas representantes genéricos de toda a humanidade. São indivíduos reais, com personalidades reais e sentimentos reais.

Para ajudar a decifrar o significado de tudo isso, fui me encontrar com a estrela dos estudos mesopotâmios em mais rápida ascensão. Uri Gabbay é alto, magro, com uma basta cabeleira negra de menino. Alguns dias após seu quadragésimo aniversário, ainda parecia jovem o bastante para brincar com super-heróis. Na realidade, ele brinca com deuses e deusas. Seu currículo arrola um domínio de nove línguas, entre as quais sumério, acádio, ugarítico e siríaco. Comecei pedindo-lhe que explicasse o significado de haver um homem e uma mulher, com claros sentimentos românticos, até eróticos, um pelo outro, no início da linhagem humana.

"Na Mesopotâmia, a criação do mundo e a criação dos seres humanos não estão na mesma história, de modo que aí mesmo temos uma diferença em relação à Bíblia", disse Uri. Há três principais narrativas sobre as origens humanas, continuou, e as três contêm uma combinação diferente de dois detalhes essenciais: os seres humanos são criados a partir de argila e o que lhes dá vida é o sangue de um deus morto. Na história de Enki e Ninmah, há argila mas não sangue. Em *Atrahasis*, há argila e sangue. Em *Enuma Elish*, há sangue mas não argila.

A criação de Adão e Eva tem detalhes semelhantes, especialmente a versão em Gênesis 2, em que Adão é formado a partir de terra e animado com o sopro de Deus. Mas as diferenças entre a história bíblica e as anteriores é ainda maior, disse Uri. Nas histórias mesopotâmias, seres humanos são uma ideia adicional. Os deuses estão no centro do palco. Na Bíblia, seres humanos estão no centro dele. Deus cria todos os elementos naturais – Sol, Lua, Terra etc. – para que os seres humanos não precisem se incomodar. Depois atribui aos seres humanos domínio sobre todos os animais. A humanidade está claramente no pináculo do mundo de Deus.

"As histórias mesopotâmias não se importam com as pessoas", continuou Uri. "Há sete pares de homens e mulheres criados nessas histórias.

Primeiro vem o amor

Nenhum tem nome. Eles são completamente anônimos. As histórias não são sobre indivíduos."

"E na Bíblia?"

"A primeira coisa que noto é que Adão e Eva são personagens. Eles finalmente têm nomes reais. Têm sentimentos reais. Há claramente uma narrativa ali, e isso é incomum. Eu diria que a Bíblia está tentando passar uma mensagem. A maioria das histórias no Oriente Próximo antigo era sobre reis ou elites. As pessoas que escrevem essas histórias são da elite, por isso não se importam com pessoas comuns."

"A Bíblia claramente se importa", digo. "A história de Adão e Eva é sobre suas vidas pessoais, seu relacionamento, seus filhos."

"Exatamente."

"Então essa poderia ser a mensagem?", perguntei. "Que devemos nos concentrar nessas coisas? Que devemos nos importar com nossos relacionamentos, nossos casamentos, nossas famílias?"

Ele assentiu com a cabeça.

"Isso é o que realmente quero lhe perguntar", disse eu. "Adão e Eva é a primeira história de amor?"

Ele pensou por um segundo, depois mais um segundo. "Há poesias de amor que remontam ao segundo milênio a.C. Há algumas na Mesopotâmia, no Egito. Portanto há, certamente, escritos sobre amor. Mas esses escritos não são sobre casais. E não estão realmente em forma narrativa.

"É possível que tenha sido escrita uma história de amor que não veio à luz", continuou ele. "Ou que haja alguma coisa na África ou na Índia ou na China que não seja conhecida nesta parte do mundo. Mas se você está falando sobre o berço da civilização ocidental, eu diria que a história de Adão e Eva é única em seu gênero."

"E qual é a importância disso?"

"O que se destaca para mim é que a Bíblia não está simplesmente interessada na vida dos ricos e poderosos. Está interessada em todas as pessoas. O rei pode não estar interessado em como amamos, mas as pessoas estão. E Adão e Eva não são da realeza; são todo mundo. E dessa maneira são uma revelação.

Mas eles estão apaixonados?

À primeira vista, a ideia de que Adão e Eva representam uma história de amor é duvidosa. A maioria dos casais começa separada e se une; Adão e Eva começam juntos e se separam. A maioria dos casais começa vestida e mais tarde se despe; Adão e Eva começam nus e mais tarde se vestem. A maioria dos casais flerta, fala suavemente, seduz, graceja e, de outra forma, troca palavras carinhosas; Adão e Eva mal trocam uma palavra entre si.

Sob outros aspectos, porém, Adão e Eva são a história de amor primordial. O amor diz respeito fundamentalmente a olhar para a frente, não para trás. É um compromisso de tornar-se, não de meramente ser. É um alistamento no companheirismo, não na solidão. Dessa maneira, Adão e Eva são um casal ideal. Eles não têm um passado, têm somente um futuro. Não têm ancestrais, têm somente descendentes. Além disso, eles não têm antecedentes que tenham se apaixonado antes, por isso não podem imitar a experiência de mais ninguém. Não podem roubar frases sedutoras ou dançar ao som das canções de amor de outras pessoas. Devem inventar o que significa estar num relacionamento.

Uma coisa que aprendi com as ciências sociais no último meio século é que o sentimento de amor romântico é universal. Num exame detalhado de 166 culturas no mundo todo, antropólogos encontraram indícios de amor romântico em 151, ou 91% delas. Nas demais quinze culturas, os pesquisadores simplesmente deixaram de estudar esse aspecto da vida das pessoas. Helen Fisher, a proeminente antropóloga do amor, descobriu que as formas de experimentarmos o amor também diferem pouco no que diz respeito a idade, raça, gênero, religião e preferência sexual. Pessoas de todos os tipos podem se sentir tão apaixonadas, ternas, excitadas, furiosas e comprometidas em relação a seus amados quanto quaisquer outras.

No entanto, embora os sentimentos subjacentes sejam similares, o modo como as pessoas os compreendem e expressam variam amplamente segundo o tempo e o lugar. Em décadas recentes, emergiu um consenso sobre o que poderíamos chamar de a história padrão do amor romântico no Ocidente. Essa história tem três grandes fases, e embora elas se sobreponham e não sejam exatamente lineares, as mudanças que representam são decisivas para a compreensão da maneira como os relacionamentos evoluíram. Isso inclui o relacionamento entre Adão e Eva. As três fases são:

1. O amor é enraizado no divino.
2. O amor é enraizado na humanidade.
3. O amor é enraizado no indivíduo.

A primeira fase começa no mundo antigo com a ideia de que o amor, como a maior parte das coisas, é um presente dos deuses. Muitas culturas identificaram uma divindade específica do amor, que se responsabilizava pela beleza, o prazer e os relacionamentos. Na Grécia era Afrodite; em Roma, Vênus; no Egito, Hátor. Platão, escrevendo no século IV a.C., disse que a finalidade do amor era transportar mensagens para cá e para lá entre seres humanos e os deuses. Através do amor nós nos tornamos imortais.

O Novo Testamento pegou essa ideia e levou-a ainda mais longe. A Primeira Epístola de João contém a expressão máxima de que o amor é legado pelo Senhor. "Deus é amor", diz ela, "amemo-nos uns aos outros, porque o amor vem de Deus; todos que amam nasceram de Deus e conhecem Deus. Todo aquele que não ama não conhece Deus." Com o tempo, essa noção cristã fundiu-se com o ideal platônico para se tornar a visão dominante dos relacionamentos humanos pelos mil anos seguintes.

A partir do século XI, aproximadamente, o controle que a Igreja tinha sobre os relacionamentos começou a decrescer e uma nova visão do amor começou a surgir. O que era antes a proveniência única do divino torna-se a proveniência compartilhada da imaginação humana. Não mais simplesmente de cima para baixo, o amor torna-se mais de baixo para cima, moldado por nossas ações, nossas escolhas, nossa mente. Seres humanos tornam-se cocriadores do amor ao lado do Criador. Essa visão aparece na "arte do amor cortês" na França, com sua elaborada corte feita às amantes; nas histórias populares, mas adúlteras, de Abelardo e Heloísa ou Tristão e Isolda; e nas peças românticas de Shakespeare, com seus amantes desafortunados e peripécias de travestismo.

A partir do século XVIII, o amor torna-se ainda mais profano. Ele se distancia de religião e classe para se tornar a completa criação do indivíduo. Não mais um presente do alto ou mesmo lei natural, o amor se torna o domínio do coração, da mente e da alma de cada pessoa. O amor é privado, interno e exultante – a principal rota para a realização (ou o desespero) pessoal. Esse tipo de amor romântico brota de um mundo em que as pessoas rompem com suas famílias e raízes culturais e veem o romance como um caminho para a autorrealização. Esse é o amor dos romances românticos, das óperas italianas e da metade de todos os filmes de Hollywood.

Embora esse consenso narrativo abrangente contenha muita verdade, ele omite um detalhe decisivo: quando exatamente a história do amor começa? A maioria dos relatos começa na Grécia clássica, mas Platão e seus contemporâneos estavam escrevendo no século IV a.C. As principais histórias do Gênesis foram redigidas já em 900 a.C. É meio milênio mais cedo. Toda a Bíblia hebraica tinha sido concluída antes que Atenas chegasse ao apogeu.

E não se engane: a Escritura hebraica está repleta de amor. As histórias são por vezes românticas, dolorosas, maritais, extramaritais e sexuais. Excluir a Bíblia hebraica de uma história mais ampla do amor é cometer um erro vergonhoso, no entanto é exatamente isso que foi feito por séculos. O que deveria, então, ser atribuído à Bíblia hebraica?

Para responder a essa pergunta, minha última visita em Jerusalém foi a uma mulher que dedicou a vida a estudar relacionamentos na Escritura hebraica. Judy Klitsner nasceu em Wilkes-Barre, Pensilvânia, onde seu avô vendia roupas para mineiros de carvão. No externato judaico, não lhe era permitido ter acesso a textos sagrados por causa de seu gênero. "Quando os meninos estudavam o Talmude, as meninas iam aprender a costurar", disse ela durante o almoço. "Você vai precisar dessas habilidades daqui a alguns anos, quando se casar e tiver filhos", diziam-lhe.

Em vez disso Judy mudou-se para Israel, foi aprendiz de uma destacada estudiosa da Bíblia e tornou-se uma professora querida. (Ela também se casou e teve cinco filhos.) Teria ela alguma vez pensado em abandonar as Escrituras? "Muitas vezes", disse ela. "Mas minha resposta invariavelmente foi: 'Eles não vão ganhar tão fácil.'"

Perguntei-lhe quão grande era, a seu ver, o papel desempenhado pelo amor na Bíblia.

"A maior contribuição da Escritura hebraica para o pensamento mundial é a frase "Ama o Senhor teu Deus com todo o teu coração e com toda a tua força", disse ela. "Jesus disse ser esse o mais importante mandamento da Bíblia hebraica. Deus não quer que o temamos, o respeitemos ou o sigamos cegamente. Quer que nós o amemos.

"Mas penso que entendemos mal o que significa o amor nesse contexto", continuou ela. "Para mim a frase mais decisiva é o que Jesus chama de o segundo mandamento mais importante na Torá. Ama teu próximo como a ti mesmo." O que é assombroso com relação a essa declaração é que ela propõe o amor a si mesmo. Isso parece fácil. Sabemos exatamente o que nos motiva. Mas, na realidade, para a maioria de nós, é uma das coisas mais difíceis de fazer.

Judy começou a rearranjar os itens sobre a mesa para demonstrar sua ideia. Ela pôs um saleiro na minha frente. "Pense no amor como uma série de círculos concêntricos", disse ela. "Ele começa com o amor a si mesmo." Em seguida ela pôs um pimenteiro ao lado do saleiro. "A partir daí você se move para fora rumo ao amor ao próximo." Ela pôs um garfo perto. "Depois para o amor ao desconhecido." E isso leva ao amor a Deus. Se você pedir que eu resuma a Torá num pé só,* esta seria a minha resposta."

Essa ênfase no amor na Bíblia hebraica, séculos antes da Grécia ou Roma clássicas, é sem dúvida a mais antiga, a mais abrangente discussão do assunto na história do Ocidente. O filósofo britânico Simon May, em seu livro *Amor: uma história*, é um dos poucos estudiosos a reconhecer isso. "Se o amor no mundo ocidental tem um texto fundador, esse texto é hebraico", escreve ele. Ainda assim, mesmo essa discussão envolve uma bondade amorosa generalizada, em grande parte não sensual, para com os outros, o que os gregos iriam mais tarde chamar de ágape.

---

* Alusão a uma história talmúdica em que um rabino resume a Torá para um convertido potencial enquanto se sustenta sobre um pé só. (N.T.)

Mas a Bíblia ilustra o amor romântico também. O Cântico dos Cânticos, na segunda metade da Bíblia hebraica, contém um retrato fascinante, explícito, de dois amantes ansiando um pelo outro. Ele começa: "Beija-me o meu amado com os beijos da tua boca, pois seus afagos são melhores que o vinho mais nobre." A partir daí prossegue para discutir seios palpitantes, orgasmos rebuscados, até felação. Numa imagem que muitos veem como uma brincadeira sobre a história de Adão e Eva, uma mulher fala entusiasticamente sobre seu amante: "Como uma macieira robusta entre todas as árvores do bosque, assim é meu amado entre os demais filhos da terra. Tenho prazer em sentar-me à sua sombra e o seu fruto é doce ao paladar." A passagem termina: "Levou-me à sala do banquete, e o seu olhar sobre mim é como a bandeira do amor."

Já no Livro do Gênesis, Jacó é descrito como amando Raquel desde o momento em que a vê. Forçado a trabalhar sete anos para ganhar sua mão, estes "lhe pareceram como poucos dias, de tal modo ele a amava". Quando seu trabalho se completou, ele enfrenta o pai dela com avidez: "Dá-me, pois, a minha esposa, pois venceu o prazo, e que eu viva com a minha mulher." Mesmo depois que Jacó é obrigado a se casar primeiro com a irmã de Raquel, seus sentimentos persistem: "E a amou de todo o coração, muito mais do que a Lia." Quando aparece, o amor romântico na Bíblia é fogoso e sofrido.

Mas se a Bíblia hebraica introduz essa ideia no mundo, onde precisamente ela é introduzida na Bíblia? A maioria dos críticos atribui o mérito aos patriarcas e às matriarcas, mas isso é extremamente injusto para com o primeiro casal da Bíblia. Uma razão principal para essa inadvertência, creio, é que raramente lemos a história de Adão e Eva abertos para a ideia de que ela poderia conter amor. Quando o fazemos, algo surpreendente acontece.

A primeira vez que seres humanos são descritos na Bíblia é nesta passagem em Gênesis 1:26 em que Deus cria o ser humano de gênero duplo ou sem gênero "à nossa imagem, de acordo com nossa semelhança". No versículo seguinte, Deus divide essa única entidade humana em macho e fêmea. Esta é a maneira como o eminente tradutor e crítico Robert Alter traduz esta passagem poética:

Primeiro vem o amor

E Deus criou o humano [*ha-adam*] à sua imagem,
à imagem de Deus ele o criou
macho e fêmea ele os criou.*

Independentemente do que mais esteja em curso nesta passagem, a sucessão é clara: primeiro Deus cria a humanidade; depois a humanidade é separada em macho e fêmea. Antes que houvesse macho e fêmea, houve uma mistura de macho e fêmea.

Hoje, quando a identidade sexual é amplamente discutida como sendo mais fluida que nunca; quando indivíduos são descritos como estando num "continuum de gênero"; quando jovens estão rejeitando distinções binárias como homem e mulher, gay e heterossexual; quando transições transgênero enchem as telas das TVs, os lugares de trabalho e as reuniões de família, encontrar essa ideia no capítulo inicial da Bíblia é ao mesmo tempo surpreendente e esclarecedor. De maneira mais importante, a Bíblia pode estar tentando nos contar alguma coisa sobre a natureza dos relacionamentos humanos, algo que não fomos capazes de ouvir porque não paramos para escutar.

A primeira coisa digna de observação é que por mais incomum que possa parecer para leitores contemporâneos que a Bíblia sugira de algum modo que os seres humanos tiveram um passado de gênero misto, isso não teria sido incomum para leitores de um período remoto. De fato, a ideia de que seres humanos possuíram ambos os sexos em algum momento na pré-história foi disseminada entre filósofos, cientistas, rabinos e pregadores desde a Antiguidade até o mundo moderno.

O antigo comentador judeu Fílon e o Evangelho gnóstico de Filipe diziam que o ser humano original era andrógino. O Talmude concordava. Rashi, o mais influente dos intérpretes judeus, disse que Deus criou *adam* "com duas faces, depois separou-as". Como o comentário de Rashi, escrito na Idade Média, era considerado indistinguível da Torá por muitos judeus, ele garantiu que a ideia fosse abraçada por séculos.

---

* No original: *And God created the human* [ha-adam] *in his image,/ in the image of God he created him/ male and female he created them.* (N.T.)

E não foram somente líderes religiosos. Os maiores pensadores do mundo clássico acreditavam que tínhamos origens hermafroditas. A discussão de maior envergadura do amor na filosofia antiga foi *O banquete* de Platão, que narra um jantar em que cinco homens oferecem tributos ao deus do amor. O terceiro orador, Aristófanes, afirma que na pré-história os seres humanos eram esféricos, com dois rostos, dois conjuntos de membros e dois conjuntos de genitais. Esses seres redondos eram de três gêneros – masculino, feminino e andrógino. Os deuses achavam essas criaturas ameaçadoras, por isso Zeus cortou-as ao meio "como pessoas cortam ovos em dois". Não apenas seus corpos foram cortados, mas suas almas também. Desde então, os seres humanos vagaram desamparados pela Terra, procurando sua outra metade. "Amor é apenas o nome que damos ao desejo e à busca de integridade", diz Aristófanes.

O importante sobre esse legado de origens sexuais unificadas é que ele é responsável por uma das ideias mais duradouras sobre relacionamentos humanos: que cada um de nós tem uma metade perdida por aí que pode nos tornar inteiros novamente. Todos nós carregamos de um lado para outro, dentro de nós, um anseio existencial de nos reunirmos com nossos eus perdidos. A ânsia por amor precede a busca de amor. "A necessidade inventou a solução", na elegante formulação de Alain de Botton. Uma meta humana é nos guiar para nosso complemento e restaurar nossa natureza original.

Como era de se esperar, depois que essa ideia foi introduzida no mundo ela nunca desapareceu completamente. O poeta sufista Rūmī escreveu: "Amantes não se encontram finalmente em algum lugar/ Eles estão um no outro o tempo todo." Freud descreveu o "sentimento oceânico" de amantes que se encontram e têm a impressão de que sempre se conheceram. Virginia Woolf falou de "dois sexos na mente correspondendo aos dois sexos no corpo" que devem se unir novamente para alcançar a felicidade.

A maneira como falamos sobre o amor hoje ainda faz eco a essa noção. Nós "encontramos nossa alma gêmea", "nos encaixamos", "nos sentimos inteiros" com alguém que amamos. "Você me completa", diz Jerry Maguire a Dorothy.

Para mim, Gênesis 1 merece crédito pela introdução desse conceito universal. Ele inicia a discussão dos relacionamentos humanos com a ideia de que os primeiros homem e mulher não foram apenas empurrados um para o outro porque eram as únicas escolhas disponíveis; eles foram feitos um para o outro. E depois de divididos ao meio tornaram-se os primeiros a se envolver no que se tornou uma busca primordial de seus descendentes. Eles saíram à procura de seus parceiros. Saíram em busca de amor.

Perguntei a Judy se ela achava que Adão e Eva estavam apaixonados.

"Sim", disse ela sem hesitação. Depois inclinou a cabeça e se curvou para a frente. "Mas é complicado. A palavra 'amor' não é realmente usada na história, mas está presente de muitas maneiras. Eu diria que há uma descrição do amor, mais do que uma apresentação dele."

"Onde você o vê descrito?"

"Em Gênesis 1, há um maravilhoso sentido de igualdade. Cada coisa que é verdadeira sobre o homem é também verdadeira sobre a mulher. Deus diz a ambos: 'Sede férteis e multiplicai-vos.' 'Povoai e sujeitai toda a terra.' 'Dominai sobre todos os animais.' Há algo de tocante nisso.

"Depois, na segunda história, no capítulo dois, fica mais complicado", continuou ela. "Primeiro você tem essa coisa que soa como amor genuíno. O homem deixa seu pai e sua mãe e se une à sua mulher. Ele a declara 'osso de meus ossos e carne da minha carne'. Ela se torna sua 'auxiliar'. Temos uma ideia de como eles se sentem um em relação ao outro. E eles não dizem simplesmente 'Sim, querido'. Parte do amor tem a ver com desafiar a outra pessoa. Tem a ver com ajudá-la a melhorar."

Ela se ajeitou um pouco.

"Mas é aqui que ser uma estudiosa da Bíblia entra em jogo", disse. "Há essa bela coisa sobre unir-se e tornar-se um, mas observe como é formulado. É muito unidirecional. Ela é a auxiliar dele. Ele está se unindo a ela. Ela é uma só carne com ele. Tudo gira em torno dele. Soa bastante como controle. Depois, no capítulo três, com a serpente, o fruto e a expulsão do paraíso, tudo se despedaça. Temos o início do poder, da competição e da rivalidade."

Acenei para o sal, a pimenta, o garfo e o copo diante de mim. "Entendo", disse eu. "Mas se o que você disse a respeito da Bíblia num pé só é verdade – que somos chamados por Deus a amar a nós mesmos, depois aos outros, depois a Deus –, então isso não deveria ser verdadeiro também para Adão e Eva? Eles devem amar um ao outro. Não têm escolha. Mesmo que seja uma luta."

Ela comeu um pedaço de pepino.

"Sinceramente, não sou tão negativa quanto pareço", disse ela. "Penso que é imensamente significativo que a primeira história sobre homem e mulher comece com o amor. Depois há a crise, e com essa crise vem um aumento da tensão romântica. Vejo isso como uma abertura. O mesmo quando eles deixam o jardim, e é então que o verdadeiro trabalho de seu relacionamento começa.

"Mas mesmo aí tenho um sentimento de otimismo", continuou ela. "Adão e Eva são todas as pessoas. Sua mensagem deveria se aplicar a todos nós. E vamos encarar isso: relacionamentos são difíceis. Então, é difícil para Adão e Eva também. Isso nos permite nos encontrarmos neles."

Separamo-nos calorosamente. Quando andava pela rua, refleti sobre as oscilações que Judy descreveu. Tendo me aventurado nessa jornada para encontrar lições para os dias de hoje na história de Adão e Eva, descobri muito mais apenas no capítulo de abertura do Gênesis do que jamais teria esperado.

Um: Antes de Adão e Eva ser a história de duas pessoas, foi a história de um Deus.

O momento mais importante na vida de Adão e Eva ocorreu antes mesmo de sua criação. Foi a inovação de um Deus só. Sem companheiros próprios, esse Deus individual cria seres humanos e lhes permite que se tornem indivíduos eles mesmos. "Ao descobrir Deus, singular e só", escreveu lorde Jonathan Sacks, ex-rabino-chefe da Grã-Bretanha, os seres humanos "finalmente aprenderam a respeitar a dignidade e a santidade da pessoa humana, singular e só."

Dois: Antes de Adão e Eva serem dois seres humanos, eles foram um.

Primeiro vem o amor

O mais antigo casal da Bíblia começa a vida como uma única criatura. Sua igualdade fundamental é tão central para sua identidade que eles entram no mundo não separados um do outro. Eles são os gêmeos univitelinos originais. O simbolismo disso não pode ser excessivamente enfatizado: muito antes de haver uma tradição de hierarquia envolvendo Adão e Eva, houve uma afirmação de paridade.

Três: Adão e Eva introduzem a principal tensão no que chamo de uma história de dois: aprender a viver como um.

"No amor", escreveu Octavio Paz, "tudo é dois e tudo se esforça para ser um." Esse é o resultado não expresso do que acontece no fim de Gênesis 1 quando Deus separa macho de fêmea. Eles vão querer se reunir. Entre as expressões mais persistentes de amor, concluiu Simon May, está seu "anseio por 'retornar'". Adão e Eva são os primeiros a experimentar esse anseio, o que é uma razão pela qual são os primeiros a experimentar o amor. Porque um dia foram um, eles anseiam por viver seus dias como um. Ambos precisam do outro para se realizar.

O fato de todas essas ideias serem encontradas nas primeiras linhas do Gênesis nos lembra por que essa história ainda requer atenção. Na linha de largada da humanidade há unidade. Não estamos descobrindo uma nova maneira para os sexos se relacionarem hoje; estamos recuperando-a.

Mas embora a igualdade possa ser o tema desses versículos iniciais, essa paridade não dura – tanto na narrativa quanto no modo como ela foi lembrada. Para compreender essa parte da história, tive de viajar 2.400 quilômetros para leste – e quase o mesmo número de anos em direção ao futuro – para desvendar o que aconteceu com Adão e Eva quando eles ficaram face a face com o coração do cristianismo.

2. Encontro encantador

Quem estava presente na criação?

O SOL ACABAVA DE MERGULHAR sobre a basílica de São Pedro numa tarde de verão quando Cesare Massimo caminhou rumo às enormes portas de bronze dos Museus do Vaticano e bateu com força. Encomendadas para o Jubileu de 2000, as portas, semelhantes às de um forte, foram forjadas por um escultor local para exaltar a história da criação. O papa João Paulo II disse ao consagrá-las: "O tema da criação... harmoniza bem com o da arte e parece convidar o visitante a se maravilhar com o mistério do Espírito Criador."

De maneira mais prática, as portas permitem ao museu organizar a passagem de 25 mil pessoas por dia, principalmente para se maravilhar com as obras de dois artistas afligidos por escândalos cujas estátuas adornam a velha entrada: Rafael, que aparece com uma paleta e pincéis, e Michelangelo, com um cinzel e um maço.

"Espero que se lembrem de que estamos vindo", sussurrou Cesare.

Assim que decidi voltar a Roma para explorar como Michelangelo moldara a história de Adão e Eva, estabeleci despreocupadamente a meta de que desejava ficar sozinho na capela Sistina. Para apreciar melhor as obras de arte tal como o artista tinha pretendido, pensei; para vê-la melhor em paz e silêncio.

Eu não fazia ideia do quanto isso seria difícil. Exceto para participar de um conclave, há três maneiras principais de entrar na capela. Um, compre um ingresso, espere na fila e consiga dez minutos junto com 2 mil outras pessoas, durante os quais não lhe é permitido sentar, tirar fotos ou falar. Dois, gaste centenas de dólares para participar de um entre um monte de tours depois do horário normal que são inteiramente comprados por enormes companhias de viagem. Ou três, gaste milhares de dólares para

Encontro encantador

alugar a capela só para você. Um romano que conheço ajudou um cliente a fazer exatamente isso para seu sexagésimo aniversário. O homem pagou 60 mil dólares, trouxe de avião sessenta convidados do mundo todo, instalou-os em hotéis locais, apenas para receber um telefonema do Vaticano na manhã da festa, informando que a Porsche tinha chegado de repente e pagado mais.

Cesare era algo completamente diferente. Um romano de vigésima geração com um rabo de cavalo, bigode e o que se podia descrever como a aparência atraente de um estudante de pós-graduação, ele tinha laços profundos e um tanto misteriosos com a Igreja. Um antepassado muito, muito, muito remoto tinha sido o primeiro bibliotecário do Vaticano. Aluno de Cambridge, Cesare retornara à cidade de sua juventude, onde agora escrevia romances, fazia arte e trabalhava num aplicativo de realidade virtual sobre a capela.

Depois de vários minutos tensos, a porta se entreabriu, Cesare sussurrou para o guarda e fomos puxados para dentro. Passamos por um balcão de segurança e pegamos um elevador para o quarto pavimento, depois seguimos por um corredor de mármore mais ou menos do tamanho de uma ponte de embarque de aeroporto.

"O.k., aqui vamos nós", disse Cesare, e de repente estávamos dentro da capela. Senti-me um pouco desorientado a princípio. Sem ninguém lá dentro, o pleno impacto do piso em mosaico de mármore, as paredes primorosas e o teto ornamentado com cenas bíblicas foi mais esmagador do que eu esperava. Toda a estrutura parecia girar, com as paredes se apertando, depois se alargando, como um caleidoscópio tridimensional ou um lugar imaginário de realidade virtual.

Mas não há nada de virtual nesse lugar. O grande tesouro da arte ocidental está entre as salas mais famosas já criadas – e as mais influentes. Ela definiu os rostos, os corpos, até as mãos de Adão, de Eva e de Deus pelos últimos seiscentos anos. "Deus forneceu as palavras", Michelangelo teria pronunciado, "eu forneci as imagens."

E embora isso seja frequentemente esquecido hoje, essas imagens foram chocantes na época em que foram concebidas. A razão: elas representavam uma reelaboração radical da história da criação. Como filho de um professor de arte, sempre pensei que o coração da capela Sistina fosse a impressionante imagem de Adão e Deus estendendo seus dedos indicadores um para o outro. Estava errado. Para Michelangelo, o ponto crucial da história era o terceiro ator não anunciado da narrativa. O insight seminal do florentino é que o divino não é o coração da vida na terra, nem sua primeira criação, Adão. A parte mais importante da vida é a figura que ele escolheu colocar exatamente no centro do teto da capela Sistina.

Eva.

A PRIMEIRA HISTÓRIA da criação termina no capítulo 2, versículo 3, com a formação do sétimo dia, um momento de santidade, reflexão e repouso. Depois, sem aviso, no versículo 4, o tom, o conteúdo e o assunto mudam bruscamente. A segunda história da criação começa com cenas de botânica, meteorologia e Deus brincando com poeira. Deus modela o homem "do pó da terra", depois sopra o "fôlego de vida" em suas narinas.

Embora a primeira história da criação seja de nível mais alto, a segunda penetra no que Robert Alter chama de o "cerne tecnológico" das origens humanas. Passamos de um Deus como poeta-criador para um Deus como cirurgião prático – cortando, modelando, formando, soprando. Além disso, passamos de uma situação de pura igualdade, com homem e mulher sendo formados simultaneamente, para um sequenciamento mais específico de macho e fêmea. Com essas diferenças começa um debate que se prolongou por muitos séculos sobre o que essa ordenação significa e qual sexo poderia ser o favorito de Deus, se é que um dos dois seria.

O homem é claramente criado primeiro, e a história contém um jogo de palavras para sugerir quão intimamente essa criação humana está conectada com as criações terrestres de Deus: o homem, *adam*, é criado a partir da terra, *ad-amah*. O uso de terra para criar seres humanos faz eco às histórias da criação da Mesopotâmia, embora Uri Gabbay tenha me contado que naqueles relatos os seres humanos eram criados com argila,

Encontro encantador

porque a bacia do Tigre e do Eufrates é mais molhada, ao passo que a Bíblia sugere pó, de acordo com o nível de umidade em Israel.

Mas o uso do solo por Deus deveria ser considerado uma lisonja?

Ao longo dos anos, comentadores interpretaram essa escolha de formas concorrentes. Alguns a viam positivamente, dizendo que Adão foi exaltado porque seu corpo era um microcosmo da terra. Os rabinos do Talmude, por exemplo, diziam que Deus reuniu terra do mundo inteiro, de modo que, onde quer que Adão morresse, ele se sentiria em casa. Outros viram isso de maneira mais negativa, sugerindo que Adão era inferior porque seu corpo era feito de "sujeira e pó". João Calvino disse que Deus escolheu pó para que os seres humanos não viessem a ser excessivamente orgulhosos de seus corpos.

Seja como for, depois que Deus forma esse ser humano, ele imediatamente cria um novo pedaço de terra para que ele viva ali. Deus planta "um jardim na região do Éden, no oriente", e coloca o homem dentro dele. O jardim contém "toda espécie de árvores agradáveis aos olhos e boas de comer", embora duas árvores específicas sejam nomeadas: a "árvore da vida" e a "árvore do conhecimento do bem e do mal".

A formação do jardim termina com Deus oferecendo ao homem inteira liberdade para cultivar, tomar conta e comer tudo nele que deseje. Mas Deus alerta o homem para não comer da árvore do conhecimento do bem e do mal, "porque no dia em que dela comeres, morrerás". O homem mal ganhou vida e já está sendo ameaçado de morte.

Em seguida vem uma das declarações mais cruciais de toda a história. Deus diz: "Não é bom que o homem esteja só." Como no capítulo 1, a palavra frequentemente traduzida como "homem" aqui é na realidade *haadam*, que sugere não apenas machos, mas fêmeas também. Uma maneira melhor para compreender o significado seria "não é bom que os seres humanos estejam sós".

O que é notável é o uso da expressão "não é bom". Até agora, Deus declarou que as coisas em seu novo mundo eram ou "boas" ou "muito boas". A solidão é a primeira coisa que ele declara que "não é boa". O que a palavra "só" – em hebraico, *levaddo* – significa nesse contexto? A raiz hebraica *levad* é usada 158 vezes na Bíblia hebraica, referindo-se em geral a objetos inanimados e sugerindo singularidade ou unicidade. Quando o termo é usado para descrever indivíduos, como quando Jetro diz a Moisés que não é bom para ele ser o único magistrado, a palavra sugere sem amparo. Estar sozinho é estar desamparado.

Essa ideia de que seres humanos precisam do que Yeats chamou mais tarde de "música sensual" de relacionamentos horizontais ecoou através do pensamento ocidental. O grande comentador do século XIII Ramban observou que Deus está sugerindo que os seres humanos não deveriam viver uma vida estática, imutável, mas, em vez disso, viver face a face com um outro. Hobbes escreveu que a conectividade humana emerge a partir do isolamento inicial de seres humanos que necessitam de "todo tipo de envolvimento uns com os outros". Adão é o ser humano original que necessita de envolvimento com outros.

A resposta de Deus para esse sentimento de solidão é se comprometer a criar um outro para Adão. Ele promete fazer uma "auxiliar apropriada" – em hebraico, *ezer kenegdo*. A expressão *ezer kenegdo* é notoriamente difícil de traduzir. A Bíblia do Rei Jaime a traduz por "alguém que o ajude"; outras por "ajuda", "parceira" ou "uma ajudante adequada para ele". A primeira parte, *ezer*, é usada dezesseis vezes na Bíblia para descrever os serviços de Deus a outros, o que sugere que o tipo de ajuda pretendida para Adão não se destina a ser subserviente. *Kenegdo* é mais raro, tornando pouco claro o significado da expressão completa.

O que está evidente, porém, é que embora esperemos que a criação da mulher se dê imediatamente, isso não acontece. Em vez disso, temos um curioso momento em que Deus serve como casamenteiro divino, desfilando cada animal, fera e ave diante de Adão para ver se algum o atraía. O primeiro *speed dating*. E como no aplicativo de encontros Tinder – deslize para a esquerda para dispensar, deslize para a direita para encontrar –, Adão desliza para a esquerda cada um dos animais.

A maneira como o texto descreve os sentimentos de Adão é essencial. "Para Adão nenhuma auxiliar que lhe correspondesse foi encontrada." Por mais forte que seja quando Deus tem a compreensão de que não é bom que os seres humanos estejam sós, é ainda mais forte quando Adão tem ele próprio essa compreensão. Os animais à sua volta têm parceiros sexuais, mas não têm aquilo que ele está procurando. Eles não têm companheirismo, intimidade ou um compromisso de ser o ajudante um do outro.

Eles não têm amor.

Adão está à procura de amor. "Toda ação humana", escreveu o filósofo Henri Bergson, "tem seu ponto de partida numa insatisfação, e assim num sentimento de ausência." Conhecer a própria incompletude é uma precondição necessária para a busca de completude. Ou, como escreveu Wallace Stevens: "Não ter é o início do desejo."

E Adão não está sozinho em sua solidão. Alguns dos maiores casos de amor na história começam com um protagonista que se sente isolado, perdido ou sem rumo. O cavaleiro Tristão foi expulso da Cornualha antes de se apaixonar por Isolda, princesa da Irlanda. Romeu está desiludido antes de encontrar Julieta. Swann, imerso na solidão antes de se extasiar com Odette.

Ser humano, ao que parece, é buscar conforto no amor. "Nascemos desamparados", disse C.S. Lewis. "Assim que nos tornamos plenamente conscientes, descobrimos a solidão. Precisamos de outros física, emocional, intelectualmente; precisamos deles se quisermos conhecer alguma coisa, até a nós mesmos."

Dado que Deus compreende a necessidade de companhia de Adão, por que não ir em frente e lhe dar aquilo de que precisa? Por que o desvio com os animais? A resposta, creio, é proferir uma mensagem: Deus não pode nos ajudar se nós mesmos não admitirmos primeiro que precisamos de ajuda. Na conhecida linguagem do movimento de autoajuda: "Olá. Meu nome é Adão e me sinto sozinho."

Não é apenas a literatura que compreende a necessidade humana de conexão; ela se tornou um pilar central da biologia também. Foi demonstrado que empatia e afeto estão profundamente enraizados em nosso DNA. Bebês no útero têm a capacidade de ouvir e sentir seus entes queridos do lado de fora. Recém-nascidos aprendem a falar imitando as expressões faciais e os tons vocais daqueles que os cercam. Todos nós temos neurônios-espelho que se excitam ao agirmos ou observarmos outros agirem, o que significa que quando alguém sorri para nós, sorrimos de volta, e quando expressam compaixão, sentimo-nos mais compassivos.

As ciências sociais também começaram a se concentrar na solidão como um problema. Almocei alguns anos atrás com John Cacioppo, eminente professor da Universidade de Chicago e um dos mais importantes neurocientistas do mundo. Quase sem ajuda, Cacioppo levou a solidão para o primeiro plano da psicologia. "Quando se pergunta às pessoas que prazeres contribuem para a felicidade", disse-me ele, "a maioria esmagadora classifica amor, intimidade e afiliação social acima de riqueza, fama ou mesmo saúde física."

A solidão, ao contrário, é o maior dano. Aqueles com índices de solidão mais altos apresentam também índices mais altos de depressão, ansiedade, hostilidade, pessimismo e neurose. Eles também têm índices elevados de morte por doença cardíaca, câncer, doenças respiratórias, gastrointestinais e todas as outras causas de morte estudadas. Como fator de risco para doenças e morte prematura, o isolamento social caminha lado a lado com a pressão alta, a obesidade, a falta de exercício e o fumo.

Por quê? A pesquisa de Cacioppo mostrou que ser solitário é como estar num ambiente hostil. Isso desencadeia mudanças celulares no corpo que tornam o sistema imune menos capaz de proteger órgãos vitais.

Menciono tudo isso porque frequentemente se diz que religião e ciência moderna são incompatíveis. Muitos pensam que as ideias de uma contradizem as da outra. Mas aqui está um belo exemplo em que isso não é verdade. Uma afirmação central sobre a natureza humana no Gênesis e uma descoberta central sobre a natureza humana a partir da neurociência coincidem: seres humanos não se destinam a ser sós.

Se você é o tipo de pessoa que pensa que a ciência moderna tornou a Bíblia irrelevante, aqui está um belo exemplo de por que isso nem sempre é verdade. Se você é o tipo de pessoa que pensa que a Bíblia contém toda a sabedoria de que precisa sobre como viver uma vida significativa e que a ciência nada tem a acrescentar, esse exemplo enfraquece essa posição também. O fato de ambos os mundos coincidirem na centralidade dos relacionamentos torna o insight ainda mais poderoso e nossa necessidade de considerá-lo ainda mais urgente.

Como então Deus responde a esse anseio?

Tomando parte do homem já esgotado e usando-a para criar a companheira pela qual ele anseia. Deus "fez Adão cair em profundo sono" e, enquanto ele dormia, pegou uma de suas "costelas" – em hebraico, *tsela'* – e fechou o lugar com carne. "Com a costela que havia tirado do homem, o Senhor Deus modelou uma mulher."

Embora *tsela'* tenha sido comumente traduzida por séculos como "costela", nos últimos anos emergiu um consenso de que esse uso é provavelmente enganoso. A palavra *tsela'* é usada 38 vezes na Bíblia hebraica. Nenhuma delas se refere especificamente à parte do corpo, embora 23 se refiram a "lado" e quinze a "sala lateral".

Anne Lapidus Lerner, ex-vice-chanceler do Seminário Teológico Judaico, escreve: "Dado o fato de que tenha sido atribuído a *tsela'* o significado de 'costela' apenas no contexto da criação da mulher, é improvável que essa seja uma interpretação correta." A interpretação mais provável, ela conclui, é que a mulher é tirada do lado do homem, sugerindo que eles se encontram menos em hierarquia um em relação ao outro e mais como parceiros, lado a lado.

Mais relevante ainda para o relacionamento dos dois é a reação de Adão ao aparecimento dela. Ele fica exultante. Desperta do sono para encontrar seu sonho realizado. E é a primeira vez que um ser humano fala na Bíblia, o que Simone de Beauvoir chama um grito de "união extática": "Esta, sim." Deus fala quando há um ser humano; o ser humano só fala quando há outro ser humano.

Nossa história de um torna-se uma história de dois.

Condizendo com essa ênfase em dois, a expressão de Adão, "Esta", aparece duas vezes em sua alegre saudação.

Esta, sim,
é osso de meus ossos
e carne de minha carne!
Esta será chamada "mulher".

O coração de nosso caçador solitário não está mais solitário. Diminuído por perder parte de seu corpo, ele se sente melhorado por ganhar uma extensão dele. Até o grande comentador medieval Rashi declarou que Adão havia encontrado o amor. "Os desejos de seu coração não foram satisfeitos até que ele encontrou Eva."

E deveríamos ver isso como amor. Quando Adão e Eva se cumprimentam pela primeira vez é um momento de grande importância. Um *"meet cute"*, como chamam em Hollywood, ou um encontro encantador, uma cena em que um futuro par romântico se encontra pela primeira vez, de maneira inesperada, divertida ou levemente conflituosa. Dar uma parte do próprio corpo a um completo estranho parece entrar nessa categoria.

No entanto Adão não se queixa de perder uma parte de si. Em vez disso, apaixona-se perdidamente. Aqueles mesmos cientistas sociais que nos instruíram sobre a solidão também descobriram que homens se apaixonam mais depressa que mulheres. Os homens são mais visuais, mais impulsivos, mais motivados por sexo. Isso certamente é verdade no Jardim do Éden. Adão mal pôs os olhos sobre a mulher – e ainda nem sabe o seu nome – antes que a declare vigorosamente "osso de meus ossos e carne de minha carne". Isso é o que minha mãe poderia ter chamado atrevimento. Diferentemente de Jerry Maguire, ele não se dá nem ao trabalho de dizer "olá".

No entanto é um momento memorável. O imaginativo comentador bíblico Avivah Zornberg compara o encontro de Adão com Eva com o encontro de Hernán Cortez com o Novo Mundo, um momento de "absurdo presságio", na expressão de Keats, em que o homem descobre que uma parte de si tornou-se imensamente mais valiosa em sua nova diversidade. Essa noção de amor como a descoberta de uma parte de si mesmo é algo mais que Adão e Eva introduzem no cânone das ideias.

Jane Eyre, aquele famoso coração solitário, por exemplo, usa uma linguagem surpreendentemente similar quando ela e Rochester declaram seu amor. Primeiro Rochester, sentado sob uma árvore em seu jardim "semelhante ao Éden", revela ter um "estranho sentimento" em relação a ela. "É como se eu tivesse uma corda em algum lugar atrás das minhas

Encontro encantador

costelas, do lado esquerdo, atada de modo firme e inextricável a uma corda parecida situada no local correspondente de seu pequeno corpo", diz ele.

Mais tarde, Jane afirma que se considera abençoada ao extremo por ser "a menina dos olhos dele". "Nenhuma mulher jamais esteve tão próxima de seu companheiro quanto eu; nem foi de maneira mais absoluta carne de sua carne." Evidentemente uma mulher foi tão próxima de seu companheiro quanto Jane. Trata-se da progenitora de Jane, a primeira mulher a ser amada e, como Michelangelo mostrou de forma memorável, a primeira a entrelaçar sua carne e ossos com os de seu amante.

ADÃO E EVA NUNCA estiveram destinados a aparecer na capela Sistina. Originalmente chamada a Grande Capela, a câmara privada de oração do palácio Apostólico foi construída entre 1473 e 1481 sob a supervisão do papa Sisto IV, em cuja homenagem a sala foi nomeada. A construção, semelhante a uma fortaleza, espelha as dimensões do templo de Salomão – quarenta metros de comprimento por catorze de largura. Quando a capela foi consagrada a Maria na festa da Assunção, em agosto de 1483, havia nas paredes laterais elaboradas descrições das vidas de Moisés e de Cristo, enquanto o teto abobadado estava pintado de azul com estrelas douradas.

A ideia de representar na capela o primeiro casal não foi considerada quando, em 1508, o sucessor de Sisto IV, Júlio II, contratou Michelangelo para pintar o teto. A missão inicial era pintar os doze apóstolos nos pendentes triangulares que sustentam a abóbada. Mas de acordo com sua versão dos acontecimentos, Michelangelo pediu liberdade para produzir o que quisesse. Ele escolheu trabalhar em todo o teto de 1.114 metros quadrados, concentrando-se em nove painéis ao longo das seções centrais do teto, preenchendo cada um com imagens extraídas das três primeiras histórias do Gênesis – a criação do mundo, a criação dos seres humanos e a história de Noé.

Sob muitos aspectos, Michelangelo foi uma escolha estranha para essa encomenda. Um florentino, não um romano, ele não tinha praticamente nenhuma experiência como pintor. Sua reputação era de escultor, e um escultor intuitivo. "Vi o anjo no mármore", disse ele sobre uma obra, "e entalhei até libertá-lo."

Mesmo quando se voltou para a pintura, seu principal interesse continuou sendo o corpo humano. Com 33 anos, era um praticante entusiasta de uma nova moda ilegal no Renascimento: dissecar cadáveres. Michelangelo chegou a montar numa igreja sua própria sala de dissecação, onde fazia esboços anatômicos de cadáveres fornecidos por um frade amigo. Sua meta era pintar corpos realistas partindo dos ossos para os músculos, depois para a carne. Dizia-se que sua obra artística incluía pelo menos oitocentas partes anatômicas diferentes.

"O que me interessa nesta sala é que ela é um templo para o gênio", disse Cesare, meu iniciado nos segredos do Vaticano e guia, depois que minha comoção mental havia amainado. "Você tem a inovação de imagens tridimensionais em seu próprio surgimento. Os primeiros visitantes que tiveram o privilégio de ver esta sala ficaram atônitos."

"O que os deixou perplexos?"

"O modo como ele usa a licença artística. Isso é muito moderno e ele é bem consciente disso. Faz referência a uma fonte bastante ortodoxa, a Bíblia, mas a representa de maneira muito inovadora."

Uma coisa que me surpreendeu ao estar na capela sem a multidão foi a forma como o som se transmitia tão bem. Cada passo, cada palavra, cada nota reverberava de maneira profunda, física. É como se as paredes fossem feitas de palhetas de um instrumento de sopro renascentista.

"A igreja alcança esse efeito de três maneiras", disse Cesare. Ela o faz com música; o faz com liturgia; e o faz com arte. "Ao nos encontrarmos aqui dentro hoje, estamos experimentando-a sem a música ou a liturgia", disse ele, "por isso a capela está falando com apenas um terço de sua voz."

Mas que voz! A imagem mais impressionante em toda a sala, certamente para os contemporâneos de Michelangelo, era o sexto painel na nave central, *A criação de Adão*.

"É irônico para mim que no teto tenhamos a introdução do arquétipo para o super-herói no imaginário", disse Cesare. "Temos um homem velho, barbado, voando pelos ares com um manto ondulado. Ninguém fizera isso antes. Ninguém havia representado Deus com os joelhos à mostra, descalço, se lançando pelo céu. Deus fez os seres humanos à sua imagem; Michelangelo fez Deus à nossa."

Mais do que original, a disposição de Michelangelo de repensar o caráter físico de Deus era também arriscada, especialmente se considerarmos quem estava pagando por seu trabalho e onde ele se localizava. Judeus e cristãos antigos acreditavam que o Livro do Êxodo, ao dizer que ninguém deveria ver a face de Deus, proibia sua representação visual. Na Idade Média, alguns artistas começaram a apresentar a mão de Deus ou por vezes o rosto, mas pintar todo o seu corpo ainda era impensável. Quando artistas renascentistas se aventuravam a retratar a face de Deus, representaram-na com uma longa barba para que sua aparência usualmente severa parecesse mais patriarcal e amedrontadora. Michelangelo tomou uma direção radicalmente diferente. Seu Deus era ativo, gracioso, flexível. Uma cabeça velha num corpo jovem.

"Frequentemente se diz que Deus não é um velho de barba", disse Cesare. "Mas e se Michelangelo nunca tivesse proposto essa imagem de Deus com barba, a voar pelos ares? Nada garante que mais alguém teria pensado nisso. Ou que esse super-homem teria a aparência que tem."

Quanto a Adão, ele também é representado com contradições internas. Tem um rosto apático, mas um corpo treinado, maleável, prestes a despertar. A única coisa que ele espera é o sopro de Deus. O texto sugere que Adão ganha vida quando Deus "sopra em suas narinas", e a resposta de Michelangelo é capturar esse momento com dois dedos indicadores estendendo-se um para o outro, um de um homem efeminado, o outro de um Deus viril.

"Para mim é um belo detalhe", disse Cesare, "a maneira como os dedos se tocam. E remete ao que tem sido cantado no conclave desde Michelangelo, *Veni Creator Spiritus*, sobre como o homem é criado a partir do dedo indicador de Deus."

Cesare acredita que os dedos estendidos encerram uma mensagem ainda mais ampla: Michelangelo pegou uma história que é acima de tudo sobre comunicação com palavras – "E Deus disse" – e a transformou numa história sem palavras.

"Acredito que a capela Sistina é corretamente celebrada como a palavra convertida em imagem", disse Cesare.

No primeiro dos três painéis dessa série, prosseguiu ele, Deus cria Adão e tem uma conexão sem palavras com ele. No segundo, Deus cria Eva e tem uma conexão similar com ela. No terceiro, Deus se retirou e Adão e Eva têm essa conexão um com o outro, antes de serem expulsos do Éden.

"Com certeza o paraíso que eles perdem é a capacidade de falar sem palavras", continuou Cesare. "O alfabeto hebraico, que adoro, reformata o cérebro para compreender um único Deus. Mas ele também nos oprime com linguagem. A linguagem redefine o mundo, e o complica."

"O que significa comunicar sem palavras?", perguntei.

"É a mensagem de toda esta sala", disse ele. "É amor. Amor significa ser capaz de olhar para alguém e se comunicar com imagens, não verbalmente. O que Michelangelo está dizendo – o que a Igreja está dizendo, de fato – é que originalmente essa capacidade é uma dádiva de Deus, porque Deus é amor. Somente quando amamos Deus podemos recriar esse amor com outra pessoa."

Há uma velha piada sobre Adão e Eva que diz o seguinte:

Um dia, no Jardim do Éden, Eva chamou Deus: "Senhor, tenho um problema."

"Qual é o seu problema, Eva?"

"Sei que o Senhor me criou e me pôs neste lindo jardim com todos os animais. Mas eu simplesmente não estou mais feliz."

"Por que não, Eva? O que deu errado?"

"Bem. Senhor, acho que estou me sentindo sozinha. Esses animais não falam. E para lhe dizer a verdade, maçãs frescas simplesmente não me satisfazem."

"Eva, tenho uma solução. Vou criar um homem para você."

"O que é um homem, Senhor?"

Encontro encantador

"Bem, ele é um pouco parecido com você, mas com defeitos. É turrão e de difícil convivência. Mas será maior e mais rápido que você, por isso pode ajudar quando necessário. Mas será um pouco mais lerdo que você, e você terá de ajudá-lo a entender o que fazer."

Eva pensou por alguns momentos, coçou a cabeça e perguntou: "Qual é o senão, Senhor?"

"Bem, haverá uma condição."

Eva sorriu sabiamente e perguntou: "E qual seria ela, Senhor?"

"Você terá de deixá-lo pensar que eu o fiz primeiro."

Uma característica curiosa da capela Sistina é que ela não conta simplesmente a história de Adão e Eva; na realidade, é parte da própria história. As imagens que Michelangelo pintou sobre aqueles painéis não apreenderam simplesmente séculos de discussão bíblica que as precederam; elas também moldaram séculos de discussão que as seguiram.

Isso nunca foi mais verdadeiro do que com o que talvez tenha sido o maior desafio de Michelangelo à ortodoxia: sua representação de Eva. Pela primeira vez, em lugar tão proeminente, Eva não era meramente a inferior de Adão ou mesmo sua igual: era algo mais extraordinário – seu conduto para Jesus, sua ponte para Deus. Antes da capela Sistina, em círculos cultos de Jerusalém a Roma, era possível menosprezar ou mesmo rejeitar Eva; depois do que o artista escolhido pelo papa pintou naquele teto, poucos poderiam fazê-lo sem contestação. Em palavras simples: Michelangelo foi o maior propagandista de Eva, e o fez no lugar mais masculino da Terra.

Como exatamente isso aconteceu é o que estava em minha mente quando me dirigi a uma entrada diferente para o Vaticano no dia seguinte, às sete horas da manhã. Vizinho à praça de São Pedro, o portão de Santa Ana é uma das fronteiras internacionais entre o Vaticano e a Itália. Como tal, estava protegido por um membro da Guarda Suíça, um soldado de meias compridas e bombachas, envolto em vermelho, azul e amarelo-ouro, ondulando e lembrando muito uma pasta de dentes tricolor.

Eu estava ali para encontrar Daniel Gallagher, um gentil monsenhor americano do Meio-Oeste. Bonito, com um sorriso fácil e cabelo louro-escuro bem escovado, Dan parecia ter nascido para o papel de prefeito de cidade pequena num musical da Broadway. Na vida real, ele é o latinista-chefe do papado. Sua função é traduzir os pronunciamentos oficiais do papa para o latim, inclusive sermões, homilias e até tuítes. O *feed* do Twitter do pontífice em latim tem meio milhão de seguidores. Nas horas vagas, Dan também traduziu *O diário de um banana* para a língua dos papas.

Para acompanhá-lo, Dan convidara a historiadora da arte Liz Lev, uma afro-americana com cabelo castanho-avermelhado puxado para trás num coque e uma provisão de livros e papéis enfiados numa mochila. Nascida em Boston e moradora de Roma há duas décadas, Liz estava trabalhando num livro sobre Michelangelo e as mulheres. Se antes era católica não praticante, um projeto sobre fé e arte, no qual trabalhara em estreito contato com o papa Bento XVI, a fez renovar sua própria prática.

Começamos a subir as Escadas Reais, o caminho oficial de boas-vindas às visitas de Estado ao Vaticano, para um pretenso café da manhã. A meio caminho da subida dos amplos degraus, Dan parou e apontou para um corredor. "Esta é a chamada escada do morto, porque é o caminho mais curto dos apartamentos papais até a basílica e pelo qual papas falecidos rumam para seu lugar de repouso final. Quando João Paulo II morreu, as pessoas puderam vê-la de relance porque as câmeras estavam acompanhando seu cadáver."

Mencionei alguma coisa sobre o conclave, e ele disse que tinha algo para me mostrar. Transpusemos uma grande porta de madeira, vigiada por mais um guarda suíço, e num instante eu me encontrava de novo dentro da capela Sistina. Havia meses tentando ganhar acesso a ela, subitamente eu estava ali pela segunda vez em doze horas.

O que Dan queria mostrar era um lugar no canto da capela onde funcionários instalam um forno temporário no qual são queimadas as cédulas de votação durante as sessões a portas fechadas para eleger um papa. Depois que a cor da fumaça se mostrou indecifrável durante o conclave que escolheu Bento em 2005, corante preto e branco foi acrescentado para a assembleia que escolheu Francisco.

Encontro encantador

"Embora seja excelente que turistas possam visitar a capela", disse Dan, "a sala só ganha vida realmente quando se realizam liturgias aqui." Difícil haver uma passagem nas Escrituras que não esteja refletida em suas paredes ou no teto. E nas missas, quando alguém lê uma passagem, inclusive o papa, examina ao redor da capela à procura das cenas correspondentes. Ficamos todos nos contorcendo para olhar as pinturas, e as figuras parecem se virar de volta para nós."

Perguntei a Liz o que para ela se destacava na capela.

"Para mim, a coisa mais importante em relação a esta sala é que se você tomar a obra de Michelangelo como um todo – não apenas as nove cenas do Gênesis, mas também as dúzias de sibilas, profetas e ancestrais que enchem o espaço –, ele faz questão de ter uma mulher ao lado de cada homem. E isso numa sala onde a presença de mulheres foi proibida até 1700!"

As mulheres na periferia do teto estão pintadas de maneira especialmente encantadora, disse Liz. Os cabelos, as roupas, o modo como seus filhos interagem com elas, tudo indica que Michelangelo estava de fato observando atentamente as mulheres na vida cotidiana.

"Foi um homem de visão", disse Liz. "E a ideia de que ele retratou aqui mulheres de forma tão realista é de fato excepcional. Mostra que elas estão mais integradas à Igreja do que as pessoas poderiam pensar."

A ligação entre o modo como Adão e Eva eram discutidos em círculos religiosos e como mulheres eram tratadas pelo judaísmo e o cristianismo antigos é profunda, mas nem sempre clara. Vamos começar com os judeus. Vários comentadores afirmaram que a maneira como Deus faz Eva a partir do corpo de Adão e depois a conduz para o lado dele é uma marca de exaltação. Há um *midrash* que fala de Deus adornando Eva com 24 joias como uma manifestação de sua elevação.

Mas a interpretação mais comum era que ser criado a partir do corpo de Adão era inferior a ser criado a partir da terra. Segundo um *midrash*, Deus coloca Adão para dormir antes de criar Eva porque "o começo da ruína de um homem é o sono: dormindo ele não se envolve em estudo". Outro diz que osso é claramente inferior a pó. "Por que uma mulher deve se perfumar, mas um homem não?", pergunta um rabino. Porque o homem é feito de terra e a terra não fede, ao passo que osso, sim. "Veja! Se você deixar um osso três dias sem sal, ele imediatamente começa a cheirar mal."

A visão hierárquica de homem e mulher pode ser resumida nesta colorida passagem do Gênesis Rabbah, um *midrash* do Livro do Gênesis:

> Não vou criá-la a partir da cabeça dele, para que não seja presunçosa; nem a partir dos olhos, para que não seja coquete; nem a partir da orelha, para que não seja bisbilhoteira; nem a partir da boca, para que não seja fofoqueira; nem a partir do coração, para que não seja propensa ao ciúme; nem a partir da mão, para que não seja ladra; nem a partir do pé, para que não ande atrás de prazeres; vou criá-la da parte modesta do homem, pois mesmo quando ele está nu, essa parte está coberta.

A visão cristã de Adão e Eva é mais complexa. Eles não desempenham um papel grande no Novo Testamento, embora Jesus seja chamado "o filho de Adão". Jesus se refere ao primeiro casal apenas uma vez, quando perguntado sobre o divórcio, e parece não preferir um sexo a outro. "Não lestes que no início o criador 'fez macho e fêmea' e disse: 'Por esta razão um homem deixará seu pai e mãe e se unirá à sua esposa, e os dois se tornarão uma só carne.'"

Paulo, no entanto, deixa seu ponto de vista claro: o homem é superior. "Eu não permito que a mulher ensine nem exerça autoridade sobre o homem", escreve ele em Timóteo 1. "Esteja [ela], portanto, em silêncio. Porque Adão foi criado primeiro e Eva depois."

À medida que o cristianismo evoluiu, a conexão entre o primeiro casal do Gênesis e a primeira família do Novo Testamento somente se aprofundou. Os defeitos de Adão e Eva servem como contraste para os principais atores na história de Cristo. Adão é uma figura mundana, afirma Paulo; Jesus é uma figura sobrenatural. Adão é mortal, Jesus é divino. "O primeiro homem é da terra, terreno", diz Paulo. "O segundo homem é o Senhor vindo do céu."

Michelangelo se vale dessa conexão entre Adão e Jesus, mas está muito mais interessado em outra conexão – entre Eva e Maria. Essa associação

Painéis do teto da capela Sistina representando a perdição de Adão e Eva, *A criação de Eva* e *A criação de Adão*. Michelangelo pintou *A criação de Eva* no centro da capela.

se desenvolveu nos anos posteriores ao Novo Testamento. O bispo Irineu, no século II, foi o primeiro a escrever que assim como Eva, uma virgem que desobedeceu a Deus, traz morte para o mundo, seria preciso Maria, uma virgem que obedeceu a Deus, para trazer salvação.

Uma vez introduzida, a ideia de que Maria era a "segunda Eva" se espalhou rapidamente. Ela foi impulsionada pelo fato de que o nome latino *Eva* escrito ao contrário é *Ave*, a conhecida saudação do anjo Gabriel a Maria e que ecoa na imensamente popular *Ave, Maria*. À medida que a importância de Maria cresceu na Igreja, a de Eva cresceu junto dela, até que esse parentesco místico encontrou sua maior expressão na capela Sistina.

Depois que nos instalamos na capela, Liz nos conduziu passo a passo pela forma como Michelangelo usou sua representação de Adão e Eva para elevar sistematicamente as mulheres na Igreja.

"Comecemos com *A criação de Adão*, disse Liz. "Adão é em grande medida uma figura passiva prestes a receber essa energia de Deus." Michelangelo é sempre o sujeito de um "momento antes", disse ela. Ele gosta de mostrar as coisas um pouco antes que aconteçam.

"Mas depois que Deus ativa Adão, ele vai precisar de uma parceira", continuou Liz. "Então olhe para o outro braço de Deus, ele enlaça Eva, sugerindo que ela é parte de seu plano. Há algo encantador na maneira como isso é pintado; a mão de Eva se ergue e toca no braço de Deus. Há confiança e intimidade. Quanto mais olho para isso, mais conexão vejo entre eles."

Mencionei que uma de minhas filhas fora a primeira pessoa a me sugerir que a mulher sob o braço esquerdo de Deus poderia ser Eva.

"Estou pasmada por sua filha ter visto isso", disse ela. "Ela deveria estudar história da arte."

"Isso deixaria minha mãe muito feliz", respondi.

"Mas acho que sua filha está certa", continuou Liz. "Esta capela é toda sobre Maria." O maior responsável por isso, Sisto IV, foi aquele que nos deu a festa da Imaculada Conceição, explicou ela, a qual põe Maria no mesmo plano que Jesus. A maior peça de arte ali exposta, *O Juízo Final*, coloca Maria imediatamente à direita de Jesus.

"O ambiente da capela é projetado como um sinal de que Maria é central para a salvação", disse Liz. "Fazer de Eva a figura central do teto foi uma maneira de ressaltar Maria."

Isso levou ao segundo painel na série, *A criação de Eva*. Nessa imagem atípica, um Adão adormecido está encostado em um tronco de árvore morto, enquanto um Deus ereto, com um manto branco e a barba dourada, faz um gesto com a mão direita. Entre essas duas figuras masculinas está Eva, o pé direito enfiado atrás do flanco esquerdo de Adão e seu rosto e mãos apontando na direção de Deus. Da maneira como o painel foi projetado, o rosto e o torso de Eva preenchem o centro. Perguntei a Liz o significado de ser Eva, e não Adão nem Deus, o umbigo de toda a sala.

"Acredito que Michelangelo está enfatizando que Maria é uma Corredentora ao lado de seu filho", disse ela. "Na Igreja, o Filho de Deus é obviamente a figura mais importante, mas Maria vem logo em seguida. Eva estar aqui é uma maneira de enfatizar que o mortal mais importante que já viveu não foi um homem, mas uma mulher. Pense no quanto isso era radical num lugar como esse."

E que imagem radical de Eva. Longe das mulheres graciosas, etéreas, de Botticelli, a Eva de Michelangelo é forte, com pernas musculosas, abdome arredondado, bíceps salientes. É tão alta quanto Adão e Deus, e, contrariamente aos comentários, está longe de ser um acréscimo, arrancada de uma parte de segunda categoria do corpo de Adão e destinada a viver à sombra dele. Michelangelo não somente respeitava essa mulher. Talvez ele a temesse um pouco também.

"Pessoalmente eu gostaria que ela fosse um pouquinho mais sensual", disse Liz. "Compreendo que, afinal de contas, Eva tinha de ser uma figura robusta. Não estamos ligados a Deus por algo frágil. E como muitos pintores do Renascimento, Michelangelo deve ter usado um homem para modelar Eva. Homens só usavam modelos mulheres quando elas eram suas esposas, namoradas ou prostitutas, e Michelangelo não tinha nenhuma delas."

Mas o que lhe falta em beleza convencional, disse Liz, ela mais do que compensa em estatura. Em todos os sentidos, ela é igual a Adão.

Essa igualdade é mais evidente na terceira e última parte da série. No primeiro painel, *A criação de Adão*, Adão e Eva estão em lados opostos da composição, separados por Deus. No segundo, estão juntos, com Deus ao lado deles. No terceiro, estão completamente entrelaçados – íntima, erótica, sexualmente – e Deus não está em parte alguma. Numa audaciosa afirmação de sua equivalência, tanto Adão *quanto* Eva nessa imagem estendem a mão para o fruto proibido.

Ainda mais chocante: o rosto de Eva está posicionado ao lado do membro exposto, ligeiramente inchado, de Adão. Caso desviasse a cabeça da serpente para Adão, ela criaria uma cena inadequada para consumo papal. Essa imagem de felação era considerada tão escandalosa que o Vaticano proibiu sua reprodução por séculos.

"O que acho fascinante", disse Liz, "é que os corpos de Adão e de Eva são complementares nesse painel. Eles simplesmente se encaixam. Ele é muito mais enérgico na maneira como estende a mão para o fruto e ela é mais ansiosa. Além disso, eles são belos. Esses são corpos de deuses."

"Eles estão apaixonados?"

Ela sorriu. "É sempre amor", disse ela, "porque Deus é amor. A questão é definir de que amor se trata. Não é um amor do tipo 'tenho sentimento carinhoso'. É o tipo de amor 'eles são feitos do amor de Deus, por isso são feitos um para o outro'. Dessa maneira seu relacionamento de amor é um modelo para o nosso."

Os primeiros turistas começavam a entrar na capela. Dan tinha de ir trabalhar. Em menos de 24 horas, eu repensara uma vida inteira de ideias convencionais sobre a capela Sistina. Não a via mais como um templo de masculinidade, um lugar onde Deus e Adão afirmam sem nenhum esforço seu controle patriarcal sobre o mundo. Não via mais Adão como a figura central na sala e Eva como a figura esquecida.

Em vez disso, a capela se tornara um baluarte contra essas ideias, uma reparação a séculos de menosprezo de Eva. Via-a como uma restauração da ideia de que Adão e Eva compartilham o mérito – e a culpa – pelo que aconteceu no Éden.

E ao transmitir essa mensagem revolucionária, Michelangelo nos lembra da mensagem revolucionária nos primeiros versículos do Gênesis. A

Encontro encantador

despeito de todas as diferenças entre a primeira e a segunda história da criação, há uma semelhança primordial: ambas retratam o homem e a mulher como contendo um pedaço do outro dentro de si. É a mesma fisicalidade compartilhada que transparece nos painéis de Michelangelo, e que qualquer pessoa que tenha se apaixonado experimentou de uma maneira ou de outra. "Toda paixão envolve o triunfo da esperança sobre o autoconhecimento", escreveu Alain de Botton. "A gente se apaixona esperando não encontrar na outra pessoa o que sabemos estar em nós mesmos." Mas como Adão e Eva mostram, isso não é realmente possível, porque parte do que encontraremos no outro é o pedaço de nós mesmos que sentimos estar faltando.

Quando nos preparávamos para sair, fiz a Liz a pergunta que iniciara minha jornada até ali anos antes, quando uma de minhas filhas olhou para *A criação de Adão* e disse: "Onde eu estou nessa pintura?" É possível, no século XXI, que essas imagens tenham alguma coisa a nos ensinar sobre nossas próprias vidas?

"É a mesma pergunta que tenho feito a mim mesma desde que estive aqui pela primeira vez como uma jovem estudante de história da arte", disse ela. "Olhei para o teto e pensei: 'É escuro. É hostil. Não quero estar aqui.' Mas há cerca de quinze anos, quando comecei a trabalhar na representação das mulheres de Michelangelo, comecei a formulá-la de forma diferente. 'Como pode essa sala, pintada há quinhentos anos, para sujeitos brancos inteiramente vestidos, uma sala em que por séculos não me seria permitido entrar, ser um lugar em que me sinto tão completamente em casa?'

"E foi então que comecei a me dar conta", ela continuou, "de que aqui nesta sala, em toda parte, quando há um herói, há também uma heroína. Existe uma parceria entre homem e mulher que é um reflexo da parceria entre seres humanos e Deus. É isso que eu diria às suas filhas. Na vida, você pode tomar o caminho que lhe permite navegar por conta própria. Ele pode levá-lo à fortuna e ao sucesso, mas não estou certa de que leva à serenidade, à alegria ou à verdadeira sensação de realização.

"Ou você pode tomar o outro caminho. Aquele que o leva a formar relacionamentos. E quando entramos numa sala como esta e olhamos para o teto, percebemos que nossos primeiros ancestrais estavam em relacionamentos. Eles foram os primeiros a fazer essa coisa que ainda estamos tentando compreender."

"Então o que podemos aprender com eles?"

Ela pensou por alguns segundos.

"Primeiro, que fomos feitos para o amor. É isso que aquela imagem inicial mostra: fomos feitos a partir do amor e fomos feitos para o amor.

"Segundo, que o verdadeiro amor é gentil. A gentileza com que Deus desperta Adão é uma poderosa expressão de como deveríamos amar. Não o contundente 'Venha cá, faça o que digo', mas a gentil doação de nós mesmos. Deus dá de si mesmo para despertar Adão, depois Adão dá de si mesmo para despertar Eva.

"Finalmente, que o amor verdadeiro tem a ver com completamento. É isso que acontece quando Adão e Eva deixam o Éden. Eles aprendem que são incompletos um sem o outro. O amor não é um breve instante de prazer. Nem uma longa e difícil caminhada. O amor é uma oportunidade para encontrar uma situação com outra pessoa que o conduzirá a maior santidade. Em última análise, você está tentando construir no interior o que Michelangelo representa no exterior: duas pessoas, iguais em tamanho e estatura, que com a graça de Deus estão se transformando em algo que é mais semelhante a Deus, algo que é muito bom."

3. O demônio me levou a fazer isso

O que fazemos por amor

Por volta das quatro da tarde é uma hora excelente para visitar um cemitério em Londres. A luz em geral se abrandou. As criptas manchadas pela chuva parecem se suavizar sob as sombras que se alongam. E crianças a caminho de casa riem, gritam ou brincam de esconde-esconde entre os túmulos. Esses monumentos por vezes intimidadores tornam-se acessíveis, até sociáveis, e, se você tiver sorte, os fantasmas estão à vontade para falar.

No fim de uma tarde de verão, transpus a entrada do Bunhill Fields Burial Grounds, no extremo leste da parte antiga de Londres. Eu estava acompanhado por Lance Pierson, um ator de sessenta e poucos anos calvo e afável, educado em Oxford e apaixonado por Shakespeare e poesia renascentista. Ele queria me mostrar o que poderia ser considerado o local de nascimento da felicidade conjugal.

"Mesmo a maioria dos londrinos não tem conhecimento deste lugar", disse ele.

Com um pouco menos de quatro hectares, Bunhill Fields está longe de ser o maior dos cemitérios de Londres. Inaugurado em 1665, depois que os adros da cidade ficaram repletos durante a peste, não era um lugar especialmente desejável para ser enterrado. É o último repouso de alguns dos rebeldes religiosos de pior reputação – John Bunyan, Daniel Defoe, William Blake e a "Mãe do Metodismo", Susanna Wesley.

Mas logo depois de ser inaugurado, Bunhill Fields tornou-se o jardim e a inspiração não intencional para um outro rebelde de má fama, um eloquente diplomata que ascendeu aos mais elevados níveis do governo britânico somente para cair em desgraça, ser jogado na prisão e exilado para viver o resto de seus dias em frente a um cemitério.

John Milton estava em casa às portas da morte. Quando se mudou para cá, aos cinquenta anos, tinha enterrado a mãe, o pai, duas esposas, um filho, uma filha, perdera incontáveis amigos para o enforcamento e um bom número para a estripação. Ele também estava doente, sofrendo de gota e completamente cego. Um de seus contemporâneos escreveu que ele costumava se sentar à porta de casa com um casaco cinzento de pano grosso, apreciando o ar fresco e recebendo visitas.

"É muito evocativo para mim que ele estivesse logo ali e pudéssemos ir lá conversar", disse Lance.

"E o que você lhe perguntaria?"

"Como você encontra vontade para continuar vivendo?"

A resposta é que ele se retirou em companhia dos mais antigos heróis de sua fé e reimaginou a história deles como mais ninguém o fizera. Nesse processo, Milton deu vida a uma ideia que hoje é tão banal que é difícil lembrar que outrora ela foi um crime. A ideia é que as pessoas deveriam amar a pessoa com quem se casaram e, se não a amassem, deveriam ter permissão para se divorciar delas, até mesmo ser encorajadas a fazê-lo. A inspiração por trás dessa improvável cruzada foi seu próprio casamento fracassado, juntamente com seu perpétuo desejo de intimidade emocional e sua crença de que o companheirismo romântico era a resposta final para a solidão.

John Milton, acreditam os estudiosos, inventou o conceito do que hoje chamamos *companionate marriage*, ou casamento de companheirismo. E para dar vida a essa noção, usou a história do casal mais famoso da história. Na época, pouca gente considerava os habitantes do Éden exemplos de bom casamento. Milton mudou isso sem a ajuda de ninguém, e o fez ante desafios extraordinários. Ele compôs sua epopeia quando estava inteiramente cego.

Paraíso perdido é muitas coisas: o maior poema jamais escrito em inglês; o flagelo de alunos do ensino médio em toda parte; o grito apaixonado de um homem furioso, amargo, casado três vezes. Mas, acima de tudo, é a argumentação passo a passo em prol da ideia de que Adão e Eva são o primeiro e melhor exemplo de relacionamento amoroso.

O demônio me levou a fazer isso

Na marcha da civilização ocidental, um dos grandes eixos na evolução do amor de ideal filosófico abstrato para realidade desordenada, engrandecedora, foi a invenção de um poeta com o coração partido, um panfletário que morava em frente a um cemitério. Quando se celebra esse feito, John Milton merece reconhecimento por fazer mais do que qualquer um na história para promover a crença de que Adão e Eva é uma história de amor.

EM 1597, ONZE ANOS antes de John Milton nascer, William Shakespeare publicou *Romeu e Julieta*, ou, como era conhecida na época, *A mui excelente e lamentável tragédia de Romeu e Julieta*. Essa peça ajudou a popularizar a ideia de que uma história de amor deve ser construída em torno da dor. Como expressou o filósofo Robert Solomon, o amor não é apenas uma paixão momentânea, mas um desenvolvimento emocional, um arco, uma narrativa. E o ponto crucial dessa narrativa é uma dificuldade que deve ser suplantada.

"O cerne da história de amor, o que a torna romântica, é o 'problema'", escreve Solomon. "O amor é um desafio, um esforço enorme e patologicamente obstinado a superar mal-entendidos, tragédias e aparentes traições."

Embora essa fórmula seja por vezes atribuída a Shakespeare ou às peças gregas clássicas pelas quais foi inspirado, nenhum lugar lhe dá vida de maneira mais brilhante que os versos iniciais do Gênesis. Na história de Adão e Eva, o principal conflito é se os protagonistas vão comer da árvore do conhecimento do bem e do mal, e o principal tentador é a serpente.

A narrativa da árvore começa no capítulo 3 e a primeira coisa a observar é que quase tudo que pensamos saber a seu respeito – que a serpente é o demônio, que Eva é a vítima, que sua sucumbência dá início à descida do mal sobre o mundo – não está no texto original. Nem a palavra "queda" aparece. Essas interpretações foram superpostas à história pelo grupo quase exclusivamente masculino dos comentadores influentes.

A narrativa bíblica começa com Adão e Eva num estado de felicidade conjugal, tal como capturado na última linha do capítulo 2: "O homem e a mulher estavam nus e não se envergonhavam." O capítulo 3 abre com uma mudança ameaçadora, até peculiar, a introdução de um personagem que até então não fora mencionado, uma serpente falante. "A serpente era o mais astuto de todos os animais do campo que Yahweh Deus havia feito", diz o texto. "Ela disse à mulher: 'Então Deus disse: Vós não podeis comer do fruto das árvores do jardim'?"

As serpentes são longamente associadas à trapaça no Oriente Próximo antigo. Mesopotâmios as consideravam símbolos de perfídia; egípcios as usavam para representar magia negra. A Bíblia liga serpentes à adivinhação, ao demônio e a dragões. Mas serpentes eram associadas também com saúde e bem-estar, como no bastão de Asclépio, em que serpentes se enroscam, ainda em uso pela Associação Médica Americana. Como tantos elementos da história, o verdadeiro simbolismo da serpente está entrelaçado em mistério.

A serpente se concentra imediatamente na árvore e tenta entender a ordem de Deus. O que é exatamente essa árvore? Na realidade, o Éden tem duas plantas nomeadas. A primeira é a árvore da vida, um símbolo comum que aparece em toda a Bíblia como um sinal de presença divina. A segunda é a árvore do conhecimento do bem e do mal, um nome desajeitado que sugere que ela confere poderes divinos a quem quer que consuma seu fruto. A árvore torna-se o assunto de um tenso diálogo entre a serpente e Eva. Esta responde: "Nós podemos comer dos frutos das árvores do jardim", mas sobre o fruto dessa árvore em particular Deus disse: "Dele não comereis, nele não tocareis, sob pena de morte."

A serpente opõe-se: "Com toda a certeza não morrereis! Ora, Deus sabe que no dia em que dele comerdes, vossos olhos se abrirão e vós sereis como deuses, conhecedores do bem e do mal."

Agora vem a prova. Eva deve decidir se segue a vontade de Deus, ainda que nunca a ouça diretamente, ou o que vê com os próprios olhos. Com extraordinária pouca hesitação, toma partido de seus olhos. "Quando a mulher viu que a árvore realmente parecia agradável ao paladar, muito atraente aos olhos e, além de tudo, desejável para adquirir discernimento, tomou do seu fruto, comeu-o."

O que exatamente ela comeu? Tudo que nos dizem é que a mulher come o fruto, ou *peri*, da árvore. Ao longo dos anos, inúmeras interpretações foram oferecidas para que tipo de fruto é esse, inclusive romã, alfarroba, pera, marmelo, damasco e tâmara. A escolha mais popular, "maçã", parece evidentemente improvável, pois maçãs não são nativas do Oriente Próximo. Essa associação começou com a Vulgata, a popular edição latina da Bíblia do século XV, que usou a palavra latina para mal, *malus*, no nome "árvore do conhecimento do bem e do mal". A palavra latina para "maçã" é *malum*, de som semelhante, e a associação permaneceu.

Uma maçã também ressalta as insinuações sexuais que passaram a ser associadas à história. O Cântico dos Cânticos, com suas abundantes alusões ao Éden, compara maçãs a seios. Gregos e romanos antigos falavam eufemisticamente de relações sexuais como "furtar maçãs". Em uma outra estranheza linguística que muitos acreditam ter origens eróticas, a laringe, ou caixa de voz, que é notavelmente mais proeminente em homens que em mulheres, veio a ser chamada "pomo de Adão" com base na ideia de que o fruto proibido ficou preso na garganta de Adão quando ele engolia.

Há clara insinuação sexual em um outro possível fruto que é mencionado nos comentários judaicos e retomado por Michelangelo na capela Sistina. No terceiro painel de sua sequência de Adão e Eva, exatamente no momento em que a cabeça de Eva está posicionada ao lado do pênis de Adão, ela estende a mão para alcançar dois figos inequivocamente moldados como um par de testículos. Sabemos que figos, diferentemente de maçãs, realmente existem no Éden, porque quando Adão e Eva descobrem que estão nus, imediatamente depois de comer o fruto, eles se cobrem com folhas de figueira. Alguns observadores salientaram também que no italiano de Michelangelo a palavra para figo, *fico*, soa notavelmente parecido com *fica*, um vulgarismo italiano renascentista para a genitália feminina e raiz do verbo *ficcare*, que significa impelir e enfiar.

Fosse qual fosse o fruto, o que acontece quando Eva o prova? Estamos preparados para esperar trovões, raios, aniquilação instantânea. Muitas vezes na Bíblia, quando Deus é desafiado, ele responde com a morte imediata, aterradora. Certamente essa primeira transgressão será recebida com retaliação definitiva.

Em vez disso, eis aqui o que acontece: nada. Eva não morre. Não é nem mesmo ferida, magoada, estorvada ou tratada com rudeza. Deus, pelo menos na lógica interna da história, parece estar errado.

Mais surpreendentemente ainda, revela-se que a serpente estava certa! A história relata o que acontece em seguida de uma maneira extraordinariamente atenuada: "E o deu a seu marido, que estava em sua companhia, e ele também comeu." Adão e Eva tinham ambos comido do fruto da árvore do conhecimento do bem e do mal, e ambos viveram para contar a história. Eles terminam seu minidrama exatamente onde começaram: unidos como um.

QUEM DERA.

A história de como essa narrativa foi interpretada ao longo dos séculos é complexa, às vezes profundamente misógina, e carregada de consequências para a trajetória dos relacionamentos de homem e mulher no Ocidente. Os judeus atribuem bastante significado a esses eventos, mas os cristãos fazem deles o centro de toda a sua concepção do mundo, uma precondição para a ascensão de Jesus Cristo. A popular canção *spiritual* americana "Them Bones Will Rise Again" capta esse vínculo:

> *Isso é tudo que há, não há mais nada.*
> *Eva pegou a maçã e Adão pegou o miolo.*
> *Essa é a história da Queda da Graça,*
> *Até que Jesus salvou a raça humana.**

Olhando para trás, parece justo dizer que o trecho composto de duzentas palavras sobre o fruto proibido tornou-se a história crucial nos dois primeiros milênios da vida judaico-cristã. Antes de analisar como poderíamos ler essa história hoje – ou como Milton a leu em seu tempo – é importante

---

* *That's all there is, there ain't no more./ Eve got the apple and Adam got the core./ That's the story of the Fall from Grace./ Until Jesus saved the human race.*

O demônio me levou a fazer isso

compreender a interpretação consensual que se estabeleceu no primeiro milênio da religião organizada.

Para muitos comentadores antigos, a responsabilidade por comer o primeiro fruto era clara: foi culpa da moça. A fonte mais antiga a vincular o ato de Eva ao declínio mais amplo da humanidade foi um texto judaico do século II a.C., o Eclesiástico. "De uma mulher o pecado teve seu começo, e por causa dela todos nós morremos."

Intérpretes cristãos retomaram esse tema e se concentraram na razão de a serpente ter escolhido Eva. Um deles comentou: "Não ousando abordar o homem por causa de sua força, ela abordou a mulher como sendo mais fraca." Uma autoridade da envergadura de Martinho Lutero escreveu: "Por ver que Adão é o mais excelente, Satã não ousa atacá-lo; pois teme que sua tentativa possa se revelar inútil."

No entanto o simples fato de Eva ter sofrido maior impacto não significa que Adão se livrou facilmente. Ao contrário, muitos comentadores foram ainda mais fulminantes contra ele. Eva pelo menos tinha uma desculpa; ela foi enganada pela serpente. Adão não tinha ninguém a quem culpar senão a si mesmo. "Melhor teria sido que a terra não tivesse produzido Adão", escreveu um rabino. Novamente foram os judeus que iniciaram essa linha de ataque. II Esdras, texto do século I d.C., diz: "Ó, Adão, o que fizeste? Pois embora tenha sido tu que pecaste, a queda não foi tua somente, mas também de nós que somos teus descendentes." Mas foram os cristãos que transmitiram a ideia através dos séculos. "O pecado entrou no mundo por meio de um homem e por meio do pecado a morte", escreveu Paulo.

Na Idade Média, a crença de que a fraqueza de Adão e Eva introduziu iniquidade, doença e morte no mundo era quase universal. Antes da Queda, escreveu um comentador do século XVI, o estômago digeria melhor a comida, o fígado produzia sangue mais puro e o coração era mais resiliente. Após a Queda, "o corpo e todos os seus membros são fracos, lentos, preguiçosos, relutantes e frágeis". Dado esse consenso, é ainda mais extraordinário que no século XVII um homem tenha conseguido ir contra o vento desse desprezo ecumênico e reintroduzir Adão e Eva como um casal capaz não apenas de pecado e destruição, mas de amor profundo, duradouro.

MUITOS DOS LUGARES em que John Milton viveu foram destruídos no Grande Incêndio de Londres de 1666, que devastou 13.200 casas, 87 igrejas e os lares de 70 mil dos 80 mil moradores. Somente seis pessoas morreram, mas o caráter da cidade foi transformado. Em 2008, no aniversário de quatrocentos anos do nascimento de Milton, Lance Pierson decidiu celebrar seu autor favorito criando duas performances ao vivo e um tour a pé pela sua vida.

O primeiro lugar aonde ele me levou foi um pequeno beco não longe da catedral de St. Paul, no que é hoje o centro financeiro da cidade. Escondida na parede estava uma grande placa de mármore.

JOHN MILTON

NASCEU em BREAD STREET, na sexta-feira,

9 de dezembro de 1608

"Londres era uma cidade medieval, murada, na época", disse Lance. "E aqui era o mercado. Todas as ruas levavam nomes de comércios – pão, peixe, carne, leite. Mas a vizinhança tinha muito dinheiro, e para o pai de Milton era o lugar ideal para seu escritório como escrivão, um misto de advogado e agiota."

Para o John Milton mais velho, que tinha sido deserdado pelo pai católico romano depois de se tornar protestante, a profissão e a localização ideal lhe valeram apreciável fortuna. Seu filho beneficiou-se amplamente, com professores particulares e a melhor educação que o dinheiro podia comprar – primeiro em St. Paul e depois em Cambridge, onde se classificou em quarto lugar na turma. Após a universidade, Milton continuou a estudar por conta própria e fez uma viagem pela França e a Itália. Embora seja tentador imaginá-lo dentro da capela Sistina, ele não deixou nenhum registro disso.

"Por toda essa década estudou à maneira dele", disse Lance. "Conhecendo todos que eram alguém e lendo tudo que podia encontrar."

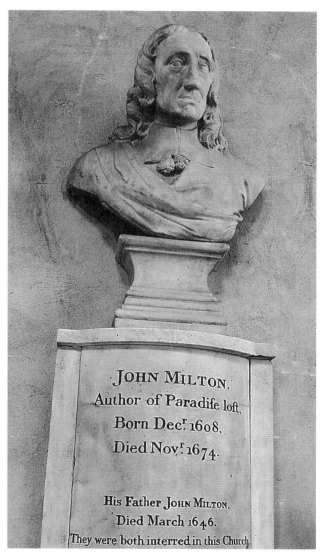

Um busto de Milton perto do lugar em que foi enterrado em St. Giles without Cripplegate, uma igreja em Londres.

Milton sonhava em se tornar um padre-poeta, e desde os primeiros escritos mostrou ardente interesse pelo amor. Sexo foi o tema de uma de suas primeiras elegias: "O que é mais encantador que ela quando voluptuosamente desnuda seu fértil seio e inala o perfume de colheitas árabes?" Na casa dos vinte anos, por obrigação religiosa, ele se orgulhava de preservar a virgindade, uma decisão que parece ter alimentado suas fantasias. "Sem perder tempo, ele se balançou nos cílios da moça, depois em sua boca, depois saltou entre seus lábios", escreveu em um poema. "Eu ardia internamente de amor."

O Milton mais velho tinha esperança de que o filho se tornasse um padre anglicano, mas o Milton mais jovem seguiu o exemplo do pai e rebelou-se contra a religião de sua juventude. Ao testemunhar a corrupção em Roma, voltou-se contra a Igreja da Inglaterra, enxergando nela os mesmos costumes. Tornou-se um puritano, afirmando que o poder dos bispos precisava ser rejeitado, somente a Escritura deveria determinar assuntos de religião, sendo cada um seu próprio profeta. Em seguida, Lance me levou à igreja St. Giles without Cripplegate, lugar onde Milton fora enterrado e que capturava esse ascetismo. O único marco era uma modesta lápide.

"Para mim essa austeridade é muito apropriada", disse Lance. "Milton acreditava que se as igrejas precisavam existir, deviam ser simples, sem nada para obscurecer a relação direta de um indivíduo com Deus."

Depois de colocar os pés nas guerras culturais da época, Milton não parou mais. Durante a Guerra Civil, que lançou republicanos contra a Coroa, ele se tornou um feroz antimonarquista e escreveu detalhados panfletos defendendo a liberdade de expressão e a separação entre a Igreja e o Estado, décadas antes que esses ideais fossem amplamente adotados. Por um breve período, quando o Parlamento tomou o poder, Milton foi nomeado secretário para línguas estrangeiras, o que significava que ele traduzia a correspondência oficial para o latim.

Mas sua contribuição mais duradoura foi na arena do casamento. Em 1642, aos 34 anos, Milton visitou um juiz de paz perto de Oxford chamado Richard Powell. Um mês depois, ele voltou noivo de Mary, a filha mais velha de Powell, de dezessete anos. O romântico de toda a vida estava

O demônio me levou a fazer isso 77

exultante. No entanto, mal decorrido um mês do casamento, quando o dote ainda nem fora pago, Mary retornou para a família e se recusou a ter qualquer relação com seu consternado marido.

Em vez de se lamentar, Milton canalizou sua dor para uma memorável diatribe. Publicou cinco longos panfletos argumentando que o divórcio, então permissível apenas em casos de infidelidade ou abandono, deveria ser legal e socialmente aceitável. A principal finalidade do casamento, ele insistia, era companheirismo de mente e espírito, não as razões frequentemente citadas de procriação e alívio da lascívia. Mesmo o sexo sem amor, disse ele, não passava de escravidão, uma mera trituração "no moinho de uma copulação infeliz e servil".

Cristão devoto, Milton baseava sua argumentação quase inteiramente na Bíblia. O alicerce fundamental do casamento, ele insistia, é o que Deus declarou no Jardim do Éden: "Não é bom que o homem esteja só." Um vínculo bem-sucedido é construído sobre "apropriada e alegre conversa", disse ele, não sobre o imperativo de ter filhos, que entra mais tarde na história. "A principal finalidade e forma do casamento não é a cama", escreveu Milton, "mas o amor conjugal e a ajuda mútua na vida."

Baseando-se claramente em seu casamento absurdo, Milton observou que nada é pior do que uma esposa inadequada para o companheirismo porque "embotada" e "desprovida de espírito", uma personalidade que é "muda e sem vida", "uma massa taciturna e sem afeto cuja própria companhia representa a figura visível e mais exata da solidão".

A dor contida nesses documentos, além de seu grande volume, mostra como o homem que sonhava com o amor sentiu-se esmagado. As expressões que usou para descrever uma verdadeira alma gêmea são extraordinariamente evocativas: a pessoa deveria ser uma "alma com quem se possa conversar", "uma ajuda íntima e eloquente", "uma companheira sempre disponível e animada". Vale a pena lembrar que isso são os anos 1640, não os anos 1960. Usando a voz para protestar contra o sexo sem sentido e o casamento sem amor, Milton lançou a base para que se repensasse como a sociedade concebia a intimidade. E suas ideias tornaram-se o fundamento para a sua revolucionária versão de Adão e Eva.

Apesar de ser um defensor tão franco da dissolução do casamento, Milton nunca se divorciou. Mary Powell retornou ao marido de quem se separara três anos depois, e os dois tiveram quatro filhos, antes que ela morresse em consequência de um parto. O segundo casamento de Milton, com Katherine Woodcock, foi mais feliz. Mas ela também morreu, dois anos depois, após dar à luz uma filha, que também morreu.

Milton, nessa altura, desacreditado e sem emprego após a Restauração da monarquia, casou-se pela terceira vez, após se mudar de Bunhill Fields. Sua nova mulher, 31 anos mais jovem, era sobretudo uma cuidadora, e, como Lance observou, talvez não fosse uma muito boa. "O preocupante é que quando ele morreu isso aconteceu durante o espaço de 48 horas", disse Lance. "Ela sabia que ele estava vivo na terça-feira e descobriu que estava morto na quinta-feira. Isso não sugere que estava cuidando muito bem dele!"

Estávamos agora parados no ponto final de nosso tour, na casa que Milton ocupou imediatamente ao ser libertado da prisão. Apropriada para um homem cego que temia por sua vida, a rua estreita situava-se nos limites da cidade. Seu nome: Jewin Street, porque era o único lugar em que judeus tinham permissão para morar em Londres. Para um homem profundamente simbólico como Milton, o significado não poderia ter escapado. Exilado da Terra Prometida, ele se encontrava na desolação, sem ter para onde se voltar exceto para sua fé. De fato, foi aqui que ele retornou a seu sonho mais antigo – tornar-se um padre-poeta, consumar sua cultura clássica, realizar o antigo desejo de encontrar o amor eterno. Foi aqui que começou a escrever *Paraíso perdido*.

Perguntei a Lance por que ele acreditava que Milton tinha se aferrado a essa história.

"Porque Adão e Eva foram os progenitores, os originais da raça humana", respondeu. "Ele se via escrevendo um poema épico que seria mais épico que os anteriores."

Até mais do que isso. Havia algo nessa história com que Milton se relacionava pessoalmente. "Milton sofre uma enorme quantidade de desapontamentos, frustrações e tragédias em sua vida", disse Lance. "E na época em que se mudou para cá acabara de perder sua segunda mulher.

Estava permanentemente só. Sinto pena dele. Mas ele encontrou consolo em nossos primeiros pais. No fato de que tudo começou bem entre Adão e Eva, depois tudo deu errado, então após serem expulsos do paraíso tiveram de recomeçar.

"Há uma bela lição nisso", continuou Lance. "Milton escreveu sobre Adão e Eva porque acreditava que essa história podia ajudar pessoas como ele. Porque acreditava que Deus queria que encontrássemos parceiros com quem pudéssemos ter uma conversa perpétua, um 'doce e alegre convívio', como o chamou. E se esse tipo de intimidade era bom o bastante para Adão e Eva, por que não será para nós?"

Antes de discutir a realização de *Paraíso perdido*, deveríamos reconhecer que nem todos o apreciaram. Cândido qualificou o poema de "obscuro, estranho e repugnante". Samuel Johnson disse: *"Paraíso perdido* é um dos livros que o leitor admira e deixa de lado, e se esquece de pegar de novo. Ninguém jamais desejou que fosse mais longo do que é." E o lendário crítico do século XX Northrop Frye escreveu sobre os protagonistas de Milton: "Adão e Eva são suburbanos nus, e como outros suburbanos estão preocupados com jardinagem, com suas relações sexuais e com os detalhes de seus rudimentares trabalhos domésticos."

Ainda assim, *Paraíso perdido* é uma grande referência para a escrita sobre a Bíblia em inglês. A Bíblia experimentou uma explosão na Inglaterra do século XVII, alimentada pela publicação da Bíblia do Rei Jaime em 1611. Primeira tradução em quase duzentos anos que fez intenso uso do hebraico, o volume amplamente impresso deu início a um frenesi de envolvimento leigo. Pessoas penduravam citações pintadas à mão em suas paredes; jantavam com toalhas de mesa e pratos decorados com cenas bíblicas; pregavam instruções para a manutenção de lares bíblicos em suas cozinhas. As crianças frequentemente aprendiam a ler a partir da Bíblia, e ela era uma fonte de entretenimento para a população em geral. Como disse Defoe: "Pregar é falar com alguns membros da humanidade; imprimir livros é falar com todo mundo."

Com toda essa atenção voltada para histórias bíblicas, não surpreende que Milton, queimado pela política, fosse em direção ao primeiro casal da Bíblia em sua busca final de grandeza.

Publicado pela primeira vez em 1667, *Paraíso perdido* continha doze livros e 10 mil linhas de versos. Ele inclui dois arcos narrativos. O primeiro concentra-se em Satã e outros anjos rebeldes travando uma guerra contra o Céu, perdendo e sendo expulsos para o inferno. O segundo é uma arrojada epopeia doméstica que examina o relacionamento íntimo entre Adão e Eva. "Nossos pais" são apresentados pela primeira vez na literatura mundial como tendo um casamento completo, integral, nuançado. "Salve, amor conjugal", como Milton o expressa.

Barbara Lewalski, professora de inglês em Harvard e uma das principais estudiosas de Milton no mundo, resumiu assim seu feito: Milton "explora através de Adão e Eva o desafio fundamental de qualquer relacionamento amoroso: a desconfortável, inevitável e finalmente criativa tensão entre autonomia e interdependência".

Antes de ir a Londres, eu visitara a professora Lewalski em sua casa em Providence, Rhode Island. Aos oitenta e poucos anos, viúva, com cabelo curto louro-escuro e um ânimo irreprimível, ela me recebeu com uma xícara de chá e uma opinião franca sobre por que Milton tem importância.

"Algumas pessoas pensavam que não deveríamos escrever epopeias sobre a Bíblia", disse ela. "Literatura imaginativa requer invenção, e você não pode sair por aí inventando sobre a Bíblia. Mas isso não incomodou Milton. Ele passou a vida toda interessado no amor, e queria imaginar como nossos primeiros pais o experimentaram. Além disso, ele tinha de escrever sobre como eles experimentavam o sexo."

Fiquei um pouco surpreso. "Ele fez isso?"

"Oh, certamente. Veja o Livro Quatro. Eles vão para seu esconderijo e fazem sexo. E é sexo bom! Uma maravilhosa celebração das alegrias do amor conjugal. Essa é também a essência da filosofia de Milton: Deus não quer que sejamos desgraçados. Ele quer que sejamos felizes.

Quando encontramos Adão e Eva pela primeira vez em *Paraíso perdido*, eles estão ditosamente enredados no paraíso: "Colhendo frutos imortais de alegria e amor, alegria ininterrupta, amor sem igual." Mas logo Eva começa a querer mais. Ela se afasta e encontra uma bela imagem num lago, pela qual sente "simpatia e amor". Num momento que corporifica a ideia de Judy Klitsner de que o primeiro tipo de amor é o amor por si mesmo, a imagem vem a ser o reflexo da própria Eva. Ela pensa em ficar, mas em vez disso decide voltar para Adão.

"Milton é excelente nessa escolha", disse Barbara. "Você não sai por aí forçando as pessoas. Elas têm de tomar suas próprias decisões. Aqui Eva escolhe ficar com seu parceiro, e Adão escolhe perdoá-la. É um momento real vivido por um casal real, ainda que imperfeito."

Mas as tensões continuam. Numa cena sem precedentes em outros relatos de suas vidas, Adão e Eva têm uma exacerbada discussão sobre igualdade. Eva diz que há tanto trabalho a fazer para cuidar do jardim que eles deveriam dividir as tarefas igualmente. Não seja absurda, diz Adão, nada pode ser mais encantador que uma mulher que sustenta seu marido. Indignada, Eva ameaça ir embora sozinha, mas Adão a adverte de que ela encontrará alguém que "invejando nossa felicidade" irá "perturbar o amor conjugal".

"Frágil é a nossa felicidade se for assim", retruca Eva secamente.

Adão, não querendo ameaçar a independência dela, recua. O palco está armado para a jogada audaciosa de Milton: reimaginar a Queda como algo não completamente horrível.

Perguntei a Barbara onde Milton encontrou essa concepção radical de que o amor podia ser uma negociação entre parceiros.

"Há um grande interesse em romance durante esse período", disse ela. "Há peças românticas, versos românticos. Mas são principalmente histórias de corte. A moça e o rapaz se amam, e eles têm obstáculos a superar antes de se casarem. Isso geralmente termina com eles vivendo felizes para sempre. Mas o que acontece depois disso? Os escritores nunca mostram. Penso que há algo bastante incomum no que Milton faz, que é discutir como é realmente o amor."

Milton, nesse caso, é parte de uma evolução mais ampla. O foco anterior no amor controlado por intervenção divina era insuficiente havia algum tempo. Agora o amor começava a ser visto como baseado no comportamento humano. Esse movimento estava em conformidade com o movimento maior renascentista em direção ao humanismo, em que o foco da vida se afastou da Igreja e se aproximou mais dos seres humanos. Deus ainda é a suprema figura de proa, mas o novo conceito de "amor verdadeiro" contém em si satisfação sexual e prazeres terrenos. A arte do amor cortês, que surgiu na França durante o fim da Idade Média, é muitas vezes mencionada como a origem dessa ideia, só que mais limitada, um jogo de sedução entre um homem casado e sua amante. "O amor não pode ter lugar entre marido e mulher", escreveu o autor francês do século XII de *Sobre o amor*. O amor mais enobrecedor, em contraposição, era secreto, inspirador, inalcançável. No amor cortês havia de fato uma inovação: as mulheres, pela primeira vez, tinham um pouco de poder sobre os homens. Os homens podiam expressar seus desejos, mas as mulheres podiam escolher se aceitavam suas propostas.

O amor cortês teve seu maior impacto ao ajudar a gerar uma florescente literatura de autoajuda. Livros como *Conselho sobre o amor* e *Conselho às damas* ofereciam técnicas sobre flerte, sedução e ocultação dos próprios sentimentos verdadeiros. O jogo do romance, como o conhecemos hoje, começava a surgir.

Inevitavelmente, esse novo holofote sobre relacionamentos caiu sobre o primeiro relacionamento na Bíblia. Escritores protestantes na era de Milton estavam particularmente desejosos de exaltar Adão e Eva como exemplos de afeição romântica: "Dois doces amigos, criados sob uma constelação, moderados por influência do céu", escreveu um autor. Um grande número de peças sobre o primeiro casal foi escrito durante esses anos. Com toda essa atenção, a fascinação de Milton pelas origens do amor romântico não era nenhuma aberração. Ele foi mais longe ao aplicar esse interesse ao que muitos pensavam ter sido o maior pecado de Adão e Eva.

Desde a origem do cristianismo, a concepção teológica central da decisão de Adão e Eva de comer o fruto proibido era que ela introduziu o pecado no mundo. A Queda, como isso veio a ser chamado, foi a precondição para o retorno de Jesus.

Mas enquanto essa doutrina estava sendo transmitida, uma interpretação rival ganhava força, a de que comer o fruto, embora um pecado, foi um pecado necessário, permitindo a seres humanos terem vidas descrentes, pois Jesus iria redimi-los. Irineu foi o primeiro a sugerir isso no século III. Com o tempo essa doutrina alternativa veio a ser chamada *"felix culpa"*, a *"queda afortunada"*. Nas palavras de um escritor do século XVII: "Ó, Queda feliz e feliz infelicidade, que foi a ocasião de tão grande felicidade."

Embora popular, essa nova maneira de ver o Éden também deixava uma incômoda lacuna. Se Adão e Eva não comeram o fruto porque era errado, o que os motivou? A resposta de Milton foi radical.

Ele deu às ações deles uma motivação positiva. No caso de Eva, tornou sua decisão uma questão de busca da sabedoria. Após se separar de Adão, ela encontra a serpente, que foi tomada por Satã e transformada numa defensora do autoaperfeiçoamento por meio do saber. "Não acredites naquelas rígidas ameaças de morte!", diz a serpente. "Não morrerás." O fruto, diz ela, "te dá vida" e "conhecimento".

Eva hesita, mas logo sucumbe a essa promessa de sabedoria. Deus "nos proíbe de ser sábios?", pergunta ela. De maneira nenhuma! Ela colhe o prêmio e o come gulosamente. Como no Gênesis, não morre.

Mas então Milton inventa um momento espetacular. Discutindo se deve dividir o fruto com Adão, Eva formula sua escolha como uma decisão entre compartilhar tudo o que ganhou ou guardar para si mesma. Deveria Adão "compartilhar a plena felicidade comigo"? Ou deveria Eva "guardar as possibilidades do conhecimento em meu poder"? Manter a sabedoria em suas mãos seria uma vitória para o "sexo feminino". Isso "me tornaria mais igual", até "superior", ela sugere. Eva considera tudo isso e ainda assim não consegue ter o controle, "tal é o amor que tenho por ele".

Eva corre para o lado de Adão e anuncia que tudo que ele ouviu sobre o fruto é mentira. Coma comigo, diz ela, e compartilharemos "igual alegria, assim como igual amor". Adão fica paralisado de medo, dominado com "perplexa, branca friagem de horror". No entanto ele sabe que não tem escolha. "Como posso viver sem ti?", pergunta ele. "Como me abster de tua doce conversa e amor tão ternamente unidos?"

O uso da expressão "doce conversa" é revelador; é a mesma ideia que Milton expôs em seus panfletos sobre o divórcio 25 anos antes. "Não! Não!", grita Adão. Não ficarei só novamente. Não darei outra costela. Devemos permanecer juntos, "bem-aventurança ou desgraça". Adão escolhe "não morte", mas "vida".

Adão escolhe Eva.

Perguntei a Barbara se *Paraíso perdido* representa o retorno do amor ao centro da história de Adão e Eva.

"Acho que sim", disse ela. "Faz dela uma história de amor. Adão quer uma companheira, e obtém o que quer."

"Mas que tipo de história de amor é essa?"

"É uma história confusa", disse ela. "Sim, eles são interdependentes, mas são autônomos também. E isso não é específico do Éden. Isso é o que significa estar casado. O que é notável na realização de Milton é que ele retrata um amor complicado, maduro, complexo, com todas essas escolhas a serem feitas o tempo todo. Algumas pessoas dizem que não pode haver algo como o amor num casamento que persiste, mas Milton não acreditava nisso, e é o que torna esse poema tão terrivelmente poderoso."

No DIA SEGUINTE tomei o trem para a aldeia de Chalfont St. Giles, uma hora a noroeste de Londres. Foi para lá, no verão de 1665, que Milton se mudou para fugir da peste que assolava a capital. Um quinto da população da cidade morreu. Em meados de julho, quinhentas pessoas eram enterradas por semana, muitas nas enormes valas comuns em Bunhill Fields. Defoe disse que a situação ficou tão grave que os delirantes simplesmente corriam e se jogavam nelas.

Milton, junto com sua terceira mulher e as filhas adultas de seu primeiro casamento, instalou-se nos limites da vila num modesto chalé de tijolos e telhas de madeira. Hoje a casa é um pequeno museu, o segundo santuário literário mais antigo na Grã-Bretanha, depois da casa de Shakespeare, em Stratford-upon-Avon. Por falta de visitantes, passava também por dificuldades financeiras.

O demônio me levou a fazer isso

O chalé de Milton na aldeia de Chalfont St. Giles.

"Neste país louco pelos monarcas, Milton ainda está sendo injustamente um pouquinho punido por suas ideias políticas", explicou Keith Sugden, membro do conselho do museu. "Mas se o regime republicano tivesse sobrevivido, Milton não teria escrito o livro pelo qual é conhecido."

Keith mostrou-me a casa, terminando na sala de estar com sua grande lareira de pedra. Várias primeiras edições de *Paraíso perdido* estavam expostas, junto com uma mecha do cabelo de Milton e uma lista de palavras inventadas por ele. Um catedrático de Cambridge vasculhou o *Oxford English Dictionary* à procura de neologismos e concluiu que Shakespeare havia cunhado 239 palavras, John Donne, 342, e Ben Jonson, 558. A conta de Milton foi 630. Elas incluem: *gloom* [melancolia], *impassive* [impassível], *dismissive* [desdenhoso], *irksome* [irritante], *self-esteem* [autoestima], *didactic* [didático], *pandemonium* [pandemônio], *padlock* [cadeado], *unhealthy* [doentio], *terrific* [aterrador], *fragrance* [fragrância], *outer space* [espaço exterior], *self-delusion* [ilusão], *jubilant* [jubiloso], *unconvincing* [não convincente], *exhila-*

ration [euforia] e – como não é de surpreender, dado seu interesse por romance – *debauchery* [devassidão], *besotted* [apaixonado], *sensuous* [sensual] e *love-lorn* [infeliz por causa de amor não correspondido].

"Milton sempre teve uma rica vida interior", disse Keith. "Ele acordava por volta das quatro e meia e se sentava diante do fogo, onde compunha, reescrevia e editava, tudo em sua cabeça. Depois a família se levantava, todos tomavam o café da manhã e Milton convocava qualquer amanuense que estivesse à mão, em geral uma de suas filhas, para escrever o que ele tinha composto."

Keith pediu licença e eu saí para o jardim, repleto de maçãs silvestres, peônias, lírios e hortênsias. No fundo, a imagem do senso de humor gaiato de alguém: uma estátua de mármore de uma Eva nua com uma boia inflável roxa de criança enrolada em torno de seus pés. A boia tinha a forma de uma serpente.

Desde o início de minha investigação do que Adão e Eva podiam nos contar sobre relacionamentos, eu estava impressionado com alguns paralelos entre a narrativa bíblica e constatações modernas acerca do comportamento humano. Eu já tinha aprendido quanto Adão e Eva corporificam um pilar da psicologia contemporânea, que ser uma pessoa plenamente realizada requer um alto grau de conectividade. A solidão é uma parte essencial da infelicidade; o companheirismo é um ingrediente essencial da felicidade.

Mas há um outro pilar da psicologia que o incidente com o fruto corporifica: que ser emocionalmente saudável requer um alto grau de autodeterminação. O fundador dessa linha de pensamento foi Edward Deci, da Universidade de Rochester, em Nova York, e conversei com ele sobre Adão e Eva em sua casa de verão no Maine.

Ed começou a estudar motivação no início dos anos 1960 e descobriu que as pessoas não gostam de ser controladas por outras, quer seja através de regras, dinheiro, ou qualquer outro meio de coerção. Em vez disso, elas gostam de se sentir independentes e motivadas a partir de dentro. "Acreditamos que seres humanos, não importa a cultura, não importa o gênero, não importa a idade, precisam sentir autonomia para ser psicologicamente saudáveis", disse ele. "Essa é uma proposição absoluta da teoria da auto-determinação, e temos centenas e centenas de estudos que demonstram que ela é verdadeira."

Essa premissa também é verdadeira em relacionamentos, disse ele. Quanto mais uma pessoa promove a autonomia da outra, melhor ambas se sentem. Pode-se fazer isso ouvindo atentamente o parceiro, compreendendo a perspectiva dele e dando-lhe alternativas, em vez de impor a sua vontade. Ao mostrar Adão deixando Eva se afastar sozinha e Eva deixando Adão decidir se come o fruto, Milton ilustra o poder da autonomia.

Pedi a Ed que aplicasse sua teoria à história bíblica, começando com a pergunta: "Por que Eva come?"

A primeira coisa que ele observou foi que Eva está sujeita a muito controle – tanto coercitivo, na forma da ordem de não comer da árvore, quanto sedutor, na forma da serpente. Então por que ela desafia a convenção e sucumbe à sedução? "Poderia ser rebelião", disse ele, "que não seria a razão mais saudável, ou poderia ser uma motivação mais afirmativa de que ela queria mais sentido em sua vida." A história parece insinuar isso, disse ele, quando ela diz que o fruto era "desejável como uma fonte de sabedoria". "Para Eva, comer o fruto parece ser uma escolha autônoma", disse ele.

Isso se ajusta ao padrão na história em que Eva é o ator mais assertivo. Eva provoca a crise conjugal afastando-se sozinha para o jardim; Eva envolve a serpente numa discussão; Eva arranca o fruto e come-o; Eva oferece o fruto a Adão e lhe permite escolher se o come ou não. Barbara Lewalski usa uma expressão maravilhosa para descrever *Paraíso perdido*. Ela o denomina uma "Evíada". O texto fundador da civilização ocidental não é uma história de "o homem primeiro"; é a mulher que assume a liderança.

O que torna a versão de Milton ainda mais contemporânea é que aquilo que Eva busca nessa narrativa não é poder, fama, amor ou dinheiro. É conhecimento. Nas comédias de Shakespeare, o conflito é frequentemente resolvido quando o homem e a mulher invertem seus papéis. Especificamente, quando a mulher se torna o professor. "O amor", diz lorde Berowne em *Trabalhos de amor perdidos*, é "aprendido dos olhos femininos". Eles são "livros, artes, academia".

Eva é a primeira professora, a primeira a confiar em seus olhos, a primeira a querer saber. Ao fazê-lo, torna-se a primeira a praticar o supremo ato moderno de não aceitar o sentido dos outros, mas insistir em fazer sentido você mesmo. Ela escreve sua própria história.

Sem dúvida, tal ato pode ser visto negativamente, como uma maneira de dizer "sei mais que você". Mas é também uma maneira de dizer "Se não sei por mim mesmo, não posso saber de maneira alguma". E conhecimento, nesse caso, é fortalecedor. Como Dorothy Parker gracejou: "A cura para o tédio é a curiosidade. Não há cura para a curiosidade."

Portanto esta é Eva, mas o que dizer de Adão? Por que ele come? Ed mostrou que há três motivos possíveis que guiam as decisões das pessoas: elas são coagidas, se rebelam ou são motivadas a partir de dentro. "O que procuro em indivíduos saudáveis é um profundo compromisso de dar expressão a seus interesses pessoais", disse ele. Nesse caso, Adão parece fazer isso. Ele toma a decisão autônoma de estar com Eva.

Como no caso de Eva, seu movimento poderia ser visto negativamente. Ele está enciumado. Psicólogos identificaram o que chamam de "efeito de doação", o que significa que temos mais medo de perder algo que possuímos que de ganhar algo que não possuímos. Adão não quer perder a noiva.

Mas vê-lo como meramente reativo é não compreender o que interessa: ele é ativo também. Tem livre-arbítrio. Poderia tomar o partido de Deus e perder Eva, ou tomar o partido de Eva e perder Deus. Ele opta por esta última alternativa, e ao fazê-lo prefere o amor à obediência. Qual de nós não é capaz de se identificar com isso?

"O amor nasce de uma atração involuntária que nosso livre-arbítrio transforma numa união voluntária", escreveu Octavio Paz. "União voluntária é a condição necessária do amor, o ato que transforma servidão em liberdade."

Em palavras mais simples: ele a ama. E só nesse momento é obrigado a identificar seus próprios sentimentos. Tendo recebido seu amor numa bandeja de prata quando Deus simplesmente lhe oferece Eva, Adão pela primeira vez deve sair de cima do muro. E ele o faz. "Ó, eu de bom grado arrisco tudo por ti", escreveu Whitman.

Agora, finalmente, homem e mulher podem estar juntos como iguais. Tendo ambos dado passos autônomos, estão finalmente autônomos em relação a Deus. Somente quando cada um contempla a morte sozinho eles podem contemplar a vida juntos. "Aprender a ser si mesmo", escreveu Thomas Merton, "significa aprender a morrer a fim de viver."

A Bíblia tem obsessão pela autoridade vertical. Deus está no alto, os seres humanos estão embaixo, os animais estão ainda mais abaixo. Personagens estão sempre escalando montanhas, elevando-se a novas alturas, alcançando um plano mais elevado. Com todas essas alturas vem uma profusão de quedas. Israel cai. Moisés cai e, é claro, Adão e Eva caem.

Mas, como Milton compreendeu, há uma outra maneira de olhar para essa história. Separando-se da vertical, Adão e Eva se comprometem com uma parceria horizontal um com o outro. Eles impulsionam a história de suas vidas – e, de fato, a história humana – para a frente. "Até Deus ficou secretamente satisfeito", escreveu Katha Pollitt em seu poema "The Expulsion". "Deixe a história começar!"

Somente comendo o fruto Adão e Eva podiam ser frutíferos. Somente após cair da graça podem Adão e Eva apaixonar-se plenamente um pelo outro.

É nesse sentido de alinhamento em face do que se situa além do Éden que Milton opta por se concentrar no fim de sua epopeia. Adão e Eva foram banidos por Deus, deixados somente um com o outro. "Aliviemos os fardos um do outro", eles prometem. Depois que estivermos fora do paraíso, eles dizem, estaremos num "lugar muito mais feliz", desfrutando "dias muito mais felizes". E na que talvez seja a imagem mais bela em toda a história de Adão e Eva, eles caminham para fora do jardim, lado a lado, ao mesmo tempo juntos e separados para si mesmos.

O mundo estava todo diante deles, onde escolher
Seu lugar de descanso, e a Providência seu guia.
Eles de mãos dadas com passos errantes e lentos
Através do Éden seguiram seu caminho solitário.

Esse inesquecível retrato de Adão e Eva captura um dos segredos não revelados dos relacionamentos que Milton teve de aprender por si mesmo. O amor o liga intimamente a seu amante, contudo não pode jamais mitigar inteiramente a solidão. Ao mesmo tempo que alcança interdependência, ainda deve preservar sua independência. Ao mesmo tempo que anda "de mãos dadas", ainda deve percorrer seu "caminho solitário".

4. Guerras das tarefas

Quem precisa de amor?

EM 4 DE JULHO DE 1929, Friedrich Ritter, médico e filósofo diletante alemão, louro e de olhos azuis, e sua amante, Dore Strauch, ex-professora de teatro e devota de Nietzsche, embarcaram num cargueiro em Amsterdã e navegaram para o Pacífico. Eles pretendiam se estabelecer numa ilha deserta nas Galápagos e recriar as vidas de Adão e Eva, chegando até a cultivar a terra nus. Friedrich e Dore, ambos casados com outras pessoas na época, haviam se conhecido em Berlim, onde ele a tratou de esclerose múltipla usando a abordagem não convencional do poder da mente sobre o corpo.

Eles se apaixonaram. "Tivemos a sensação de termos sido feitos um para o outro", escreveu Dore mais tarde, "como se fôssemos uma ferramenta articulada nas mãos de um espírito que nos usava para fins desconhecidos." Ela o visitava diariamente no consultório, e os dois esgueiravam-se para encontros clandestinos no telhado. Foi ali, contemplando de cima a cidade apinhada, que eles planejaram seu sonho. "Deitávamo-nos lá ao sol deixando nossa fantasia vagar por onde quisesse, fingindo que as nuvens que passavam devagar eram nossa ilha de refúgio distante e o céu azul o oceano no qual nosso Éden terreno estava inserido."

Friedrich e Dore combinaram o que deve ter sido um encontro conjunto inimaginavelmente embaraçoso com seus cônjuges. O marido de Dore era um severo diretor de escola que queria pouco mais do que uma dona de casa; a mulher de Friedrich era uma cantora de ópera que abandonara a carreira pelo marido. Segundo o plano de Friedrich e Dore, os dois casais iriam simplesmente trocar de pares e todos ficariam felizes. E funcionou! Houve algum temor do que os vizinhos iriam pensar, mas de alguma maneira os cônjuges concordaram e os pombinhos ficaram livres para rumar em direção a uma nova vida como filósofos-jardineiros, ou, como Ritter os chamava, "*Homo solitarius*".

Num floreio preventivo final, Friedrich extraiu todos os seus dentes e os de Dore e os substituiu por dentaduras de aço inoxidável para evitar cáries dentárias. Em seguida os dois partiram. O casal viajou até o Equador, depois para a ilha Floreana, outrora chamada ilha Charles em homenagem à famosa visita de Darwin em 1835. Ali, cercados por tartarugas e iguanas-marinhas, eles armaram acampamento num vulcão extinto repleto de mamoeiros, laranjeiras, bananeiras, abacaxis, goiabeiras, limoeiros e coqueiros.

"Escolhemos um lugar onde não havia ninguém", recordou Dore, "pois tínhamos aprendido que é o contato com naturezas diferentes que destrói a harmonia interior da vida. Tentaríamos fundar um Éden não de ignorância, mas de conhecimento."

O que eles não sabiam é que o mundo que tinham deixado para trás logo chegaria à sua porta, "para destruir o que fizemos", nas palavras de Dore Strauch. Quando a notícia do experimento em ascetismo bíblico de Friedrich e Dore veio a público, os dois se tornaram celebridades instantâneas. "Adão e Eva nas Galápagos", bradou a *Atlantic Monthly* numa matéria exclusiva em três partes. Inevitavelmente a fama atraiu imitadores, e logo outros começaram a aparecer de repente no paraíso. Um deles era uma austríaca controladora, armada com uma pistola, que insistia em ser chamada de "baronesa" e que chegou com seus três amantes e o plano de construir um grande hotel na ilha, chamado "Paraíso Recuperado".

"Senti-me como Eva deve ter se sentido ao saber que a serpente era o diabo", escreveu Dore Strauch em suas memórias, que ela intitulou enfaticamente *Satan Came to Eden*. Como era de se esperar, dentro de dois anos duas pessoas estavam mortas e mais duas tinham desaparecido no que foi amplamente considerado um duplo homicídio.

Ao longo do caminho, os autointitulados Adão e Eva das Galápagos tornaram-se outro exemplo da busca de 3 mil anos em perpetuar a ideia do Éden. E eles provaram mais uma vez que Adão e Eva, em sua longa histó-

Guerras das tarefas

ria, não foram apenas personagens da Bíblia. Eles foram – e para muitos ainda são – exemplos das questões mais profundas do anseio humano: o que significa viver no paraíso? O que significa coexistir com outra pessoa? O que significa estar apaixonado?

O INCIDENTE COM o fruto representa uma guinada decisiva na história de Adão e Eva. Até este momento estivemos no estágio "as coisas estão correndo muito bem"; agora entramos na fase em que "as coisas dão terrivelmente errado". Em seguida temos, em rápida sucessão, Adão e Eva percebendo que estão nus, a confrontação com Deus, o exílio do Éden, o nascimento de Caim e Abel, a introdução de assassinato e morte.

Vendo através da rubrica da estrutura clássica de três atos de Hollywood, estamos agora no chamado "ponto central". No primeiro ato, a "configuração", o enredo é posto em movimento. Nesse caso isso envolve a formação de Adão e Eva e sua união como "uma só carne". O primeiro ato termina quando o protagonista experimenta uma complicação que introduz um objetivo que ele ou ela querem alcançar. Eva, nesse caso, é a protagonista, e seu dilema é que apesar de estar com Adão ela anseia por independência e parte em busca de autodescoberta.

O segundo ato na fórmula hollywoodiana abrange cerca de metade da história e é chamado de "confrontação". Ele se concentra no esforço do personagem principal para alcançar seu objetivo. Nesse caso, a protagonista, Eva, encontra um antagonista, a serpente, e deve decidir se come ou não o fruto. Aproximadamente na metade desse ato, o "ponto central", a fórmula exige uma virada decisiva em que o personagem principal experimenta o que parece ser uma devastadora inversão da sorte. Aqui, o ponto central é comer o fruto proibido, o que resulta em Adão e Eva sendo chutados para fora do jardim. O ato final é a revelação culminante na qual o protagonista alcança (ou não) o objetivo. Nesse caso, irão Adão e Eva viver felizes para sempre?

Uma vez que estamos nesse momento crítico, parece uma boa hora para parar e fazer algumas perguntas que confundiram comentadores por séculos, mas não tivemos tempo para considerar. Primeiro, onde exatamente essa história acontece?

Durante a maior parte da história de Adão e Eva, quase todo mundo que a ouviu acreditou que o Jardim do Éden era real. As descrições mais antigas eram frequentemente etéreas e tênues, lembrando os mundos de fantasia decorados com pedras preciosas que minhas filhas evocavam quando crianças. O Livro de Ezequiel descreve o Éden assim: "As mais lindas e perfeitas pedras preciosas adornavam a tua pessoa: sárdio, topázio, diamante, berilo, ônix, jaspe, safira, carbúnculo, esmeralda." A palavra "paraíso" para descrever esse lugar ideal foi introduzida quando alguns israelitas emigraram para a Pérsia no século VI a.C. A palavra persa *paridaeza*, que significa "jardim murado", tornou-se a palavra hebraica *pardes*, que acabou por chegar até o inglês.

Já no século IV, Agostinho foi um dos primeiros a sugerir que talvez o Éden não fosse um lugar "físico", mas "alegórico". Seus contemporâneos ficaram horrorizados, e ele não teve escolha senão voltar atrás. Um exemplo típico de como os cristãos viam o paraíso nessa era vem do texto do século V conhecido como Pseudo-Basílio. O Jardim do Éden era um "lugar ideal", "admirável e esplêndido". O verão não trazia flores murchas, o outono não trazia seca, o inverno não trazia gelo. As árvores sempre tinham fruto, os prados estavam sempre floridos, e "as rosas não tinham espinhos".

Entretanto, quanto mais o mundo foi mapeado nos séculos seguintes e ninguém encontrou um jardim murado, a questão de onde ficava exatamente o Éden ganhou uma urgência adicional. Antigos cartógrafos medievais situavam Jerusalém no centro de seus mapas e o Éden no perímetro. À medida que isso se tornou insustentável, especulações localizavam o Éden na Mesopotâmia ou na Armênia. A localização mais popular era em algum lugar ao longo do equador. Cristóvão Colombo, por exemplo, acreditava nisso. Quando zarpou em sua terceira viagem, em 1498, esperava realmente avistar o paraíso. "Acredito que, se eu passar abaixo do equador, ao chegar a essas regiões mais elevadas deverei encontrar um clima muito mais fresco", escreveu ele. "Pois acredito que aqui se encontra o paraíso terrestre, no qual ninguém pode entrar exceto com permissão de Deus."

Logo, no entanto, tornou-se impossível sustentar essa ideia, e quando Darwin zarpou no *Beagle* em 1831, o Éden não era mais um lugar num mapa, mas um lugar que perdurava na imaginação.

A questão seguinte que os comentadores debateram era que idade tinham Adão e Eva durante sua permanência no jardim. A Bíblia não menciona nenhuma. Intérpretes judeus como o Gênesis Rabbah os imaginaram criados como seres humanos plenamente desenvolvidos de vinte anos. Alguns observadores cristãos insistiram que tinham trinta anos, pois essa era a "idade perfeita" de Jesus durante seu ministério. Autores posteriores insistiram que a idade perfeita era cinquenta anos, enquanto outros a consideraram oitenta.

Embora esse debate possa parecer secundário ou até divertido atualmente, ele sugere a luta maior que as pessoas enfrentaram ao longo dos séculos tentando sondar a profundidade da conexão emocional que Adão e Eva compartilhavam. São eles meros jovens apenas descobrindo quem são ou adultos experientes capazes de decisões refletidas de maneira muito cuidadosa? Sobretudo à luz de um século de pensamento ocidental que diz que nossas relações com nossos pais ajudam a definir nossa relação com nosso amante, a ausência de quaisquer figuras parentais suscita a sedutora possibilidade de que a falta de modelos românticos explique, em parte, por que Adão e Eva quase nunca expressam seus sentimentos um para o outro.

Outra questão que perturbou leitores foi quanto tempo Adão e Eva realmente passaram no jardim. O Talmude criou uma linha do tempo: "O dia consistia de doze horas. Na primeira hora, o pó de Adão foi colhido; na segunda, ele foi moldado numa forma tosca; na terceira, seus membros foram formados; na quarta, uma alma foi infundida nele." Esse ritmo exaustivo continuou até a hora doze, quando ele e Eva foram expulsos. Intérpretes cristãos tentaram acelerar esse horário, com Adão e Eva no jardim por apenas seis horas. Um catedrático de Cambridge, contemporâneo de Milton, imaginou a criação às nove horas da manhã, a Queda ao meio-dia e o julgamento de Deus às três da tarde. Uma razão para essa pressa é que, na história, Adão e Eva não comem nada antes do fruto proibido, por isso intérpretes têm de explicar por que não morreram de fome.

Todos esses enigmas interpretativos empalideceram perto do mistério mais importante de todos: qual era exatamente o relacionamento entre Adão e Eva? Eram casados, noivos, namorados, viviam em pecado, viviam castamente? A Bíblia nunca diz. Por certo, nunca diz abertamente que eles eram casados, embora comentadores leiam ansiosamente matrimônio numa sucessão de frases do capítulo 2. Depois de declarar que não é bom que o homem esteja só, Deus promete: "Farei uma auxiliar apropriada para ele." Após moldar a mulher a partir do homem, o texto diz que Deus "levou-a para o homem". Os rabinos gostavam especialmente dessa frase, sugerindo que Deus trançou o cabelo dela, afofou seu vestido e conduziu-a ao seu marido, revelando assim que "Deus agiu como padrinho de Adão".

No que talvez seja a frase mais reveladora de todas, a Bíblia declara: "Por esse motivo um homem deixa seu pai e sua mãe para se unir à sua mulher, e eles se tornam uma só carne." Esta linha é especialmente curiosa porque Adão não tem pai e mãe para deixar. Essa estranheza linguística sugere que o Gênesis está tentando introduzir e explicar as origens da posterior instituição do matrimônio.

Ainda assim, dizer que Adão e Eva se casaram no Éden não explica muito sobre seu relacionamento, porque o casamento no mundo antigo dificilmente era uma questão de amor. A Bíblia hebraica tem poucos relacionamentos amorosos entre cônjuges. Raquel e Lia tomam o partido de seu marido em detrimento de seu pai; Mical protege Davi. Os Provérbios dizem: "Aquele que encontrou uma esposa encontrou a felicidade." Mas as leis que a Escritura hebraica promulga sobre o casamento eram insensíveis, na melhor das hipóteses, e excessivamente desiguais na pior. Elas incluem o domínio masculino sobre a propriedade e as relações sexuais, a obrigação de que as noivas (e não os noivos) sejam virgens e leis de divórcio que favorecem maridos em detrimento de esposas.

Os gregos e os romanos não eram melhores – e na maior parte dos aspectos eram piores. Na Grécia clássica, o casamento era uma instituição fundada por razões econômicas, sociais e políticas, bem como para procriação. Ninguém esperava que o casal estivesse enamorado. Esperava-se que os homens atenienses tivessem três mulheres – uma esposa para o lar, uma concubina para o sexo e uma cortesã para o prazer, juntamente com um rapazinho sobre quem se esperava que derramassem amor. A esposa era a menos importante e, em geral, escolhida pelas duas famílias aos seis anos. Qualquer homem que se desvinculasse desse sistema era considerado "um idiota", a origem dessa palavra.

Em Roma, o amor entre marido e mulher era considerado tão desprestigiado que quando Pompeu realmente se apaixonou por sua quarta mulher, a filha de Júlio César, seus contemporâneos zombaram dele. "Deixai que sua afeição por sua jovem esposa o induza a hábitos efeminados", escreveu Plutarco.

A Igreja primitiva adotou uma concepção ainda mais severa em relação ao casamento, considerando-o uma concorrência inoportuna a uma vida devotada a Jesus. Fora de Maria e José, o Novo Testamento traz poucos exemplos de casais amorosos. O próprio Jesus sugere que o celibato poderia ser preferível ao matrimônio, "para o bem do Reino do Céu". Gregório de Nissa, bispo do século IV, chamou o casamento de "a primeira coisa a ser deixada para trás" numa jornada rumo a Cristo.

Mesmo quando exaltaram o casamento como uma maneira de se diferenciarem de Roma, os protestantes raramente o representaram como uma fonte de mútua realização. A mulher era de segunda classe. A única coisa de que se precisa para um "matrimônio tranquilo e feliz", escreveu Lutero, é uma esposa subserviente, o que não deveria ser difícil porque as mulheres não tinham sido criadas "para nenhuma outra finalidade senão servir aos homens e ser suas ajudantes".

A razão de tudo isso ser importante para nossa compreensão de Adão e Eva hoje é que ajuda a explicar por que tão poucas pessoas viram o relacionamento deles como algo digno de ser imitado. Elimine toda essa tendenciosidade acumulada, porém, e olhe com atenção para a história original. O que você encontra é um casal cujos idade, maturidade e lugar são deixados propositadamente vagos, talvez para aumentar sua universalidade, e que estão se esforçando para descobrir o que significa viver ao lado um do outro. Esse estado de insegurança pode tornar Adão e Eva menos idílicos, mas os torna muito mais reais, e muito mais relevantes para qualquer pessoa que se esforce para solucionar questões idênticas muitos séculos depois.

Como, por exemplo, Friedrich Ritter e Dore Strauch.

Os espanhóis foram os primeiros europeus a chegar às Galápagos, em 1535, e as ilhas apareceram no primeiro atlas moderno em 1570. Desde o princípio, elas atenderam a muitos dos requisitos para a visão coletiva do paraíso. Um arquipélago isolado de treze grandes ilhas e dúzias de ilhas menores, as "Ilhas Encantadas", como foram chamadas, são uma selva aquosa que abarca o equador. Elas têm formações geológicas de outro mundo, vulcões ativos, praias vermelhas e negras, vegetação incomum e um alfabeto de espécies endêmicas – pinguins tropicais, iguanas-cuspidei-ras e as maiores tartarugas da Terra, chamadas galápagos, que acabaram dando nome às ilhas.

Mas quando bucaneiros, piratas e baleeiros começaram a ir até lá no século XVII, a paisagem não lhes deu de maneira alguma a impressão de paraíso. Pareceu-lhes um tipo especial de inferno. "Pense em montes de cinzas despejados aqui e ali", escreveu Herman Melville, "imagine alguns deles como montanhas e o terreno baldio como o mar; e terá uma ideia adequada." Dois dos mais memoráveis romances da história da confron-tação da humanidade com a natureza – *Robinson Crusoé*, de Defoe, e *Moby Dick*, de Melville – foram inspirados em parte pelas Galápagos. Até Da-rwin comparou as ilhas vulcânicas a escuras fundições industriais, e disse: "Nada poderia ser menos convidativo que esse primeiro relance." Pior, disse ele, os poucos residentes que vivem lá se queixam muito.

Um efeito colateral involuntário da visita de Darwin é que embora se diga frequentemente que suas ideias foram um golpe para as represen-tações bíblicas de paraíso, sua viagem provou-se benéfica para a noção de que as próprias Galápagos eram o paraíso. Para muitos, as Galápagos tornaram-se "o novo Éden", um lugar para reimaginar o que significa estar vivo. Pode ter havido alguma justiça poética nisso. Entre todos os livros que levou para o *Beagle*, Darwin tinha um preferido. *"Paraíso perdido*, de Milton, foi o meu favorito", escreveu ele em sua autobiografia. "E em minhas excursões durante a viagem do *Beagle*, quando podia levar apenas um pequeno volume, eu sempre escolhia Milton." Ele passou cinco semanas nas ilhas; é tentador imaginá-lo correndo sobre a lava e

Guerras das tarefas

perambulando entre as tartarugas lendo a visão miltoniana de Adão e Eva apaixonados.

O desejo de retornar ao paraíso foi a principal motivação de Friedrich Ritter, então com 43 anos. Ele se sentia repelido pela complexidade e o vazio da vida moderna, escreveu, em que todos "perseguiam loucamente as coisas efêmeras e sem valor da vida". Seu objetivo era uma vida idílica para dois – "um Adão especial, uma Eva especial, um paraíso especial" –, embora admitisse que algo tão perfeito provavelmente nunca poderia ser realizado.

Como era de se esperar, ele e Strauch de fato enfrentaram problemas. Afinal de contas, o Éden não era tão edênico. O primeiro desafio foi o ambiente. "Os tenros brotos de nossa segunda plantação mal tinham aparecido através do solo quando hordas de insetos desceram sobre eles como uma das pragas do antigo Egito", escreveu ele. A brigada de insetos incluía enormes baratas pretas, besouros brilhantemente coloridos, lagartas compridas e peludas e exércitos rivais de formigas. "Qualquer pessoa familiarizada com os trópicos compreenderá como fomos transportados das alegrias do céu para as máximas profundezas do inferno por esses destruidores cruéis." Piores eram os atormentadores de quatro patas – cães, porcos, asnos e um enorme javali preto que Ritter tachou de Satã.

Quanto ao modo como o casal viveu em sua propriedade – que eles denominaram Friedo, uma combinação de seus nomes –, Ritter parece ter se sentido completamente desinteressado num relacionamento. Publicamente, ele declarou sobre a mulher cuja vida – e cujos dentes – arrancara de seu hábitat: "Eu tinha em Dore uma companheira que compartilhava de forma plena meu ponto de vista." Mas essa foi a maior ternura que demonstrou. Eles tinham passado apenas algumas semanas na ilha quando ela se sentiu traída, solitária e não amada. "Friedrich não se movia na esfera do sentimento mundano", Dore escreveu. Ela gostava de flores, por exemplo, mas ele as rejeitava como "decoração tola". Quando ela plantou algumas, ele despedaçou-as.

"Ele não percebia nem mesmo que eu precisava ser amada e tratada com gentileza", escreveu ela. "Assim, eu vivia ao lado dele numa solidão dolorosa demais para ser descrita. Eu tinha me esquecido de que algum dia ele falara de amor comigo, e quando tentei relembrar o prelúdio de nossa vida em Berlim pareceu que estava apenas imaginando-o."

Quando outros começaram a chegar, Dore de início ficou radiante. Primeiro foi um outro casal alemão, Heinz e Margret Wittmer, e seu filho de doze anos, que precisava de tratamento para a saúde frágil. Strauch não podia suportar a inculta Margret, e quanto a Margret, a sorte foi lançada quando ela apareceu para uma primeira visita de vestido e encontrou seus novos vizinhos completamente nus. As duas se tornaram rivais obstinadas.

Mas os verdadeiros moinhos satânicos só começaram a se mover após a chegada de Eloise Wehrborn de Wagner-Bosquet, que a princípio se autodenominou a "baronesa", mas abandonou o título pelo de "rainha de Floreana" e mais tarde passou a "imperatriz". Sua chegada revelou-se um pesadelo para Friedrich e Dore: a correspondência deles era furtada, as plantações destruídas e os animais mortos. O harém de três homens da baronesa também não durou muito. Primeiro, seu empregado equatoriano fugiu da ilha depois que ela lhe deu um tiro no estômago; em seguida, um de seus amantes alemães, Lorenz, passou a morar com os Wittmer ao ser derrotado pelo rival, Philippson. Por fim, a baronesa contou a Margret que ela e Philippson estavam a caminho do Taiti para estabelecer seu hotel, e Lorenz anunciou que iria se despedir.

A baronesa e Philippson nunca mais foram vistos, e todos que algum dia investigaram a história supõem que foram assassinados, provavelmente por Lorenz, em 27 de março de 1934. Um mês mais tarde o próprio Lorenz fugiu, mas seu navio naufragou e ele foi encontrado morto numa ilha próxima.

Tudo isso seria uma espécie de atração secundária na história das fantasias edênicas, não fosse o que aconteceu em seguida. Quatro meses depois, Dore Strauch correu até a casa de seus acerbos inimigos, os Wittmer, anunciando que a língua de Friedrich estava inchada e ele talvez estivesse morrendo. Estava certa. Margret diz que ele adoeceu por comer frango estragado, o que seria estranho para um vegetariano convicto, e conjecturou que Dore o envenenara. Nesse ínterim, Dore concordou que era

Guerras das tarefas

veneno, mas disse ser de uma outra fonte. Ela também comera o frango e não sentira nenhum efeito adverso.

Dore Strauch também enfatizou que, após dificuldades iniciais, os dois haviam se reconciliado. "Tínhamos encontrado perfeita harmonia e paz juntos", disse ela. "Todas as diferenças tinham sido aplainadas e alcançáramos aquele infinito entendimento que nenhuma palavra pode expressar." Ela foi adiante e ofereceu uma descrição do relacionamento que qualquer pessoa invejaria.

> Friedrich se tornara atencioso e terno. Todas as tempestades tinham cessado. E em meio aos escombros da tranquilidade exterior, a vida interior dos fundadores de Friedo havia alcançado a perfeição. Uma calma e felicidade que nunca conhecêramos antes nos uniu no último mês numa unidade sobrehumana.

Milton, de sua parte, teria ansiado por sentir isso em relação a uma de suas esposas. E se essa descrição é autojustificação, autoglorificação ou mesmo autoabsolvição não é o que importa. O experimento deles foi sempre uma tentativa de realização de desejo literário, uma aplicação da amada filosofia de Ritter do corpo comandando a mente.

Em vez disso, a pungência na história de Friedrich Ritter e Dore Strauch é que, tendo começado com a intenção de recriar o Jardim do Éden – não por razões religiosas, veja bem, mas filosóficas –, eles tinham se envolvido inadvertidamente numa lição central do Jardim do Éden original: é difícil viver no paraíso. A natureza dos relacionamentos humanos torna inerentemente infernal viver em estreita proximidade com outro ser humano por longos períodos. Que a localização geográfica outrora considerada o lugar mais provável para o Éden real pudesse produzir um resultado tão surpreendentemente similar ao Éden original sugere que o relato bíblico pode ter revelado uma verdade maior: o Éden não é tanto um lugar real; é um lugar que devemos criar para nós mesmos, sobretudo quando parece mais desafiador fazê-lo. Strauch, em seu doloroso epitáfio, captura melhor esse sentimento: "Embora nosso Éden não fosse pacífico, ainda assim era um Éden."

As Galápagos de hoje não são menos extraordinárias que quando os primeiros exploradores chegaram quatrocentos anos atrás. Atualmente 25 mil pessoas vivem nas ilhas, mas estão restritas a algumas vilas. Noventa e sete por cento da terra é um parque nacional. Não muito depois de minha viagem a Londres, visitei as Galápagos com minha família, e rapidamente descobri que não podia escapar do primeiro casal. Tudo que lemos sobre o lugar descreve a paisagem mística "como o Jardim do Éden".

Assim que colocamos os pés nas ilhas – um processo fortemente controlado que envolve desinfetar sapatos para não transferir biomateriais –, ficamos frente a frente com animais incomuns e seus extraordinários padrões de acasalamento. Corpulentos leões-marinhos como nus de Ticiano congregam-se em haréns. Um touro cuida de até 25 vacas, arremessando-se da frente para trás a fim de afugentar rivais, até que fica tão esgotado que é substituído por outro macho. Cormorões fêmeas, incapazes de voar, compartilham a construção do ninho, a incubação e a alimentação com machos, até que a fêmea escapa para encontrar outro parceiro, deixando o macho com os cuidados parentais. Uma tartaruga-gigante macho com o casco em forma de sela golpeia a parceira escolhida, em seguida monta nela e emite o único som de que é capaz, uma sucessão de berros, grunhidos e gemidos. Depois de uma semana nas Galápagos é impossível não apreciar como Darwin mudou a conversa sobre a maneira de machos e fêmeas se relacionarem entre si.

De muitas formas, Charles Darwin foi a última pessoa da qual se teria esperado perturbar a tranquilidade da religião vitoriana. Seu pai era um eminente médico; a mãe, uma herdeira da fortuna das louças Wedgwood. Ele era um estudante medíocre em Cambridge e rejeitou o desejo do pai de que se formasse médico, concordando, em vez disso, em se tornar pastor de cidade pequena. Longe de pretender prejudicar a religião, Darwin estava a poucas semanas de se tornar vigário rural quando embarcou no

Beagle em 1831. Sua breve estada nas Galápagos foi um episódio incidental na viagem que durou cinco anos, e só depois de retornar para casa elaborou a teoria da seleção natural.

A publicação de *A origem das espécies*, em 1859, teve muitas consequências, mas culpá-la por ter torpedeado isoladamente a crença na Bíblia é extremamente exagerado. O livro apareceu em meio a uma contestação muito mais ampla ao literalismo bíblico, incluindo a dificuldade que o novo campo da arqueologia estava tendo para provar eventos da Bíblia e o sucesso que o novo campo da crítica bíblica estava tendo ao mostrar que os cinco livros de Moisés provavelmente não foram escritos por Moisés. Darwin foi apenas parte de uma conversa mais ampla que estivera em curso por 1.500 anos. A Bíblia é real?

Sobre Adão e Eva especificamente, Darwin mudou a reputação deles de forma imensurável. A maneira normal de discutir isso é dizer que Darwin solapou o primeiro casal ao mostrar de uma vez por todas que sua história é mais alegórica que histórica. Há alguma verdade nisso, mas não tanta quanto poderíamos pensar. Primeiro, a Bíblia está cheia de parábolas, então muitos leitores se sentem tranquilos vendo Adão e Eva dotados de qualidades alegóricas. Segundo, a clara maioria dos crentes hoje – isso inclui judeus, católicos e protestantes – aceita a evolução e acredita que ela não é incompatível com o ensinamento bíblico. Na muito alardeada luta entre Darwin e Adão e Eva, ambos os lados ainda estão em pé.

O mais intrigante para mim é um tópico que nunca vejo ser debatido. De que modo Darwin reforçou a história de Adão e Eva? Em outras palavras, o que podemos aprender sobre Adão e Eva enxergando a história através dos olhos de Darwin? Especificamente, estou pensando numa questão decisiva: por que, antes de mais nada, seres humanos experimentam o amor?

Para ajudar a responder a esta pergunta, fui encontrar a única pessoa que conheço que é ao mesmo tempo um antropólogo de fama mundial e um estudioso apaixonado da religião. Melvin Konner nasceu numa família judaica ortodoxa no Brooklyn e cresceu acreditando que Adão e Eva eram reais. Durante seu primeiro ano na faculdade, teve uma crise de fé e voltou-se para a antropologia.

Em seguida, Mel fez um trabalho de campo pioneiro na África e escreveu uma série de livros acadêmicos, bem como várias obras de divulgação, sobre a teoria e a prática da religião. Aproximando-se dos setenta anos, com uma barba rala, grisalha e um jeito paternal, ele agora leciona em Emory, onde o visitei. Comecei perguntando por que é importante que a Bíblia tenha um homem e uma mulher no início da história humana.

"Se você remontar às origens da vida, todos os indivíduos podiam se autorreproduzir", disse ele. "Éramos basicamente fêmeas. Assim, a verdadeira questão é por que temos machos. E a resposta parece ser que, se você clona a si mesmo, é muito mais vulnerável a doenças. Precisamos de macho e fêmea para ter uma espécie mais forte." Depois que temos dois sexos, prosseguiu ele, precisamos de alguma maneira aproximá-los para produzir prole.

"É aqui que entra o sexo e, no caso dos seres humanos, o amor."

Um dos maiores insights de Darwin é que os seres humanos, como todas as espécies, são impelidos a se reproduzir. "A reprodução é o único objetivo para o qual seres humanos estão destinados", escreveu o jornalista científico Matt Ridley. A Bíblia, à sua maneira, compartilha esse imperativo. A primeira ordem que Deus dá a Adão e Eva é: "Sede férteis e multiplicai-vos." A iniciativa humana não pode ter sucesso, Deus parece estar dizendo, a menos que os dois tenham filhos. Num livro sobre a criação, Adão e Eva devem criar.

Mas a sexualidade não é o único impulso que nos impele. Nossos parentes mais próximos, os chimpanzés, vivem em grupos promíscuos em que fêmeas procuram múltiplos parceiros sexuais e machos solicitam coito agitando o pênis no ar. Ponha um punhado de chimpanzés num avião por algumas horas e isso se transformaria rapidamente numa orgia. Seres humanos, ao contrário, freiam seus desejos sexuais. Temos aplicativos de encontros, festas, preservativos, vestidos de noiva. Por que precisamos de tudo isso se nosso único objetivo é transmitir nossos genes?

A resposta é que não vivemos de sexo somente; também vivemos de cultura. O cérebro humano é sete vezes maior que o de animais de tamanho semelhante, capaz de monitorar uma miríade de conexões e manter laços comunais complexos. Entre os impulsos de nosso cérebro social está evitar a dor da solidão alimentando estreitas relações interpessoais, inclusive parcerias que duram pelo resto da vida. Precisamos dessas parcerias em parte por ser necessário tanto tempo para criar nossos filhos até a maturidade.

Em essência, nossas vidas são uma tensão entre o impulso genético de ter filhos e a necessidade cultural de formar conexões sociais duradouras – ou seja, a família – para criar com sucesso esses filhos. Essa tensão é vividamente capturada nas vidas de Adão e Eva. É a solução de compromisso entre viver verticalmente – importando-se apenas em transmitir seus genes – e viver horizontalmente – importando-se também com a pessoa com a qual você está transmitindo esses genes.

Esse instinto horizontal é amor, a maior criação dos seres humanos e a inovação cultural que mais assegura que nossa sociedade continue a existir. O rabino Jonathan Sacks chama o amor de "a mais bela ideia na história da civilização". Sem ele, estaríamos todos copulando o tempo todo; com ele, ficamos por aqui e formamos famílias, os pilares básicos da sociedade humana.

Perguntei a Mel para que fim serve o amor romântico.

"Essa é uma questão sobre a qual penso muito", disse ele. Animais evitam a formação de casais, explicou. Somente 9% das espécies são monógamas. Isso inclui um terço dos primatas e 90% das aves. Nós, seres humanos, portanto, somos excepcionais em nosso compromisso com o compromisso. Mesmo levando em conta a infidelidade, a poligamia e o harém ocasional, relacionamentos para toda a vida ainda são a norma entre seres humanos. "Eu diria que somos mais ou menos monógamos", disse Mel, "só que mais mais do que menos."

Mas por quê?

"A vida humana é construída em torno de uma fórmula simples", disse Mel. "Machos fáceis e fêmeas exigentes." Os machos competem pela atenção da fêmea, enquanto estas escolhem de quais elas gostam. As fêmeas têm mais poder para escolher porque devem investir um tempo consideravelmente maior gestando e cuidando de uma criança. Estudos mostram que mulheres consideram uma série mais ampla de questões sociais, econômicas e de personalidade que os homens, que tendem a se concentrar principalmente em juventude e atratividade. "Você pode ver a diferença naquilo sobre o que fantasiamos", disse ele. "Pornografia é uma fantasia masculina de satisfação sexual a curto prazo, enquanto a comédia romântica é um mundo de fantasia feminino de acasalamento de longa duração."

O que as mulheres obtêm dessa equação é óbvio. Elas obtêm alguém para ajudar quando estão grávidas, amamentando e cuidando de uma criança. A verdadeira questão, disse Mel, é o que os homens obtêm dela. A resposta nos leva de volta ao principal objetivo de nossa conversa. Eles obtêm um relacionamento que, ao menos em teoria, lhes proporciona estabilidade e satisfação. Numa palavra, obtêm amor. Em troca, têm de abrir mão da capacidade de fazer sexo com quem bem entendam.

O sociólogo Philip Slater, em seu livro *The Pursuit of Loneliness*, captura essa notável transação. "A ideia de impor restrições à sexualidade foi uma impressionante invenção cultural, mais importante que a aquisição do fogo." Nessa invenção os seres humanos encontraram uma fonte de energia aparentemente ilimitada. Ele a identificou como privação, desejo, solidão. A força extraordinária que podia neutralizá-la de outro modo insondável: corte, romance, amor.

Então por que temos amor? É a moeda cultural que homens e mulheres trocam entre si a fim de uni-los. É a cola que faz civilizações perseverarem, embora cola não seja exatamente a imagem certa porque o que o amor gera não é um vínculo permanente. É mais um adesivo poroso, flexível, com um dar e receber, *Sturm und Drang*,* em que cada parte ajuda a criar a outra e, no processo, cocria algo novo.

No início de sua carreira, Mel e sua mulher moraram no deserto do Kalahari, no sul da África, e fizeram trabalho de campo entre caçadores-coletores. Mel contou-me que ainda pensa nas conversas que testemunharam em volta da fogueira e em como eram diálogos frequentes, provocati-

---

* *Sturm und Drang* (tempestade e ímpeto): movimento literário romântico alemão ocorrido entre 1760 e 1780 em que a subjetividade individual e, em particular, extremos de emoção ganhavam livre expressão. (N.T.)

vos e francos sobre sentimentos e relacionamentos. "Eles eram uma longa maratona de terapia de grupo", disse ele.

De muitas maneiras, essa ainda é a visão do amor que ele carrega na mente. "Você entra no casamento", disse ele. "Você é ingênuo, começa tendo filhos, mil e uma coisas acontecem; depois, vinte anos mais tarde, você olha do outro lado da mesa para alguém com quem colaborou em todas essas tentativas; se tiver sorte de ainda haver uma centelha sexual, então você sabe o que é o amor. O amor é o que os mantém juntos através das tentativas de estar juntos."

"E o que podemos aprender com isso?"

"A mesma coisa que aprendemos com Adão e Eva", disse ele. "Pense no amor romântico como a primeira parte da história deles. É o estado de graça quando você pensa que está no Éden e sempre estará lá. Mas então a vida o esbofeteia algumas vezes, você adquire o conhecimento do bem e do mal e depois diz, como fazem algumas pessoas, 'Tenho de sair daqui' ou 'Não posso fazer isso sozinho. Preciso de você'.

"Isso é o que acontece na segunda metade da história deles", continuou ele. "Ela fica infeliz e sai à procura de um pouco de animação; eles cedem à tentação e perdem o lar; eles partem para o deserto e têm filhos; as coisas com a família não correm tão bem quanto gostariam. Essas são coisas com que todos podem se identificar. E é nessa parte da história que o relacionamento é posto à prova. E como era de se esperar, eles sobrevivem. A cada vez, dizem: "Não quero voltar a ficar só." É quando você diz isso – e o faz repetidamente – que sabe que encontrou o amor.

NA PRIMAVERA DE 1838, dois anos após retornar de Galápagos, Charles Darwin, então com 29 anos, estava sendo fortemente pressionado pela família a se casar. Mas Darwin não estava seguro de desejar isso. Em 7 de abril, ele pegou um pedaço de papel e fez duas colunas: "Casar" e "Não Casar". No alto, escreveu: "Eis a Questão."

Na coluna da esquerda ele listou todas as vantagens do casamento: "encantos da música & da tagarelice feminina", "Lar, & alguém para cuidar da casa", "Filhos – (se isso aprouver a Deus)", "companheira constante (& amiga na velhice)", "melhor que um cachorro em todo caso".

À direita ele escreveu uma lista muito mais longa de aspectos negativos: "gordura & ociosidade – Ansiedade & responsabilidade – menos dinheiro para livros etc.", "sentir-se no dever de trabalhar por dinheiro", "vida em Londres, nada senão Sociedade, nada de campo, nenhuma viagem", "Ai de mim! Eu nunca iria saber francês – ou ver o Continente – ou ir para a América, ou subir num balão, ou fazer uma viagem solitária para o País de Gales".

No pé da folha, ele escreveu sua conclusão: "Casar, C.Q.D."

Seis meses depois Darwin pediu a mão da mais jovem de suas oito primas, Emma Wedgwood, uma mulher com quem tinha pouco contato e com quem praticamente nunca ficara a sós. Eles permaneceram felizes, até exultantes, num casamento que durou pelos 43 anos seguintes e gerou dez filhos. O amor, o grande cientista poderia ter observado, assume muitas formas.

Há uma narrativa sobre o amor em que ele é a razão pela qual as pessoas se casam, mas o próprio casamento o consome pouco a pouco, até que não resta nada. Certamente é o que diz a piada. "Mantenha os olhos bem abertos antes do casamento e semicerrados depois", gracejou Ben Franklin. Oscar Wilde disse: "Deveríamos estar sempre apaixonados. Essa é a razão pela qual nunca deveríamos nos casar."

Mas há outra narrativa sobre o amor. Esta pode não ser verdadeira para todo mundo, mas certamente é para mais gente: o amor não é aquela paixão temporária, vertiginosa, que muitas vezes é rotulada de amor. Amor é o que emerge do lento e desapaixonado acúmulo de boas ações, gestos gentis, o perdão ocasional e o constante serviço ao outro. Robert Solomon defende essa ideia lindamente. O amor, diz ele, é algo cultivado e criado em vez de simplesmente encontrado ou experimentado. "Nos esquecemos de que o amor demanda tempo, de que o amor é um processo e não apenas uma experiência, de que o amor é um desenvolvimento de toda a vida e não algo encontrado e desfrutado, pronto para ser usado."

Para mim esse sentido de cultivo captura de maneira elegante o relacionamento de Adão e Eva. Eles tiveram de aprender a amar. Não vivenciaram um namoro encantador, de livro de história. Ao contrário, experimentaram o suprassumo do casamento arranjado. *"Então como vocês dois se encontraram?" "Deus nos criou."* Em segundos estavam emparelhados para toda a vida.

Foi só depois que seu relacionamento começou que eles se deram conta de que tinham de descobrir como estar num relacionamento, para começar. E isso era desafiador, como essas coisas são. Talvez ele estivesse apenas procurando uma ajudante e não a respeitasse como indivíduo. Talvez ela quisesse sair mais ou flertar com o instrutor de tênis. Talvez um deles sentisse a tal comichão dos sete anos, ou, no caso deles, a comichão das sete horas. Em todo caso, eles foram cobaias na rotina do amor.

Mas foi quando esses passos em falso, em geral normais, se provaram catastróficos e eles foram expulsos do jardim, que o verdadeiro trabalho de seu relacionamento começou. De repente eles tinham de sobreviver pelo "suor de seu rosto". Precisavam trabalhar para comer. Tiveram de se esforçar para construir uma casa. O hieróglifo egípcio para o amor retrata uma enxada, uma boca e um homem com a mão na boca, o que sugere um plantio, um cultivo, uma alimentação. Uma conexão semelhante entre paisagem e amor envolve Adão e Eva.

Para estar plenamente enamorados eles tiveram de construir o próprio jardim.

Um dos temas centrais da Bíblia hebraica é o valor de transmitir coisas. Deus transmite seus mandamentos, os patriarcas transmitem seu direito de progenitura, a casa de Israel transmite seu nome. Quando essa ideia de transmitir é acoplada à ideia paralela de ascender – ao Sinai, ao Sião, ao céu –, torna-se possível ver a história dos israelitas como um gigantesco eixo y. É uma interminável linha vertical que se estende de Deus a todos nós, através da Bíblia.

Mas há uma contranarrativa que carrega igual peso e que com frequência é perdida. É a narrativa horizontal, a ideia de que devemos nos afastar de nossos entes queridos, exilar-nos, criar novos relacionamentos. Esse é o eixo x da Bíblia, e ele aparece já no primeiro dos relacionamentos. Deus forma Eva a partir do flanco de Adão; em seguida Deus a leva para o lado dele. Adão deixa seus pais e se une a Eva; Eva se une a ele de volta. Em cada compasso dessa história, o movimento não é para cima e para baixo, é de um lado para outro.

Se o eixo *y* da Bíblia é o amor do pai (ou Deus) pelo filho, o eixo *x* é o amor romântico, o amor de dois indivíduos um pelo outro.

E embora possa parecer agradável pensar que cada gesto ao longo desse eixo é praticado por afeição, não precisa ser assim. Às vezes o ato é praticado por desespero, frustração ou obrigação. Mas o impacto ainda pode ser imenso. Mesmo que cada ato que pratiquemos em relação a nossos amantes não seja praticado por amor, o efeito cumulativo ainda pode ser amor.

"Ação e sentimento andam juntos", disse William James. Ao mudar nossas ações, mudamos nossos sentimentos. A psicologia positiva retomou essa ideia e mostrou que agir de certa maneira pode inspirar certos sentimentos. Sorrir pode fazê-lo sentir-se mais feliz; expressar gratidão pode fazê-lo sentir-se mais agradecido; agir amorosamente pode ajudá-lo a sentir-se mais amoroso.

Na peça *O violinista no telhado* há um momento no segundo ato em que Tevye, o atribulado leiteiro que se esforça para manter sua família unida num *shtetl*** na Rússia em 1905, é obrigado a aceitar que a segunda de suas cinco filhas tenha escolhido se casar por amor em vez de usar um casamenteiro. "É um novo mundo. Amor", ele diz. A experiência põe em questão seu próprio casamento com a esposa mordaz, Golde. Tevye se aproxima de Golde num momento tranquilo enquanto ela faz serviços domésticos e canta:

"Tu me amas?"

"Eu o quê?", ela ladra.

"Tu me amas?"

Durante 25 anos, ela começa, lavei tuas roupas, cozinhei tuas refeições, limpei a tua casa. E agora queres falar de amor?

A primeira vez que te encontrei foi no dia do nosso casamento, ele responde. Eu estava nervoso e assustado. Mas meus pais me disseram que aprenderíamos a nos amar. Eles estavam certos?

---

* Pequena vila ou aldeia judaica encontrada antigamente na Europa Oriental. (N.T.)

Guerras das tarefas

Ela continua a dissimular e resmungar por alguns tensos minutos. Eu vivi contigo, lutei contigo, sofri contigo, compartilhei uma cama contigo. E então ela dá uma resposta que poderia ter sido dada por Charles e Emma Darwin, por Dore Strauch e Friedrich Ritter e pela metade dos casais que conheço que estão juntos há muito tempo.

E, sim, poderia ter sido dada por Adão e Eva.

"Se isso não é amor, o que é?", diz Golde.

"Então tu me amas?", Tevye exclama.

"Suponho que sim."

"E eu suponho que te amo também."

5. Aquele olhar nos olhos deles

Como o sexo se tornou maligno, depois deixou de ser

ESPEREI O MAIS que pude antes de colocar a mão no espartilho de Mae West. Embora a sra. West obviamente não estivesse usando a roupa de baixo naquele momento, eu estaria mentindo se não admitisse que senti certa emoção. A peça, devo confessar, era também um pouco menor do que eu esperava.

Era o início da tarde num dia do fim do verão no centro de Los Angeles e eu estava dentro do gélido depósito da maior coleção de roupas da Costa Oeste. Dentre os 15 mil objetos do Fashion Institute of Design & Merchandising Museum estão roupas de Fred Astaire e Marlene Dietrich, um vestido usado por Nancy Reagan na posse de seu marido na presidência e trajes de ganhadores do Oscar remontando a 25 anos. A coleção também contém mais de uma dúzia de peças de lingerie usadas pela *bombshell* do Brooklyn, a qual se tornou o símbolo do avanço da fronteira sexual no início do século XX e uma das mulheres mais bem remuneradas dos Estados Unidos em sua época – além de ganhar o indelével apelido de "Estátua da Libido".

"Essa circunferência do busto pode não parecer muito grande", explicou Carolyn Jamerson, a gerente da coleção e especialista em vestidos vitorianos. "Mas do modo como a madeira está disposta num ângulo e as aberturas de saia estão costuradas, quando a coisa toda é puxada com firmeza isso dá ao corpo a forma de ampulheta." Os Estados Unidos tinham acabado de passar pela era das melindrosas, nos anos 1920, continuou Carolyn, que tinha tudo a ver com contornos de menino, de peito achatado. "Atribui-se a Mae West o retorno da forma curvilínea. Eu, de minha parte, sou muito grata a ela por isso."

Minha visita não tinha como objetivo ficar olhando boquiaberto roupas de baixo com um século de idade, e sim compreender um dos incidentes

Aquele olhar nos olhos deles

mais vívidos da história de Adão e Eva e que projeta o mais claro holofote sobre a explosiva ramificação sexual do que aconteceu no Jardim do Éden. No domingo, 12 de dezembro de 1937, Mae West apareceu no *Chase and Sanborn Hour*, às oito da noite, na NBC. Transmitido ao vivo do estúdio, na Melrose Avenue, 5515, em Hollywood, o programa de rádio era o mais popular do país naquele ano. West estava no auge da carreira, saindo de uma série de filmes de sucesso, entre os quais *Uma loira para três* e *Santa não sou*. "Mais pessoas tinham me visto do que viram Napoleão, Lincoln e Cleópatra", disse ela. "Eu era mais conhecida do que Einstein, Shaw ou Picasso." A revista *Variety*, notando sua tendência em causar polêmica por falar o que queria, declarou: "Ela é um assunto tão atual quanto Hitler."

Sucesso que incluía música e variedades desde 1929, o programa *Chase and Sanborn* estava em seu terceiro apresentador, o astro Edgar Bergen, juntamente com o boneco ventríloquo Charlie McCarthy. A noite trazia música com Nelson Eddy e Dorothy Lamour, piadas sobre compras de presentes de natal e um apimentado esquete em que West inventava que Charlie McCarthy fora a seu apartamento mostrar sua coleção de selos. "Não aconteceu nada!", assegurou o boneco a um Bergen horrorizado, antes de se virar para a plateia e sussurrar: "Ele é tão ingênuo." O diálogo jogava maliciosamente com a frase mais famosa de West: "Por que você não vem me ver um dia desses?" (Mais tarde ela a modificou para a forma mais lembrada hoje: "Venha me ver um dia desses.")

Mas o outro esquete que a trupe encenou naquela noite se tornaria um dos mais famigerados incidentes no confronto, há muito tempo em cartaz, entre Hollywood e a religião. A peça em dois atos era ambientada no Jardim do Éden e estrelada por Don Ameche como Adão, West como Eva e McCarthy como a serpente. Assim que foi transmitida, provocou um escândalo tão intenso que atingiu a NBC, enfureceu o governo federal e gerou uma reação violenta a ponto de banir do rádio a maior atriz de Hollywood. Serviu também como uma desajeitada introdução de Adão e Eva na era da mídia, mostrando que, apesar das rápidas mudanças pelas quais amor, sexo e relacionamentos vinham passando no mundo moderno, o primeiro casal ainda permanecia no centro do palco.

CONSIDERANDO QUANTO CHOQUE e horror foram gerados em torno das vidas sexuais de Adão e Eva ao longo dos séculos, causa certa surpresa ler o relato original e não encontrar absolutamente nenhuma menção a relações sexuais. Não há nenhum primeiro beijo, nenhum primeiro abraço, nenhuma primeira vez. Nenhum lençol é amarrotado, nenhum fluido é trocado. Não há fogos de artifício à meia-noite, nenhum corte para o casal embevecidamente deitado um nos braços do outro na manhã seguinte. Os clichês do romance ainda não foram inventados, e o Gênesis não os inventou.

Em vez disso, a única coisa que aparece no texto é um grau de insinuação que teria deixado Mae West orgulhosa. Em essência, há dois momentos decisivos em que a sexualidade é sugerida, mas não abertamente exposta. Eles abrem e fecham o episódio da ingestão do fruto proibido. O primeiro ocorre no fim do capítulo 2, quando Deus conduz a recém-formada Eva para Adão. Ele a saúda usando a imagem erétil "osso de meus ossos" e a linguagem carnal "carne de minha carne"; em seguida, a abraça e os dois se tornam "uma só carne". O que precisamente acontece aqui não é explicitado. O encontro poderia ser tão romântico quanto uma suíte de lua de mel cheia de rosas ou tão desajeitado quanto o banco de trás de um Chevrolet. A única pista é o texto anunciar que eles se sentem à vontade com o resultado. "Eles dois estavam nus, o homem e sua mulher, e não sentiam nenhuma vergonha."

O segundo momento ocorre imediatamente após o incidente em que Eva entrega o fruto a Adão e ele o come. O texto descreve uma rápida série de eventos. Primeiro, "os olhos de ambos se abriram". Em seguida, "eles dois perceberam que estavam nus". E terceiro, "eles entrelaçaram folhas de figueira e se cobriram". Nenhuma explicação é dada para essas ocorrências, mas considerando-se que a ação de provar da árvore gera uma série de reações físicas – olhos abertos, nudez percebida, genitais cobertos –, parece seguro supor que o fruto tem algum tipo de conotação sexual. Além disso, dado que o momento que precede imediatamente o incidente com a árvore é descrito como de satisfação e ausência de vergonha, a sugestão clara é que comer o fruto produziu insatisfação e vergonha.

Aquele olhar nos olhos deles

Então o que estava se passando aqui?

A primeira coisa a observar é que o que está acontecendo entre Adão e Eva nesses encontros, seja o que for, os deixa mais próximos, não mais separados. A expressão "eles dois", em hebraico *sheneihem*, aparece somente duas vezes em toda a narrativa de Adão e Eva. A primeira é logo depois que se tornam uma só carne, quando "eles dois" estão nus e não sentem vergonha; a segunda é logo depois que comem o fruto, quando "eles dois" estão nus e sentem vergonha.

Esse realce ao fato de serem dois envia uma mensagem clara. Adão e Eva são descritos em seus primeiros encontros íntimos como sendo não "um", mas "dois". Relações sexuais, por sua própria natureza, não são algo que você faz sozinho.

A segunda coisa a observar é que nessa sequência sobre sexo a Bíblia introduz mais uma verdade sobre relacionamentos. Novamente, é uma verdade que foi confirmada por todas as histórias de amor já contadas e todos os estudos do amor já realizados. O amor está nos olhos.

Olhos são mencionados três vezes na história. Primeiro, quando a serpente diz que depois que Eva comer o fruto, seus "olhos se abrirão". Segundo, quando Eva avista o fruto ela o considera "muito atraente aos olhos". Finalmente, quando Adão e Eva comem o fruto, "os olhos dos dois se abriram".

Olhos se tornaram inseparáveis de como compreendemos o amor. Muitas das expressões icônicas envolvem ver. Falamos de "amor à primeira vista", "olhar nos olhos um do outro", "espreitar a alma de alguém". Não dizemos que o amor tudo sabe; dizemos "o amor é cego".

A ciência confirmou essa conexão. Quando experimentamos sentimentos de amor, nossas pupilas se dilatam, nossos canais lacrimais se ativam, nossos olhos brilham. Longos olhares não são apenas sinais de afeição, eles realmente geram afeição. O psicólogo Zick Rubin comparou os sentimentos de amor de casais, relatados por eles mesmos, com o tempo durante o qual eles faziam contato visual um com o outro enquanto conversavam. Quanto mais amor um casal sente, mais longamente eles se olham.

O que Adão e Eva iniciam, as mais famosas histórias de amor de todos os tempos continuam. Romeu evoca nove vezes os olhos "brilhantes", "deslumbrados", "divinos" de Julieta na famosa cena do balcão. O que Emma Bovary "tinha de melhor", Flaubert nos conta, "eram seus olhos". "Por que você me amou?", pergunta a heroína de *Um par de olhos azuis*, de Thomas Hardy. "Não sei", responde o pretendente. "Oh, sim, você sabe", ela rebate. Finalmente ele confessa: "Talvez pelos seus olhos."

E quando Marius e Cosette se conhecem (num jardim, nada menos), em *Os miseráveis*, são seus olhos que se conectam primeiro. Num "comportamento conhecido por Eva desde o dia em que o mundo começou", escreveu Victor Hugo, "um único olhar o fizera". Ele talvez estivesse pensando em Adão e Eva quando explicou: "Mal ousamos dizer hoje em dia que duas pessoas se apaixonaram porque seus olhos se encontraram. No entanto, é assim que nos apaixonamos e de nenhuma outra maneira."

Há um outro significado dos olhos de Adão e Eva que pode ser ainda mais ilustrativo de seus sentimentos. Ao abrir os olhos e reconhecer que estão sem roupa, Adão e Eva demonstram o poder da observação. O amor transforma até a pessoa mais desatenta num virtuose da observação. De repente você se torna "um antropólogo do bem-amado", na maravilhosa frase de Alain de Botton. Você decodifica cada gesto, disseca cada palavra, decompõe cada toque e significado real em cada interação, por mais diminuta que seja.

Além disso, você pensa demais e questiona o próprio comportamento. O amor o força a olhar para si mesmo através dos olhos do outro. Não quem sou eu, mas quem sou eu para essa pessoa. O momento em que você se sente mais seguro de que acabou de se conectar com seu outro é também quando se sente mais inseguro porque acaba de se expor. O Gênesis captura essa sensação de vulnerabilidade quando diz a respeito de Adão e Eva que quando seus olhos se abrem eles "sabem" que estão nus.

A última coisa a observar sobre essas sequências é que tudo que a história esteve sugerindo sobre sexualidade é profundamente revelador. O sexo funde pessoas umas às outras. Prateleiras e mais prateleiras de obras de ciências sociais confirmam que quando seres humanos se envolvem na

Aquele olhar nos olhos deles

forma máxima de conexão social – relação sexual –, o orgasmo inunda o corpo com um coquetel de substâncias, incluindo endorfinas, prolactina e a "droga do amor", a oxitocina, que juntas induzem calma e afeto. Essas reações ajudam a abaixar a pressão sanguínea, aliviar o estresse e manter o vínculo entre parceiros.

Os sentimentos que surgem nesses momentos são frequentemente chamados – ou pelo menos confundidos com – amor. A palavra inglesa *"love"* provém, de fato, da palavra sânscrita *lubh*, que significa "desejar". A conexão entre amor e sexo é tão profunda quanto os rios do Éden.

Embora muitas vezes maravilhoso, esse vínculo pode também ser perigoso. Advertências de pais para filhos durante séculos não eram falsas: dormir com a pessoa errada pode desencadear sentimentos de proximidade tão fortes quanto dormir com a pessoa certa. "Esse vínculo inconsciente é uma das razões subestimadas pelas quais fazer sexo com alguém sem ter certeza pode ser uma má ideia", escreve John Cacioppo em *Loneliness*. "A infusão química pode criar uma fixação num único indivíduo que de outro modo poderia não fazer muito sentido."

Mas quando funciona, o afeto que o sexo gera é a mais forte cola que existe e um dos pilares da sociedade humana. O sexo nos emociona, escreve De Botton, "porque marca uma superação da solidão". Ele continua: "O prazer que sentimos não está enraizado puramente em terminais nervosos estimulados e na satisfação de um impulso biológico. Ele se origina também da alegria que sentimos ao emergir, ainda que brevemente, de nosso isolamento num mundo frio e anônimo."

O despertar sexual de Adão e Eva põe fim a seu anonimato e, de fato, os reapresenta um ao outro. O texto captura esse momento de renascimento fazendo o casal, após comer o fruto, descobrir um no outro uma das marcas de estar renascido: sua nudez. Agora que estão juntos, Adão e Eva percebem que estiveram completamente nus até aqui. O modo como se sentem em relação a essa percepção remete ao que sentiam antes de comer o fruto. Então não sentiam "nenhuma vergonha"; agora sentem vergonha.

Que seja vergonha e não culpa que eles sentem nesse instante é importante. A culpa vem de dentro; é um sentimento de responsabilidade ou remorso por alguma ofensa ou má ação. A vergonha vem de fora; é um sentimento de humilhação ou constrangimento por não estar correspondendo aos valores dos outros. Que Adão e Eva estejam agora envergonhados sugere que o conhecimento do bem e do mal introduziu convenções sociais – basicamente, civilização – na vida deles. É um sinal crítico de que os dois estão se tornando humanos, finalmente separados de Deus.

Reúna todos esses detalhes, olhe além dos séculos de comentários, leia o texto com seus próprios olhos e uma verdade se torna clara: Adão e Eva, após se tornarem uma só carne, após ganharem sabedoria, após se verem um ao outro novamente, não se distanciam. Eles se aproximam. Ambos abrem os olhos; ambos se sentem vulneráveis, ambos se cobrem. A sexualidade, pelo menos em sua forma inicial, não é uma fonte de separação entre Adão e Eva. É uma fonte de união.

ENTÃO QUANDO TUDO isso mudou? E por quê?

Precisamos apenas considerar outra representação icônica da sexualidade de Hollywood para entender o horror que arrastou Adão e Eva. Na abertura de *Carrie, a estranha*, filme dirigido por Brian De Palma, a protagonista, papel desempenhado por Sissy Spacek, está tomando banho de chuveiro no vestiário feminino. Sangue começa as escorrer por suas pernas. Ela grita, mas outras moças zombam dela e a atormentam, jogando absorventes. De volta à sua casa, em vez de encontrar comiseração, Carrie é atacada por sua mãe devota que vê todo sexo, mesmo entre marido e mulher, como obra do demônio.

"E Deus fez Eva da costela de Adão", grita ela. "E Eva foi fraca e soltou o corvo sobre o mundo. E o corvo se chamava Pecado... e o primeiro Pecado foi Relação Sexual."

A história de como passamos de Adão e Eva divertindo-se felizes e nus no Jardim do Éden para sangue, raiva e corvos é uma das narrativas mais distorcidas, relevantes e tristes da história da religião.

A própria Bíblia não pode ser realmente culpada. No antigo Oriente Próximo o sexo era considerado uma dádiva dos deuses. Os deuses faziam

Aquele olhar nos olhos deles

sexo uns com os outros e com seres humanos, e quando seres humanos faziam sexo estavam imitando os deuses. O Deus da Bíblia, ao contrário, não faz mais sexo e concede esse direito exclusivamente aos seres humanos.

Sexo aparece, de uma maneira ou de outra, em quase cada página da Bíblia, e em geral é positivo, uma maneira de produzir filhos e, ocasionalmente, prazer. O "Bom Livro" usa todos os eufemismos possíveis para descrever a carnalidade, de "deitar-se" a "ficar com" ou "apossar-se". A Bíblia hebraica encontra formas especialmente criativas de estimular homens a agradar suas mulheres. "Encontra alegria na esposa da tua juventude", dizem os Provérbios. "Apaixona-te."

Judeus primitivos aprofundaram essa aceitação da sexualidade. Na lei judaica, o sexo é um *mitzvá** que começa imediatamente após o casamento. Um casal desaparece por um tempo de *yichud*, ou "união", uma expressão que é derivada da palavra *echad*, usada pela primeira vez quando Adão se une a Eva. Os rabinos especificavam a frequência sexual por profissão: "Para homens independentes, todos os dias; para trabalhadores, duas vezes por semana; para condutores de burros, uma vez por semana; para condutores de camelos, uma vez em trinta dias; para marinheiros, uma vez em seis meses." Finalmente o sexo tornou-se uma ordem para todos no Shabat.

Alguns cristãos primitivos faziam eco a seus ancestrais judaicos e abraçavam a sexualidade. No século II, o ícone da Igreja Clemente de Alexandria disse que a relação sexual não era pecaminosa, mas parte da "boa" criação de Deus. No entanto, qualquer atitude favorável ao sexo no cristianismo foi rapidamente esmagada por vertentes profundas de castidade. Cristãos primitivos, ansiosos por se diferenciar da licenciosidade de gregos e romanos, transformaram agressivamente o sexo na antítese da santidade. Paulo disse: "É bom para o homem não ter relações sexuais com uma mulher." Gregório de Nissa sugeriu que Deus pretendia que Adão e Eva permanecessem virgens. Se o tivessem feito, afirmou, Deus teria arranjado para que os seres humanos se multiplicassem de maneira não sexual, tal como fazem os anjos.

---

* Mandamento, em hebraico. (N.T.)

Mas ninguém foi mais influente na história da sexualidade que Agostinho de Hipona. Nascido na África do Norte em 354 de mãe cristã e pai pagão, Agostinho teve o que chamou de uma vida sexual intensa, hedonística. "Amor e lascívia juntos fervilhavam dentro de mim", escreveu ele. "Em minha tenra juventude eles me empurraram em direção ao precipício de meus apetites físicos e me mergulharam no redemoinho do pecado."

Após rejeitar o cristianismo e viver com uma amante com quem teve um filho, Agostinho mudou-se para Roma e, aos 31 anos, experimentou uma drástica conversão, retornando à fé de sua infância. Em alguns dos escritos mais detalhados e longos sobre a história da criação, Agostinho construiu toda uma teologia do pecado em torno da conduta sexual de Adão e Eva.

Agostinho afirmou que Adão tinha nascido com livre-arbítrio e autonomia, os quais desperdiçou quando comeu o fruto proibido e teve relações sexuais com Eva. Mas essa falha não foi somente deles. Todos que vieram depois herdaram esse "pecado original". Como um exemplo supremo de que os seres humanos não podiam mais controlar seus desejos, Agostinho citou o fato de que ficava excitado apesar de suas tentativas conscientes de não ficar. Seu membro era desobediente em razão da desobediência de Adão e Eva. "Por causa disso", escreveu ele, "esses membros são corretamente chamados *pudenda* [partes de vergonha] porque eles se excitam como querem."

Embora alguns de seus contemporâneos resistissem a essa atitude implacável, Agostinho acabou por prevalecer. Suas ideias sobre a imoralidade inerente do sexo tornou-se a concepção predominante do cristianismo no milênio e meio seguinte. Mesmo aqueles que não aceitavam o cristianismo tradicional foram afetados. Da modéstia puritana à virtude vitoriana e aos rigorosos códigos de censura que atormentavam Hollywood, tudo isso é diretamente atribuível a como um bispo do século IV e pai tomado pela culpa interpretou o primeiro homem e a primeira mulher.

Como esse legado veio a ser subvertido é um capítulo decisivo na história de Adão e Eva. Uma peça pequena, mas memorável, na história foi a filha nascida no Brooklyn de uma modelo de espartilhos e de um pugilista profissional.

Aquele olhar nos olhos deles

PODEMOS SABER MUITO sobre uma pessoa analisando suas roupas de baixo. A primeira coisa que aprendi sobre Mae West foi como ela era baixinha, mesmo para Hollywood. O museu mantinha cerca de doze pares de sapatos dela. Todos eram de plataforma, o que significava que ela usava saltos altíssimos, sob os quais havia uma prótese adicional que elevava seu corpo ainda mais. A parte que vestia os pés ficava escondida sob as roupas, enquanto os sapatos falsos sobressaíam. A altura total: 22,86cm.

"Sinceramente, acho notável como ela tenta criar uma imagem", disse Carolyn, a gerente da coleção. O andar característico de Mae West, em que ela afastava o pé do corpo deslizando-o, como se estivesse fazendo patinação artística, era resultado de sua incapacidade de levantar os pés, explicou.

O que aprendi em seguida foi que sua forma de ampulheta também não era tão natural assim. "Ela tinha quadris largos", explicou Carolyn, "e usava espartilhos."

Por fim, ela sabia exatamente o que estava fazendo. Todas as roupas que vi eram da cor aproximada da pele dela – pêssego, salmão, creme –, assim você não podia distinguir onde a roupa terminava e o corpo começava. "Ela conhecia todos os truques", disse Carolyn. "Você pensa que está vendo alguma coisa, mas na realidade não está."

Nascida em 1893, Mae West aprendeu seus truques com a mãe, de moralidade mais europeia e que defendia o alpinismo social para prosperar na vida: faça tudo o que for necessário. Embora tivesse sido casada com um colega do vaudevile antes dos vinte anos, Mae passou a equiparar a condição de esposa à servidão e pensava que a monogamia era para as aves. "Você nunca encontrou um homem que a faça feliz?", pergunta-lhe Cary Grant em *Uma loira para três*. "Claro que sim", responde ela. "Muitas vezes."

Acima de tudo, ela não aceitava que o corpo fosse inerentemente mau. "Sexo não é mais vulgar do que comer", disse. "Por que é necessário chorar ou ranger os dentes por causa dos processos da natureza?"

O fato de Mae West ter se tornado uma atriz de tanto sucesso nos anos 1920 sugere que as ideias do público sobre sexualidade estavam mudando. No início do século XX, revistas começaram a publicar artigos sobre controle da natalidade e divórcio; as canções estavam cheias de letras sugestivas; e os filmes repletos de enredos sexualmente provocativos. Como um jornal observou: "Pela primeira vez na história do mundo é possível ver como é um beijo."

Mas esse afrouxamento dos padrões também envolveu resistência. Esses anos viram a primeira reação organizada contra a licenciosidade da cultura popular. Em 1926, Mae West conquistou seu primeiro papel de protagonista na Broadway, em *Sex*, uma peça escrita, produzida e dirigida por ela. A polícia invadiu o teatro e prendeu-a sob acusações de imoralidade, e ela foi condenada a dez dias de prisão. De maneira típica, Mae West conseguiu jantar com o carcereiro e saiu dois dias mais cedo por bom comportamento.

Quando Mae West mudou-se para a Califórnia, no início dos anos 1930, a censura ganhava força. Um conjunto de normas morais, reunidas no Motion Picture Production Code, definia o sexo em geral e qualquer paixão fora do matrimônio como "amor impuro" e insistia que fossem mostrados nas telas como errados e não implicitamente tolerados com piadas. Mas, sem autoridade, o código não foi imposto.

Em 1934, a Igreja católica, então no apogeu de sua influência na vida americana, liderava um movimento de ataque a Hollywood. Ela conseguiu que 11 milhões de pessoas – quase 10% da população – assinassem um compromisso reprovando "filmes vis e doentios", tachando-os de "uma ameaça à juventude, ao lar, ao país e à religião". Nesse ano, um leigo católico foi encarregado de defender as regras de censura em Hollywood, e o Código Hays, como era também conhecido, tornou-se muito mais rigoroso. Uma pessoa tão liberal quanto Eleanor Roosevelt aplaudiu a iniciativa. "Deixa-me extremamente feliz que a indústria do cinema tenha designado um censor dentro de suas próprias fileiras", disse ela.

Era esse o clima quando Mae West se dirigiu ao microfone em dezembro de 1937 para representar Eva. A NBC promoveu a ocasião distribuindo uma foto publicitária da atriz de lingerie na cama com McCarthy de smoking. O locutor apresentou "o evento em si". Vamos voltar no

Aquele olhar nos olhos deles

tempo, disse ele. Entrar no Jardim do Éden e conhecer "a mais fascinante de todas as mulheres, Eva". Sob uma figueira, "o sr. Adão" está preguiçosamente estatelado, enquanto Eva, "entediada até o fundo de sua certidão de casamento", busca um pouco de ação.

"Ouça, alto, bronzeado e cansado", diz ela a seu homem. "Desde a criação não fiz outra coisa senão jogar crapô. É muito chato!"

Adão defende o lugar como um anunciante da Câmara de Comércio: "O clima é perfeito! A comida é abundante! O que mais ela podia desejar?" O que vem a seguir é um momento clássico de Mae West, em que as palavras que ela diz são seguras o suficiente para passar pelo censor (que eles tinham), mas a forma como são ditas torna sua intenção demasiadamente clara.

"Mas eu quero que alguma coisa aconteça!", arrulha ela. "Um pouco de excitação, um pouco de aventura! Uma garota precisa se divertir um pouco de vez em quando."

Eva desaparece sozinha no jardim. Mas numa reviravolta maquinada pelos roteiristas para tirar partido da reputação de West, em vez de ser seduzida pela serpente, ela exerce a sedução. "Olá, comprida, escura e sinuosa", diz ela. Eva aponta para a árvore e ordena à serpente que pegue "uma grande" para ela. "Estou a fim de traçar uma Maçã Enorme!",* ronrona ela.

Adão nunca vai querer isso, a serpente protesta, mas Eva diz que sabe como convencê-lo. "Vou transformar a maçã em molho de maçã!" Quando Adão de fato mergulha em seu néctar, cai um raio, e os dois são jogados fora do Éden. Adão fica horrorizado, mas Eva está empolgada. "Sou a primeira mulher a fazer as coisas à sua maneira." A cena termina com Eva dando em Adão o que ela chama de um grande e molhado "beijo original".

Em retrospecto, o que aconteceu em seguida parece previsível, mas na época foi inaudito. O episódio produziu o maior clamor na história do rádio. A NBC foi assediada com cartas. "Sinto-me profundamente ofendida com esses ratos invadindo meu lar para destruir a vida espiritual", escreveu uma irada mãe do Illinois. "Minha filha agora zomba da religião. O dano causado

---

* No original: *"I feel like doin' a Big Apple!"* (N.T.)

é irreparável." Um professor de religião na Universidade Católica introduziu uma declaração no Registro Congregacional qualificando Mae West de "a personificação do sexo em sua mais baixa conotação" e acusando-a de injetar "sua própria filosofia sexual no incidente bíblico da queda do homem".

Com o Congresso fulminando, o governo teve de reagir. O chefe da Comissão Federal de Comunicações enviou uma carta furiosa à NBC considerando o esquete "ofensivo à grande massa de cidadãos americanos de bem e lúcidos" e instou a rede a tomar medidas. Ela o fez, qualificando a atriz de "personalidade do rádio inadequada" e banindo-a de suas ondas.

Há duas maneiras de ver essa história. A primeira é que ela demonstra quanto Adão e Eva ainda eram intocáveis no início do século XX, a religião ainda controlava a vida americana e o sexo ainda era considerado uma ameaça perigosa à sociedade civilizada. Há alguma verdade nessa visão.

Mas numa análise mais atenta, surge uma explicação alternativa. Revela-se que a campanha de cartas foi fortemente orquestrada por algumas organizações combativas. A NBC, temendo maior regulação, deixou clara a sua prioridade: proteger seu artista, o boneco. McCarthy emitiu uma rara declaração, fazendo-se de mudo: "Hum, desta vez vou deixar as falas para o sr. Bergen."

Os que detinham autoridade, em outras palavras, conspiraram para jogar Mae debaixo do ônibus. Sua carreira foi a única a sofrer. Sua reputação e sua estatura nunca se recuperaram. Em retrospecto, o incidente de Adão e Eva do *Chase and Sanborn* foi menos um exemplo de sexualidade escandalizando o público e mais da mais antiga de todas as lições: quando nada dá certo, deixe a mulher levar a culpa.

Perguntei a Carolyn o que ela pensava. Após explicar que era minoria em Hollywood, uma cristã praticante, Carolyn disse acreditar que Mae West tinha sido vítima do próprio sucesso. "Eu me pergunto se ela estava feliz com sua imagem. Muitas vezes a pessoa dentro de nós está lutando com isso."

Carolyn tinha vinte e tantos anos e vestia-se de forma conservadora, com uma modesta saia azul e um suéter de barra ondulada amarelo. Ela se sentia ofendida pela persona de West?

Aquele olhar nos olhos deles

"De maneira nenhuma", disse ela. "Ela era ateia. Se ela se declarasse crente, eu poderia dizer: 'Bem, madame, que tal conversarmos sobre essa parte do pecado?' Mas como era uma mulher do mundo, ela vai fazer o que o mundo faz."

"E o que é?"

"Transformar tudo em sexo."

Perguntei se ela pensava muito sobre Adão e Eva.

"É claro", disse ela. "Eles são parte da Bíblia."

"E que lições você extrai deles? Há uma mensagem na Bíblia sobre relacionamentos ou é simplesmente 'Nenhum sexo antes do casamento'?"

"Oh, eu apoio isso fortemente", disse Carolyn. "Mas compreendo que sou um caso excepcional." Ela ficou séria. "Veja, estou feliz em ser solteira. Acho que há providência nisso. Mas gostaria muito de estar num relacionamento. Somos destinadas a ser a auxiliar."

Mal acreditei no que ouvi. "Não acha isso degradante?"

"Ah, não. Não estou abaixo do homem; estou a seu lado. Mas ele ainda é o líder. Fui sincera com o meu chefe desde o início, dizendo que se um cara aparecer o trabalho passará a ser de meio período, e quando vierem filhos, nada."

"E se o cara disser que quer que você seja feliz, e se você precisar do dinheiro?"

"Penso que muito do que o mundo diz que precisamos para sobreviver é desnecessário. Mas se o cara dissesse isso, ele é o líder, e eu trabalharia o melhor que pudesse, mas reservaria um tempo para cuidar da casa."

Mencionei a ironia de estarmos tendo essa conversa parados diante de uma caixa aberta com a lingerie de Mae West. "Por que esse tema religião e sexualidade é tão carregado?", perguntei.

"Porque há uma divisão entre pessoas do mundo e pessoas de fé", disse ela. "Eu realmente não suporto olhar para algumas dessas peças de roupa. Elas são explícitas e antibíblicas. Mas me sinto bem com isso. Não estou tentando salvar pessoas. Meus amigos sabem disso."

"Então o que você está tentando fazer?", perguntei.

"Defender a Bíblia", disse ela. "Quando olho para Adão e Eva, vejo a mim mesma. Sinto-me tentada, assim como Eva foi tentada. Mas não quero cometer os mesmos erros que ela. Isso se reduz, em última análise, a honrar a Deus e não honrar o mundo. Se eu fizer isso, estarei satisfeita, porque é aí que minha real felicidade reside."

JOHN MARK COMER sobe ao palco da Reality LA Church, bem perto do Hollywood Boulevard, no coração do West Los Angeles, lugar da moda. Mal tendo completado trinta anos, usa uma roupa condizente com o bairro – jeans pretos justos de marca, camisa azul-marinho para fora da calça – e é bonito como um integrante de uma boy band, o cabelo castanho revolto raiado com mechas louras. "Não é pintado, eu juro!", diz ele sem jeito, quase pesaroso. Lembra um pouco Kevin Bacon em *Footloose*.

Na realidade ele é um pregador, e um pregador fundamentalista ainda por cima, o líder da segunda geração de uma florescente comunidade cristã no centro de Portland, Oregon, chamada Bridgetown. Uma igreja que, entre outras coisas, tem o website religioso mais descolado que já vi. Ele veio para dar um seminário sobre o assunto que mais preocupa seus seguidores: a maneira cristã de compreender o sexo.

John Mark pede às centenas de *millennials* na plateia que abram suas Bíblias em Gênesis 1. "Se vocês tiverem o livro, usem-no. Se não, abram seus aplicativos." Ele começa lendo a história de Adão e Eva e rapidamente faz três coisas que não espero. Primeiro, caçoa do público, observando o quanto a cidade deles é diferente do Éden. "Vocês chamam aquela vala de concreto de rio? Precisam nos visitar em Portland", diz ele. Em seguida, faz uma piada sobre a evolução. A frase que Adão diz para passar um cantada em Eva – "Ela se chamará mulher" – é sem graça, diz ele. "Continuem evoluindo, caras." Finalmente conta como perdeu a virgindade.

John Mark aponta para sua mulher, Tammy, uma alegre morena de cabelos ondulados sentada na fileira da frente, e diz que com eles foi amor à primeira vista. "Sei que soa brega, mas é verdade!", diz, e você acredita. Ele tinha dezoito anos. Os dois se conheceram numa festa. Dentro de dias,

Aquele olhar nos olhos deles

John sabia que ela era sua alma gêmea. "Um amigo falou: 'Cara, você nem saiu com ela!'"

Mas a eletricidade era tudo com que sempre sonhara, disse ele, e logo estavam noivos. "Os pais dela queriam que esperássemos até que eu fizesse 21 anos, por isso nos casamos na noite do sábado seguinte", contou. "Isso lhes dirá tudo que precisam saber sobre minha personalidade."

John Mark e Tammy eram virgens quando se casaram, continuou ele. "Isso significa que nossa primeira noite foi *muito divertida*. Desajeitada, mas divertida." Na lua de mel eles foram assistir a *Romeu e Julieta*. "Mais ou menos na metade da peça, na parte superdeprimente, minha mulher virouse para mim e cochichou: 'Quer sair daqui e fazer amor?' A resposta para essa pergunta é sempre sim!" O filho deles, Jude, nasceu no ano seguinte.

No entanto, o casamento deles logo azedou. John Mark é introvertido, explicou ele, além de ser determinado, muito nervoso e melancólico. "Geralmente não sou uma companhia muito divertida", disse ele, embora você não acredite nisso. Tammy é extrovertida, a alegria da festa. "Um dia estávamos andando de carro, ouvindo rádio, e começou um anúncio de eHarmony", disse ele. "'Opostos se atraem, depois se atacam'. Estiquei o braço e desliguei o rádio. *Embaraçoooso*."

John Mark se deu conta de que não tinha ideia de para que servia o casamento, contou. "E não estou sozinho. Nos últimos anos, neste país, tivemos um debate vulcânico, apaixonado, sobre para *quem* é o casamento. Mas o chocante é que discutimos muito pouco para *que* serve o casamento – além de dedução fiscal e seguro-saúde, o que é ótimo, mas não suficiente. Vim aqui hoje para falar sobre por que precisamos de companhia, por que temos amor e por que o sexo saudável, prazeroso, é essencial para ambos."

A severa teologia antissexo que o cristianismo adotou na esteira de Agostinho foi poderosa, mas não universal. Aspectos pró-sexualidade sobreviveram nas margens da sociedade eclesiástica durante toda a Idade Média. Um exemplo foi uma seita de libertinos que, segundo consta, realizavam assembleias com todos nus e eram conhecidos, em homenagem ao homem nu original, como "adamitas".

Com o tempo, essa abertura ficou mais próxima da corrente principal. O filósofo do século XVIII Jean-Jacques Rousseau rejeitou a ideia de pecado original e disse que os impulsos do corpo são inerentemente bons. Os românticos do século XIX ajudaram a legitimar o desejo sexual como um caminho para a realização individual. E, é claro, no século XX Freud ajudou a tornar a sexualidade uma obsessão central da vida moderna. O "núcleo" do amor consiste em "amor sexual, com a união sexual como objetivo", escreveu Freud. O amor, que foi antes uma maneira de servir a Deus, agora se tornou uma maneira de servir a si mesmo. O sexo, que por um longo tempo foi mau aos olhos do cristianismo, tornou-se agora um modo de as pessoas expressarem quem são.

Por um longo tempo o cristianismo organizado combateu essa sexualização da vida pública – e muitos líderes ainda o fazem. Não é difícil encontrar vozes proeminentes pregando contra a promiscuidade, a prostituição, a pornografia, o sexo pré-marital. Clérigos usaram um grande número de passagens bíblicas para argumentar contra a igualdade dos sexos e para dizer que a homossexualidade é ruim. Mas muitos líderes situam as origens de suas crenças especificamente no Jardim do Éden, em especial na compreensão de que as mulheres devem ser as auxiliares dos homens, que o sexo só é santificado entre um homem e uma mulher e, portanto, somente dentro do casamento, e que o corpo após a Queda é inerentemente sujo.

Mais recentemente, contudo, uma eloquente minoria de líderes cristãos disse: "Parem! O que vocês vêm fazendo há séculos não está funcionando." John Mark Comer é uma dessas vozes. Esse movimento do qual ele faz parte não é particularmente bem organizado, ele me disse, mas é real. O que os participantes têm em comum é a determinação para mudar a forma como a Igreja fala sobre sexo. Eles estão comprometidos a fazer isso sem sacrificar suas crenças. E estão concentrados em agir de maneira compatível com a Bíblia.

Depois do seminário, conversei com John Mark sobre o que inspirou sua cruzada sexopositivista. "Temos inúmeros jovens em nossa igreja", disse ele. "Não é a faixa etária que você esperaria, especialmente para uma igreja mais conservadora." Dois terços de seus membros são solteiros e têm

Aquele olhar nos olhos deles

entre dezoito e 28 anos. "E eles estão apenas tentando descobrir como é viver numa cultura obcecada por sexo e tomar decisões sobre relacionamentos, namoro e amor. Essa se tornou a questão número um com que eu estava lidando."

E ele encontrou pouca ajuda na Igreja, contou-me, que em geral evitava a conversa. "Quando meu pai fundou nossa igreja, nos anos 1970, ele não lidava com essas questões", disse John Mark. "Mas minha geração cresceu em meio às consequências sociológicas e psicológicas do divórcio. Do meu ponto de vista como pastor isso foi catastrófico. Temos um grande número de jovens instruídos, inteligentes e bem-sucedidos que não sabem o básico sobre como estar em relacionamentos porque cresceram com pais instruídos, inteligentes e bem-sucedidos que eram um desastre em relacionamentos.

"A Igreja", continuou ele, "em vez de preencher o vazio, ficava em silêncio, ou porque 'Não falamos sobre esse tipo de coisa' ou porque nossa linguagem era remanescente da Idade Média." Em consequência, os jovens recebiam suas mensagens da cultura em geral, disse ele, e são sobre fazer o que parece certo.

"O que estou tentando é contar uma história alternativa", disse ele. "Por um tempo longo demais a mensagem da Igreja sobre sexo foi 'não' – 'Não se masturbe', 'Não transe', 'Não faça sexo com muitas pessoas', 'Não veja pornografia'. Quero orientar com o 'sim'. Quero mostrar que na Escritura a sexualidade é criada por Deus como uma experiência bela, afirmativa. É mais do que apenas uma brincadeira para adultos. São dois corpos, duas almas fundindo-se como uma."

O primeiro exemplo, em seu esforço, são Adão e Eva.

"Em Gênesis 1 e 2", disse John Mark, "se conseguirmos ir além da conversa da serpente e tudo isso, vejo a mais profunda, reveladora, iluminadora narrativa que explica quem somos. Se ela é histórica ou não, não me importa. Para mim é uma parábola, da mesma maneira como Jesus era um mestre das parábolas.

"E a mensagem básica", disse ele, "é que a intenção criadora de Deus é que vivamos em relacionamentos e apaixonados." O companheirismo é parte da razão, disse ele. Deus não quer que sejamos sós. Construir comunidades é parte disso.

"Mas a coisa que faz todo o empreendimento de Deus funcionar é o sexo", disse ele. "Aquele trecho no fim de Gênesis 2 deixa isso claro. 'O homem e a mulher estavam nus e não se envergonhavam.' Não há nenhum tremor, nenhuma tensão, nenhum conflito. Eles eram amigos, sim; eram parceiros. Mas eram também amantes. Deus criou o sexo porque é ele o segredo que mantém os relacionamentos."

Essa é a essência do apelo de John Mark: a ordem de Deus para a humanidade – ter filhos, criar nações, construir sociedades – depende de relacionamentos, os quais, por sua vez, dependem de amor, o qual, por sua vez, depende de sexo. Parem de transformar o sexo em inimigo quando ele é tão claramente a intenção de um Deus relacional, disse ele. Foi Deus quem criou os seres humanos à sua imagem para serem eles mesmos relacionais. John Mark chega a ponto de culpar Agostinho por oprimir a Igreja com uma teologia segundo a qual o prazer é mau. "Com humildade e respeito", ele me disse, "atribuo de fato muitos dos maiores erros da Igreja a Agostinho."

Há limites para até onde um pregador fundamentalista pode ir. A mensagem positiva de John Mark sobre sexo só se aplica a casais que já estão casados. Ele aconselha os jovens, como fez naquela noite, a resistir ao sexo antes do casamento, a se afastarem de situações tentadoras que poderiam comprometer essa decisão (inclusive beijos) e a resistir à inclinação a brincar de Deus e fazer suas próprias regras. Ele é contra o divórcio. É contra a pornografia. Acredita firmemente que a Igreja precisa acolher melhor qualquer pessoa que esteja envolvida nessas atividades, mas sua aceitação da sexualidade tem limites.

Ainda assim, como meu objetivo não era explorar o que diferentes grupos religiosos dizem sobre sexualidade, mas discernir que papel Adão e Eva poderiam desempenhar na vida contemporânea, a visão centrada no Éden de John Mark foi uma revelação. Adão e Eva, durante séculos o símbolo de uma campanha movida por cristãos tradicionais para fazer da sexualidade o inimigo de uma vida santa, podiam agora ser usados pelos

Aquele olhar nos olhos deles   131

mesmos como o símbolo de uma vida santa. John Mark pode não falar por todos os cristãos conservadores, mas o fato de falar por algum é um sinal de que até os conservadores estão dispostos a se adaptar às concepções morais cambiantes de seus seguidores.

Ainda mais intrigante é a possibilidade de que a sexualidade, por décadas causadora de uma divisão entre progressistas e tradicionalistas, crentes e não crentes, viesse a ser outra vez uma fonte de conexão compartilhada. Adão e Eva, em vez de ser para-raios no debate sobre o corpo humano, poderiam novamente se tornar ancestrais comuns.

Mae West, em outras palavras, pode ter vencido.

E por que não?

A história de Adão e Eva, como aparece no Gênesis, celebra a sexualidade. No fim de Gênesis 1, depois que cria homem e mulher e lhes ordena "sede férteis e multiplicai-vos", Deus declara o que fez "muito bom". No fim de Gênesis 2, depois que Deus conduz o homem para se unir com a mulher e os dois se tornam "uma só carne", a história declara que eles estavam nus e felizes. Antes da Queda, Adão e Eva compartilham corpo, alegria e objetivo.

"Deus é um Deus do prazer", disse-me John Mark. "Sexo tem a ver com criação, e também com recreação. Ocorre que 'sede férteis' é uma ordem realmente divertida de obedecer." E ele insiste que o que está fazendo não é descobrir uma nova interpretação; ele está apenas recobrando o que esteve lá o tempo todo.

Então como isso é recebido por esse rebanho?

"Há três reações básicas", disse ele. "Para pessoas que cresceram em igrejas conservadoras que têm essa culpa católica ou vergonha fundamentalista remanescente, é libertador. É ouvir que sexo é bom, é parte do que você é, e pode ser uma coisa bonita.

"Para aqueles que cresceram fora da Igreja, cuja alma está em mau estado porque foram promíscuos ou são viciados em pornografia, cujo coração está destroçado e cuja moralidade está em ruínas, para eles é como conduzi-los através de um tratamento radical e em direção a um nível mais elevado de florescimento humano.

"E para a terceira categoria, pessoas que de certo modo são crentes, mas que ainda não estão realmente no barco, minha mensagem é algo que não se ouve com frequência no extremo conservador da Igreja: não é que o que estamos dizendo é certo versus errado; é melhor versus não tão bom. Se você tenta viver dessa maneira, entrará em contato com algo que é atemporal, enriquecedor e verdadeiro."

"E quando você acorda numa das partes mais badaladas do país", disse eu, "num epicentro de juventude e tecnologia, e prega que algo tão antiquado quanto Adão e Eva pode lhes ensinar alguma coisa sobre suas vidas, eles reviram os olhos ou sua fala encontra ressonância?"

"Ah, encontra enorme ressonância", disse ele. "Recebo montes de e-mails, mensagens e postagens de pessoas que dizem que essa revelação moldou sua jornada emocional. Posso apenas concluir que, em nosso mundo viciado no eu, há uma fome de acreditar que algumas coisas são tão eternas que permanecem inalteradas desde o Jardim do Éden."

"E o sexo é uma dessas coisas?"

"Cento e dez por cento."

6. A outra mulher

O lado sombrio do amor

NA PRIMAVERA DE 1927, Ernest Hemingway, que acabara de publicar seu primeiro romance de sucesso, casou-se com Pauline Pfeiffer, uma escritora rica do Meio-Oeste. Os dois passaram uma prolongada lua de mel em Le Grau du Roi, um pequeno porto pesqueiro na França, onde jantavam, bebiam, nadavam e pescavam, enquanto à tarde ele escrevia. Hemingway conhecera Pauline dois anos antes em Paris numa festa a que ele comparecera com sua primeira mulher, Hadley Richardson. Os três tornaram-se íntimos, e Pauline frequentemente acompanhava o casal em férias. Isto é, até que Hadley, a mãe do filho de dois anos de Hemingway, soube que seus companheiros de viagem estavam tendo um caso e insistiu no divórcio.

Vinte anos mais tarde, e nessa altura já divorciado de Pauline, depois de tê-la traído, Hemingway começou a escrever um romance inspirado nesses acontecimentos. A trama gira em torno de um escritor americano que acabara de publicar seu primeiro romance de sucesso e estava passando a lua de mel com sua rica esposa em Le Grau du Roi até que um caso desfaz seu casamento.

Hemingway trabalhou no romance de maneira intermitente durante uma década, reunindo incômodas 1.200 páginas. Mas nunca ficou inteiramente satisfeito com ele, e o livro ficou inacabado na época em que ele se suicidou, em 1961. Vinte e cinco anos depois, o romance foi ressuscitado por seu espólio, reduzido em dois terços e publicado postumamente, provocando sensação internacional e críticas díspares. Um filme foi feito a partir dele.

O nome do romance: *O Jardim do Éden*.

Os paralelos com o Jardim do Éden original são tão inesperados quanto pervertidos. Le Grau du Roi é um paraíso separado do resto do mundo. David e Catherine, os personagens que representam Hemingway e a mulher, vivem no início uma fusão delirante. Os dois até compartilham uma conexão andrógina depois que Catherine decide cortar o cabelo como o de David.

Mas logo os recém-casados passam por uma mudança psicossexual que torna sua ligação com Adão e Eva ainda mais intrigante. Primeiro, Catherine se transforma numa figura perversa, masculina; em seguida essa persona masculina faz investidas sexuais contra David; finalmente, Catherine começa a dormir com Marita, uma jovem que eles acabam de conhecer.

Então o que está acontecendo aqui? David, o clássico dublê de Hemingway, é claramente modelado em Adão, mas Catherine não é modelada em Eva. Em vez disso, seu molde vem de uma figura diferente. O intruso na união de Adão e Eva de que há tanto tempo se fala, o símbolo do desvio sexual que tenta destruir o Éden do primeiro casal, o súcubo demoníaco que obscureceu os primeiros homem e mulher quase desde o momento em que a história foi contada.

Catherine é Lilith. E você não pode compreender completamente o que acontece no Jardim do Éden, o relacionamento entre Adão e Eva ou o verdadeiro significado do amor, a menos que a enfrente.

Você não pensou que Adão e Eva poderiam sobreviver todos esses anos sem um escândalo sexual, pensou?

Desde que existem histórias de harmonia romântica, existem as de aberração sexual. O mesmo pode ser dito dessa que foi a primeira das histórias de amor. Sob alguns aspectos, é estranhamente reconfortante que, por trás da história exceto por isso decorosa, encontre-se um sórdido lado oculto de infidelidade, fantasia e intriga.

Para os judeus, a ideia era que Adão teve uma primeira mulher chamada Lilith, cujo domínio sexual tornou-se tão ameaçador para sua masculinidade que ela fugiu para o deserto e se tornou uma perseguidora que

A outra mulher

sequestrava bebês. Para alguns cristãos, o demônio adotou a cabeça de uma mulher e a cauda de uma serpente para envolver Eva num enredo homoerótico. Para quase todos, ao que parece, nada podia ser tão idílico quanto parecia para Adão e Eva no Éden.

Tinha de haver um outro lado da história.

Na realidade, o conceito da mulher perigosa, sobrenatural, é anterior à Bíblia. O mundo antigo estava cheio de contos de demônios femininos ou deusas insanas. Na Mesopotâmia, fulgurantes deusas maternais eram obscurecidas por deusas horríveis, ameaçadoras, modeladas na "mãe má" que ignora ou prejudica seus filhos indesejados. Na Suméria essas criaturas eram chamadas de "donzelas escuras". Na Síria, "voadoras numa câmara escura".

Um escritor babilônio descreve uma delas como tendo a cabeça de um leão, o corpo de um asno e o uivo de um chacal. "Enraivecida, furiosa, aterradora, violenta, voraz, agressiva, má, maliciosa, ela derruba e destrói tudo que se aproxima", diz o texto. "Onde quer que apareça, ela causa mal e destruição. Homens, animais, árvores, rios, estradas, construções, ela causa mal a todos eles. Um monstro comedor de carne, sugador de sangue é o que ela é."

Os mesopotâmios não estavam sozinhos. Os gregos tinham Lâmia, uma amante rejeitada de Zeus cujo fantasma acossa bebês e os devora. Os romanos tinham um grupo de demônios femininos sugadores de sangue e raptores de bebês chamados Estriges, ou "corujas noturnas". "São aves ávidas", escreveu Ovídio. "Voam por toda parte à noite./ Saem em busca de crianças quando sua ama está ausente./ Carregam-nas./ Maltratam seus corpos com suas garras."

O nome Lilith ficou associado a essa figura já em 2000 a.C., na *Epopeia de Gilgamesh*, que a qualifica como uma "donzela que grita constantemente" e "que rouba a luz". É sob esse nome que ela faz uma aparição na Bíblia, embora muito longe do Jardim do Éden. O Livro de Isaías, ao descrever um deserto inóspito, diz que chacais e corujas ali viverão, lobos selvagens do deserto ali se encontrarão com hienas, "e Lilith também repousará ali". O fato de nenhuma apresentação adicional ser feita sugere que nenhuma apresentação era necessária. Todos já sabiam quem era Lilith.

Saltando para a tradição judaico-cristã, Lilith se espalhou rapidamente. No período romano tardio, seu nome começa a aparecer em tigelas mágicas que eram usadas para proteger mulheres grávidas contra demônios que roubavam bebês. No Talmude, Lilith é considerada uma predadora sexual que furta o esperma dos homens e dá à luz crianças diabólicas. "Um homem não deveria dormir sozinho na casa, porque todo aquele que dorme só será atacado por Lilith."

Finalmente, por volta do século IX, Lilith entra na história de Adão e Eva. Um texto metade em aramaico, metade em hebraico, chamado Alfabeto de Ben-Sira, dá a Lilith seu papel duradouro: a primeira mulher de Adão. O texto explora o fato de que a primeira e a segunda histórias da criação parecem ser diferentes e inventa uma explicação: Adão foi casado antes de Eva.

A história começa com um eco direto do Gênesis. Deus cria Adão, depois observa sua tristeza. "Não é bom que o homem esteja só." Deus então modela uma mulher com terra e a chama de Lilith. Imediatamente os dois começam a brigar – não a propósito de conhecimento, fruto, ou qualquer outra coisa que aparece na Bíblia. Eles brigam por causa de sexo, especificamente a propósito de quem fica por cima.

"Não me deitarei debaixo de você", diz Lilith.

"Não me deitarei debaixo de você", responde Adão. "Só ficarei por cima. Pois você está destinada a ficar na posição inferior, ao passo que eu estou destinado a ser superior."

Lilith retruca: "Somos iguais, porque fomos ambos criados a partir da terra."

Adão se recusa a voltar atrás.

Eles não se ouvem (um casal com o qual podemos nos identificar!), Lilith pronuncia o nome mágico de Deus e voa para o mar Vermelho. Deus envia três anjos para trazê-la de volta, mas ela os repele. "Deixem-me! Fui criada para o único fim de fazer mal a crianças." Cada dia, cem crianças morrerão pelas mãos dela, ela jura. A única coisa que a impedirá será ver

A outra mulher

o nome de Deus num amuleto. A história conclui: "É por isso que escrevemos seu nome num amuleto para criancinhas. E quando Lilith o vê, ela se lembra de seu juramento e a criança é salva."

Como qualquer malignidade, depois de contaminar Adão e Eva, Lilith nunca se afastou realmente. No mundo judaico, o medo da feiticeira demônio multiplicou-se exponencialmente. Esse crescimento pode ser rastreado pela explosão do número de amuletos pendurados por mulheres em toda parte de suas casas, uma tradição que ainda perdura. Há amuletos anti-Lilith à venda no Etsy.*

A ideia de uma mulher diabólica que ameaçava o primeiro casal apareceu no cristianismo por volta dessa mesma época. Em vez de se concentrar na relação de Adão com essa figura, porém, os cristãos se concentraram na relação de Eva com ela.

Não muito depois do Alfabeto de Ben-Sira, uma nova imagem entrou na arte cristã: a serpente com cabeça de mulher. O Gênesis não faz nenhuma menção de que a serpente tenha qualidades femininas, e a representação da serpente como mulher está ausente do primeiro milênio da arte cristã. De repente, porém, por volta do século X, a serpente assume os traços de uma mulher – e de uma atraente loura, ainda por cima.

Um escritor medieval explicou que o demônio escolheu se aproximar de Eva como mulher porque "os semelhantes se atraem". A serpente pode ser vista com características femininas na catedral de Notre-Dame em Paris, na capela Brancacci em Florença e, em sua aparição mais famosa, na capela Sistina. No terceiro painel da sequência da criação de Michelangelo, a serpente não tem apenas a cabeça de uma mulher, mas também ombros, braços, seios, nádegas e joelhos. De fato, a pele translúcida da serpente, o torso largo e o nariz pontudo apresentam impressionante semelhança com Eva.

Qual é então a origem disso? Estudiosos identificaram um grande número de possíveis fontes, de víboras a sereias, mas distinguiram uma que parece particularmente intrigante: Lilith. O que faria sentido por causa do

---

* Site de comércio eletrônico especializado em itens feitos à mão e material para artesanato. (N.T.)

momento: a serpente com cabeça de mulher era desconhecida antes do Alfabeto de Ben-Sira. Além disso, sabemos que artistas cristãos se inspiraram intensamente em comentários judaicos. A fusão do arquétipo da mulher rejeitada com o da tentadora satânica parece inevitável.

Como quer que o salto para o cristianismo tenha começado, a presença de Lilith em escritos cristãos só cresceu. No *Fausto* de Goethe, Mefistófeles descreve Lilith como a primeira mulher de Adão: "Cautela com a formosa trança./ Que unicamente a enfeita até os quadris." Quando com ela Lilith "alcança algum mancebo", continua o Demônio, "tão cedo não larga a sua presa". Todo mundo, de Flaubert a Victor Hugo, Keats e Coleridge, usou versões da tentadora misteriosa em seus escritos. No século XX, Lilith havia se tornado tão estreitamente enlaçada em outras mulheres outsiders – fadas, sereias, bruxas – que nunca mais pôde ser desvencilhada.

O que explica a persistência dessa ideia?

"A dualidade de luz e escuridão, oficial e não oficial, o que deveríamos ser e o que queremos ser, está no cerne da civilização", disse Esther Perel, a famosa psicoterapeuta e autora de *Sexo no cativeiro*, um estudo do erotismo. Fui visitá-la em seu consultório em Manhattan para discutir por que essa história de inconformismo sexual paira sobre o primeiro casal.

"Se todo mundo fantasiasse apenas ficar deitado o tempo todo com seu parceiro num leito de rosas, não estaríamos enfrentando dificuldades", continuou ela. "Mas o fato é que as pessoas cobiçam, querem, aspiram a toda espécie de coisas que não fazem parte de sua identidade ou de seu sistema de crenças. É por isso que essas histórias perduram. Elas fornecem uma válvula de escape para pensamentos não convencionais."

"Você afirma que isso é parte da civilização", disse eu. "Mas eu pensava que era função da civilização manter essas ideias afastadas."

"Sim, mas nós temos o superego e o id", ponderou ela. "Há o código de conduta, o controle social, a ideia de civilização. Mas além disso há o instinto, os anseios animalescos, os impulsos incontroláveis. Essa é a questão central de *O mal-estar na civilização*, de Freud. Você precisa ter um sistema

A outra mulher

que contenha ambos, do contrário estaríamos todos frequentando orgias clandestinas o tempo todo."

Mencionei que o que me parecia interessante nessa subcorrente de escuridão no Jardim do Éden era quão igualmente ela estava distribuída. Adão tem seu flerte e sua oportunidade para fantasia em Lilith, ao passo que Eva tem seu flerte e sua oportunidade para fantasia na serpente. Homem e mulher têm ambos luz e escuridão dentro de si.

"E, no entanto, nenhum deles sucumbe", disse eu. "Eles terminam a história juntos."

"Porque é assim na vida real", disse ela. Esther está escrevendo um livro sobre infidelidade, e contou que sua pesquisa confirma esse padrão. Mais da metade dos relacionamentos que envolvem traição sobrevive.

Esses casais caem em três grupos, disse ela. O primeiro ela chama de os "suplicantes", os que engolem o veneno, vivem com ressentimento e desconfiança, levando a transgressão para o centro do relacionamento. O segundo são os "sobreviventes", aqueles que consideram a experiência um estado temporário de insanidade e retornam ao modo de vida anterior. O terceiro, os "exploradores", consideram o caso como um catalisador que lhes permite ser mais abertos e sinceros um com o outro.

"Qual deles é Adão e Eva?", perguntei.

"Acho que Adão e Eva são o número três", disse ela. "Porque eles se gostam. Eles não estão juntos apenas porque é o certo a se fazer. Estão juntos porque se amam. E acho que compreendem por que fizeram o que fizeram, e estavam dispostos a aprender com isso."

"Então o que podemos aprender com eles?"

"O que é relevante nessas histórias não são os detalhes", disse ela. "É o conceito. E o conceito nesse caso é que todos temos dentro de nós uma tensão dinâmica entre ordem e caos, bom e mau. Aceitar isso não significa que precisamos exterminar o casamento. E, sim, que precisamos ter bom senso suficiente para abraçar contradições, nos reencontrar e fazer as pazes."

É PRECISAMENTE ESSA contradição que Hemingway explora em *O Jardim do Éden*.

Desde sua mais tenra infância, Hemingway experimentou elasticidade de gênero. Sua mãe, que era obcecada por gêmeos, vestia o jovem Ernest com roupas idênticas às de sua irmã mais velha, Marcelline, nascida dezoito meses antes dele. Algumas vezes eles se apresentavam como meninos, outras como meninas. O cabelo de Ernest era anelado e batia nos ombros, para que ambos ficassem parecidos. No álbum de família chamavam-no de "menina do verão".

"A certa altura, porém, em sua infância paradisíaca", escreveu um biógrafo, Hemingway "acordou para a situação em que sua mãe o colocara. … Ele se viu vítima de traição muito antes de saber como chamar isso." Durante toda a vida Hemingway referiu-se à mãe como "aquela megera".

Já adulto, Hemingway não pôde escapar de questões sobre sua sexualidade. Embora pensemos nele como um paradigma da masculinidade do século XX, um Marlboro Man com uma caneta, os amigos tinham dúvida sobre sua orientação sexual. Gertrude Stein chamou-o de "amarelo" em *A autobiografia de Alice B. Toklas*, um rótulo que Hemingway teria interpretado como "afeminado" ou "bicha", e o escritor Max Eastman observou que ele parecia "se sentir sempre na obrigação de apresentar provas de vigorosa masculinidade". Todo o balanço de seus ombros e a altivez de sua prosa não podem mascarar o fedor de "usar pelo falso no peito".

Alguns dos homens e mulheres mais famosos de Hemingway fundem seus gêneros. Os amantes de *Adeus às armas* deixam seus cabelos crescer "iguais", falam de ficar "inteiramente misturados" e fazer sexo com o homem na "posição feminina". Os amantes de *Por quem os sinos dobram* são tão próximos que se sentem como se tivessem se fundido. "Eu sou tu e tu és mim e um inteiro é o outro", diz um deles. "Se tu algum dia desejares mudar, eu ficaria feliz em mudar."

Toda essa latência saltou à vista em *O Jardim do Éden*.

No início do livro, os recém-casados David e Catherine estão no paraíso. "Depois de fazer amor eles comiam e bebiam e faziam amor de novo.

A outra mulher

Era um mundo muito simples e ele nunca tinha sido verdadeiramente feliz em nenhum outro." Mas como no Alfabeto de Ben-Sira, a história logo toma um rumo perverso. Certa tarde Catherine volta com o cabelo *à la garçonne* e, à noite, na cama, transforma-se, como um lobisomem, num homem sexualmente agressivo chamado Peter que reivindica David como amante. "Sou uma moça. Mas agora sou um rapaz também e posso fazer qualquer coisa, qualquer coisa e qualquer coisa", diz ela/ele. "Vou fazer amor contigo para sempre."

Catherine está por cima, de todas as maneiras imagináveis, e de início, ao menos, David se submete. Ele até corta e tinge o cabelo para ficar igual à sua subitamente assertiva esposa/marido.

"Dave, você não se importa se tivermos ido para o inferno, não é?", pergunta ela.

"Não, moça", responde ele.

"Não me chame de moça."

"Onde eu a estou segurando você é uma moça."

Hemingway conhecia a história de Lilith, dizem seus biógrafos, a partir do poema de 1869 "Eden Bower", de Dante Gabriel Rossetti. Além disso, ele estava fazendo uso de imagens andróginas que remontam a milhares de anos, a *O banquete* de Platão, e, é claro, ao primeiro capítulo da Bíblia. Mas isso não foi muito compreendido na época. Críticos conjecturaram que a narrativa *gender-bending** de Hemingway teria sido tão escandalosa em 1946 que o medo da reação pode ter sido a razão pela qual ele nunca publicou o romance.

Ainda assim, apesar de toda a experimentação sexual no livro, a tradição triunfa no fim. Como na história subjacente, a luz prevalece sobre a escuridão. Mal Catherine se transforma em Peter e começa a conduzir David para o lado sombrio, aparece uma mulher mais adequada para mantê-lo no caminho certo. Hemingway, um convertido para o catolicismo, chama essa heroína mais convencional de Marita, pequena Maria.

---

* Narrativa em que a representação dos papéis de gênero é não tradicional ou andrógina. (N.T.)

E que perfeita ajudante ela é. Marita é dócil, é agradável, até lê o que ele escreve e lhe dá um retorno positivo, algo que Catherine, que ele chama de "diabo", nunca faz.

Finalmente Catherine, assim como Lilith, foge para se dedicar a costumes diabólicos. No final do romance, ela retorna uma última vez ao Éden e se instala no quarto que compartilhara com David. Nessa noite ele vai visitá-la.

"Podemos começar de novo?", pergunta Catherine.

"Acho que não."

"Então por que veio aqui?"

"Este é o meu lugar", diz ele.

"Nenhuma outra razão?"

"Pensei que você poderia estar se sentindo só."

"Eu estava."

"Todo mundo está só", diz David.

Os caprichos sexuais podem dar voltas e mudar, mas a verdadeira mensagem do Éden nunca morre.

HÁ MAIS UMA IRONIA na relutância de Hemingway em publicar *O Jardim do Éden* durante a vida: pelo menos no que dizia respeito à sua sedutora demoníaca, Hemingway estava apenas alguns anos à frente de seu tempo. Nas décadas posteriores à morte do escritor, Lilith experimentou uma extraordinária ressuscitação. Por muito tempo fonte de repugnância, ela se tornou subitamente fonte de orgulho.

Para compreender essa parte da história, fui para o norte de Connecticut passar um fim de semana com um pequeno grupo de estudantes que integrava um movimento maior dedicado a resgatar o respeito à tradição de mulheres outsiders. Na manhã de uma sexta-feira de verão excepcionalmente fria, cerca de quatro dúzias de mulheres, cujas idades variavam de 25 a setenta anos, apertavam-se numa tenda no terreno do Isabella Freedman Jewish Retreat Center.

A outra mulher

As mulheres representavam uma série extraordinariamente diversa de formações, incluindo doulas, dançarinas, poetas, ambientalistas e empresárias, e uma gama igualmente ampla de identidades de gênero e orientações sexuais, incluindo gays, heterossexuais, transgêneros, bissexuais e assexuais. Fiquei sabendo disso porque cada uma se apresentou e descreveu o que a levara ali. Quando chegou a minha vez de falar, houve uma pausa constrangedora. Eu era o único homem.

"Sou um cisgênero, heteronormativo, circuncidado, *bar mitzvah*, judeu de quinta geração do Sul dos Estados Unidos", disse eu.

Para meu completo alívio, houve risos.

A rabina Jill Hammer abriu a sessão da manhã. Ela estava sentada de pernas cruzadas em frente a um pequeno altar. "Hoje quero falar sobre um dos demônios mais famigerados da história", disse ela. "Seu nome é Lilith, e ela encarna os aspectos da escuridão, o terror e o escapismo que todos carregamos dentro de nós. E também representa todas nós que não queremos ser 'boas meninas'."

Jill é uma mulher pequena, com cabelo levemente grisalho, muito longo, sobre o qual usa um solidéu de crochê. Ela parece o tipo de figura etérea que poderíamos ver ilustrada na capa de um romance fantástico para jovens adultos. É também extremamente instruída, com PhD em psicologia social, uma ordenação pelo Jewish Theological Seminar e um emprego na Academy for Jewish Religion, um seminário rabínico pluralístico em Yonkers, Nova York, no qual ensina direito religioso.

Em seu tempo livre, Jill passou mais de uma década preparando mulheres para conduzir rituais religiosos, do batizado de um bebê a funerais. O truque: ela não prepara as alunas para serem membros da classe eclesiástica, rabinas ou preladas. Ela as prepara para serem sacerdotisas. Especificamente, ela mistura práticas religiosas tradicionais com rituais espirituais naturais, como reverência pelas estações, adoração da Lua e celebração do ciclo mensal da fertilidade.

"Três semanas atrás realizei o casamento de uma amiga no deserto da Califórnia", explicou-me uma das sacerdotisas. "O casal queria um acontecimento intergaláctico, no planalto desértico, que pudesse agradar tanto aos pais do noivo, do Meio-Oeste, quanto a diretores executivos e curandeiros de cristal. Eu disse: 'Parece um trabalho para uma sacerdotisa!'"

Em todos os anos em que estive viajando nas pegadas de histórias bíblicas, uma coisa me impressionou mais que qualquer outra: os extraordinários poderes que a Bíblia tem de se regenerar. Não importa o que esteja se passando no mundo, essas histórias, as mais recentes delas com milhares de anos, têm a assombrosa capacidade de se reinventar, de se tornar absolutamente urgentes hoje. Em grande parte, isso ocorre porque o texto atrai um interminável elenco de devotos e entusiastas que se incorporam nos personagens e encontram significado em seus temas.

Jill Hammer é um exemplo perfeito. Embora venha de uma tradição teológica, espiritual e cultural diferente de John Mark Comer, ela tenta, de muitas maneiras, algo semelhante. Está se esforçando para angariar seguidores que, de outro modo, poderiam se distanciar da religião organizada e encontrar uma maneira de mantê-los envolvidos. Em seu caso, o grupo a quem está se dirigindo seriam os candidatos ideais para uma espiritualidade muito em voga, não denominacional, de forma livre. *Não sou religioso; sou espiritual.* Sua mensagem: não abandonem a religião; não abandonem o rigor; não abandonem a Bíblia.

Jill teve o que ela chama de uma criação judaica burguesa na Nova York rural, onde o pai era dentista e a mãe uma refugiada de guerra alemã. Incapazes de ter filhos, eles adotaram Jill. "Minha adoção teve profundo impacto em meu desejo de procurar figuras maternas", disse-me ela.

Após se casar e receber seu PhD, Jill envolveu-se em prática religiosa tradicional, mas com tendência feminista. "Comecei a conduzir trabalhos usando pronomes femininos e o nome feminino para Deus, *Shekhinah*", disse ela. Certo dia uma professora visitante deu uma palestra em que disse ser imoral usar tal tipo de linguagem. Jill opôs-se a ela, mas a mulher se recusou a voltar atrás. À noite Jill teve um sonho.

"Eu estava num coquetel, e todos se agruparam esperando o convidado de honra", explicou Jill. "O convidado de honra vinha a ser Deus, que era

A outra mulher

uma radiante e fulgurante mulher grávida. Ela tinha longos cabelos cor de mel, seios, barriga, a coisa toda."

Jill ficou exultante. "Saí empurrando para me sentar perto dela e comecei a lhe contar todas as coisas que pensava sobre Deus e gênero. Ela achou tudo muito engraçado. Em seguida, ela pegou uma lanterna de ferro, apagada, entregou-a para mim e... eu acordei." Jill virou-se para o marido, deitado a seu lado na cama: "Deus me deu uma lanterna, e não sei o que fazer com ela."

"Puxa, você está em apuros", disse ele.

No dia seguinte ela se inscreveu na escola rabínica.

No seminário, Jill sobressaiu nos aspectos mais esotéricos do direito judaico, mas ficou horrorizada com seu androcentrismo. Durante um ano de estudo em Israel afeiçoou-se ao legado de honrar a terra, construir altares e usar outras formas de culto que tinham sido excluídas da prática diária. Ela também se divorciou e começou a namorar uma baterista chamada Shoshana.

"Shoshana me deu um website de presente e disse: 'Vá atrás disso'", contou Jill. Ela organizou um encontro experimental de mulheres num fim de semana para que explorassem sua espiritualidade. No último dia, todas se reuniram numa caverna, através da qual corria um rio. Havia velas por toda parte.

"Shoshana estava tocando bateria", disse Jill. "Eu desci a escada e senti: 'Meu Deus, era isso que nossos ancestrais queriam dizer com ritual.'"

Junto com uma colega, Taya Shere, Jill fundou um instituto de sacerdotisas chamado Kohenet, usando a variação feminina de *kohen*, ou sacerdote. Elas planejaram um currículo intensivo preparatório de três anos para exercer um grande número de papéis espirituais que mulheres desempenharam ao longo dos séculos, de parteira a contadora de histórias ou feiticeira.

"E deixe-me contar", disse Jill. "Alcançamos um sucesso além de nossos sonhos mais loucos." As quarenta mulheres que tinham se formado até então haviam conduzido preces, celebrado casamentos, escrito livros, feito partos e ajudado outras a abraçar o sagrado feminino em suas vidas.

"Essas mulheres testemunham uma realidade apenas parcialmente revelada na Bíblia e em outros textos sagrados", disse Jill. "Sacerdotisas são parte de nossa história. Agora elas são parte de nosso futuro também."

À noite seria realizada a cerimônia de formatura da quarta turma, e nessa manhã acontecia a última sessão. Várias ex-alunas estavam presentes. Jill distribuiu alguns textos medievais, junto com fotografias de amuletos de prata. Ela chamou especial atenção para um que dizia: "ADÃO E EVA: FORA LILITH."

"O que isso evidencia", disse ela, "é que sempre houve um aspecto ameaçador da sexualidade feminina. Adão e Eva eram 'in'; Lilith era 'out'. Precisamos falar mais abertamente sobre a ânsia que temos de esconder nosso poder."

As mulheres responderam em coro: "Hummm", "Uhu" e "É isso aí".

No fim da discussão, Jill apresentou uma dúzia de potes cheios de pedras e contas. Malaquita representava esperança e gravidez; jaspe, força de vontade e energia sexual; e assim por diante.

"Essa seria uma boa ocasião para vocês fazerem um amuleto pessoal em resposta à nossa conversa", disse Jill.

A IDEIA DE QUE Lilith, uma figura maligna por séculos, poderia de algum modo em apenas um século passar de "out" a "in" é uma notável reviravolta e representa uma enorme mudança em como a história de Adão e Eva é compreendida. A pergunta mais comum quando contei às pessoas que estava escrevendo sobre Adão e Eva foi se eu estava também escrevendo sobre Lilith.

Hollywood desempenhou um papel decisivo nisso. Desde os primeiros anos do cinema, os nomes "Lilith", "Lil" ou "Lola" foram dados a mulheres de sexualidade desenfreada. Mae West fez seu maior sucesso na Broadway em 1928 com *Diamond Lil*, que se tornou filme em 1933.* No ano seguinte, Jean Harlow representou Lil em *A mulher parisiense dos cabelos de fogo*, um

---

* *She Done Him Wrong*, exibido no Brasil com o título *Uma loira para três*. (N.T.)

filme tão controverso que foi tirado de circulação. Em *O parceiro de Satanás* (1958), Lola é uma empregada do demônio que canta "Whatever Lola Wants, Lola Gets";* Lil dirige um bordel em *Uma certa casa em Chicago...* (1969), é uma prostituta em *A ilha do adeus* (1977) e dona de um bar em *Show Bar* (2000). Nas sitcoms *Cheers* e *Frasier*, Lilith é a gélida psiquiatra que primeiro namora, depois se casa e mais tarde engana seu colega psiquiatra Frasier Crane. Até o desenho animado infantil *Os anjinhos* (1991-2004) tem uma Lil que come minhocas e bebe água da privada.

Dois dos maiores astros de Hollywood abordaram diretamente a história. Em *A vida íntima de Adão e Eva* (1960), Mickey Rooney é o diabólico Nick, que está brigando com a mulher, Lil. Quando se deparam num ônibus para Las Vegas com um outro par em conflito, Ad e Evie, os dois casais trocam de parceiros. Segue-se uma elaborada sequência onírica que reencena a história do Jardim do Éden que choca a todos, fazendo-os recobrar o juízo. O filme termina com Ad e Evie unidos novamente e esperando um bebê.

No filme de 1964 *Lilith*, Warren Beatty é Vincent, um veterano de guerra que arranja um emprego num sanatório psiquiátrico, onde se apaixona por Lilith, uma esquizofrênica representada por Jean Seberg. A sexualmente onívora Lilith dorme com uma paciente, acaricia um rapaz e confessa estar tentando seduzir o irmão. Depois que um médico adverte que doença mental pode levar pessoas a agir como aranhas predatórias, Lilith tece para Vincent um cobertor com o próprio cabelo. Lilith é uma figura de tamanha devassidão sexual que consegue ser mais licenciosa que Warren Beatty!

Um momento ainda mais relevante na ressuscitação de Lilith ocorreu num lugar muito menos conhecido. Em 1972, o retiro Grailville, em Loveland, Ohio, sediou uma das primeiras conferências de mulheres na teologia. Entre as palestrantes estava Judith Plaskow, uma nativa de Long Island que cursava pós-graduação em teologia em Yale.

"Todos os professores em meu programa eram homens", disse-me Judith durante o almoço perto do Manhattan College, onde ela leciona estudos religiosos. "Todos os livros e artigos eram escritos por homens."

---

* "Tudo que Lola quer, Lola consegue." (N.T.)

Judith se juntou a um pequeno número de colegas para dar início ao primeiro encontro de mulheres jamais realizado na American Academy of Religion. Elas também começaram a promover conferências, como a de Loveland, onde discutiam de que forma introduzir a experiência das mulheres no estudo da religião.

"Elevação da consciência é realmente como experimentamos o mundo", disse ela. "O exercício foi construído em torno do que chamamos de 'experiência *yeah, yeah*', da canção dos Beatles. Alguém dizia que tinha lido um artigo escrito por uma mulher e visto sua vida refletida ali, e todas murmuravam com aprovação: *'Yeah, yeah.'* Uma outra contava que assistira a uma palestra e de repente um pedaço de sua vida se encaixara de uma nova maneira, e todas diziam: *'Yeah, yeah.'* O momento *'yeah, yeah'* é como nos tornamos irmãs."

No último dia da conferência, Judith retirou-se para o quarto e escreveu uma história com o intuito de amarrar a miríade de temas ali discutidos. "Tive a impressão, como em nenhum outro texto que escrevi, que fui um canal", disse-me ela.

O que ela fez foi recontar a história de Lilith. Começa de maneira bastante convencional, com Deus formando Adão e Lilith, igualmente, a partir da terra. Mas Adão, querendo tornar Lilith subserviente, diz: "Comerei meus figos agora." Lilith não tem nenhum interesse em ser a criada de Adão. Ela pronuncia o nome de Deus e sai voando.

Quando Adão se queixa a Deus dessa "mulher arrogante", Deus tenta abrandar sua solidão criando Eva. Adão e Eva se dão muito bem por algum tempo, até que Lilith ameaça sua tranquilidade. A mulher proscrita tenta romper os muros do jardim. Adão se apressa a reforçar as barricadas e diz a Eva que há um apavorante demônio vivendo do outro lado que ameaça mulheres grávidas e foge com seus filhos.

Da vez seguinte que Lilith faz um ataque fracassado, contudo, Eva a avista. *Ela não parece um demônio*, pensa. *É parecida comigo*. "A própria ideia atraiu Eva", diz a história. "Percebendo capacidades não desenvolvidas em si mesma", Eva sai em busca dessa outra mulher. Avista uma macieira na extremidade do jardim, sobe nela e se atira para o outro lado da cerca.

A outra mulher

Lilith está à sua espera. "Qual é a sua história?", perguntam uma à outra. Elas falam, riem, ouvem e choram, "até que o laço da irmandade cresce entre elas". De volta ao jardim, Adão e Deus estão preocupados com a ausência de Eva. Eles ficam ainda mais aturdidos quando ela retorna com a nova amiga, "repleta de possibilidades, pronta para reconstruir o mundo".

Nessa noite, no jantar de encerramento, Judith leu o que tinha escrito. "As pessoas ficaram extasiadas", recordou ela. "Uma pediu permissão para reproduzir o texto num livro. Outras me convidaram para dar palestras. Contei a história na primeira conferência sobre feminismo e religião e fui ovacionada de pé. As pessoas se reconheceram totalmente na narrativa. Nos termos atuais, ela se tornou viral."

A história de Lilith de Judith Plaskow é hoje amplamente considerada a efetivação do que poderíamos chamar de a segunda vinda daquela que foi por um longo tempo uma proscrita demoníaca. Da noite para o dia, Lilith, como símbolo da força feminina, tornou-se ícone do movimento feminista. Revistas receberam o nome dela. Óperas foram compostas em sua homenagem. E na mais improvável glorificação em 4 mil anos, o súcubo demoníaco que entrou pela primeira vez na história em encantamentos sussurrados junto aos rios da Babilônia tornou-se a imagem de um festival de música itinerante fundado pela cantora e letrista canadense Sarah McLachlan.

A Lilith Fair apresentou artistas do sexo feminino como Shawn Colvin, Queen Latifah, Emmylou Harris e as Indigo Girls. Os organizadores assim batizaram o evento, disseram eles, porque Lilith foi uma mulher que buscou igualdade e independência. Nem todos apreciaram a referência. O editor do jornal de Jerry Falwell censurou a feira por se associar ao que ele considerou ser a cultura do diabo.

"Lilith se acasalou com demônios e teve uma prole demoníaca de filhos", disse ele ao *Washington Post*. "Isso é perigoso, e os pais precisam saber."

A acusação de adoração do diabo surtiu o efeito contrário, é claro. Ajudou na divulgação. O evento arrecadou 16 milhões de dólares em sua primeira temporada, o máximo obtido por qualquer festival itinerante naquele ano.

Então o que Judith acha desse frenesi que iniciou?

"Parece muito divertido", disse ela. "De início pensei que era porque a história capturava o poder da elevação de consciência. Hoje acho que tem mais a ver com a reescrita da história da criação."

As pessoas se importam profundamente com Adão e Eva, continuou ela, e essa narrativa as levou a vê-los de uma maneira diferente.

"Lilith não é um demônio; é uma mulher autoconfiante que foi chamada de demônio por uma tradição que não sabe o que fazer com mulheres fortes. Ser forte era visto como ameaçador. Suponho que ajudamos a tornar isso interessante novamente."

SEIS HORAS DEPOIS da aula sobre Lilith, as nove mulheres da quarta turma de sacerdotisas do Kohenet entraram numa tenda precária para receber a ordenação. Elas usavam vestidos brancos longos e acessórios soltos: coletes turquesa, echarpes cor de terra, casacos iridescentes. Seus cabelos estavam trançados, em dreadlocks, presos em coques ou pendendo naturalmente. Algumas estavam descalças, outras usavam saltos, uma exibia fascinantes tênis de cano alto com luzes piscantes. Pareciam uma mistura de debutantes com um grupo de canto a capela no Burning Man.

A primeira formanda a se postar diante do altar de madeira e pedra narrou uma história da turma. A seguinte conduziu o público numa prece aos quatro elementos – fogo, terra, ar e água. Outra fez uma homenagem aos ancestrais.

Finalmente chegou a hora da ordenação formal. Uma por uma, Jill chamou as formandas ao altar e esfregou terra em seus pés. "De antes", disse ela. Taya esfregou óleo de unção na testa delas. "De cima." Shoshana pousou a mão em sua barriga. "De baixo." E o grande número de entes queridos reunidos na tenda gritou em uníssono: "E desse momento em diante. Você. É. Uma. Kohenet!"

Em seguida, quando todas se reuniam em torno de homus, cantalupo e chá verde, Jill relaxou num canto, brincando com a filha de oito anos. Eu pedi a ela que refletisse sobre a longa jornada que finalmente reunira Lilith e Eva.

"Toda a ideia de que Lilith não pertence ao paraíso é uma cisão com que muitos de nós não estamos mais dispostos a conviver", disse ela. "Lilith e Eva são realmente a mesma pessoa. Elas pertencem uma à outra. Essa é uma das coisas que estamos fazendo aqui. Estamos reunindo mulheres com suas sombras."

"Então os aspectos negativos de Lilith desapareceram?", perguntei.

"Não, eles não desapareceram. Nós os acolhemos. Veja, tenho uma Eva em mim. Sou uma mãe que se preocupa se o filho comeu e se tomou banho. E tenho uma Lilith em mim que quer fugir e escrever poesia e ficar com essas mulheres.

"Literalmente, estive correndo de um lado para outro entre as duas", continuou ela. "A questão é que quando dou ouvidos à minha Lilith, me esforço para brincar mais, e quando dou ouvidos à minha Eva, digo: 'Sabe de uma coisa, você precisa ser responsável. Fique fora dessa.'"

Perguntei o que ela diria a outras pessoas que lutam com tensões semelhantes.

"Que compartilhem a sua luta", disse ela. "Todos temos essa parte de nós que não podemos viver, ou sem a qual não queremos viver. Todos temos um pedaço de nós que quer fugir para Paris, ou que não teve filhos, que não gosta do emprego ou do relacionamento em que está. É por isso que precisamos de Lilith. Para nos lembrar do que teria significado fazer essas coisas. Lilith é nossa maneira de alimentar as fantasias. Ela é divertida, ela é sexy, é rebelde. Se não a tivéssemos, seríamos enfadonhos."

Deixei Jill para que se divertisse com a filha e saí da tenda. Parte de minha convicção de que Adão e Eva têm alguma coisa a dizer a relacionamentos modernos é baseada em Lilith. Hoje em dia, quase todo mundo tem um amor perdido. A ideia de que filhos virginais, que nem bem alcançaram a maioridade, são prometidos pelos pais e vivem felizes para sempre em relacionamentos paradisíacos pode ter sido ótima para séculos anteriores, mas dificilmente funcionaria em nossa época. Hoje em dia, a desilusão amorosa tornou-se parte indelével das narrativas do coração. Como psicólogos, amigos, garçons e horóscopos nos lembram, tropeçar às vezes miseravelmente no amor é uma precondição para ser posteriormente bem-sucedido.

Para mim, Lilith representa aquela parte de nós que tentou e fracassou no amor, que foi ferida, humilhada ou constrangida, era imatura, despreparada ou foi apenas a vítima de um momento inoportuno. Seja qual for a razão, todos nós temos amores passados que embora desaparecidos há muito ainda nos ligam quando menos esperamos, convidando-nos a nos lembrar deles nos momentos mais sombrios de dúvida, quando nossos amantes atuais, parceiros ou cônjuges estão deitados ao nosso lado na cama, se perguntando quem está telefonando.

E essas vozes do passado tornam-se parte de nossos relacionamentos presentes, as sombras que trazem significado e luz para as parcerias que se seguiram a eles. Se tivermos sorte, essas lembranças podem até nos fazer apreciar ainda mais o que temos hoje.

Em minha canção favorita de Garth Brooks, um homem, num encontro com sua esposa, depara-se com a namorada do ensino médio. "Meu Deus, como eu rezava toda noite para que ela fosse minha", ele recorda. Minutos após conversar com a ex-namorada, ele conclui que os tempos mudaram para ambos e que prefere sua mulher. "Algumas das maiores dádivas de Deus são preces não atendidas", canta ele.

A lição de Lilith é que o amor pode ter rachaduras e ainda assim ser forte. Podemos ter fantasias que nos afastam de nossos parceiros, mas ainda aceitarmos os benefícios que nos levam de volta para eles. Podemos ser como Adão e Eva, cada um ligado a suas memórias, indiscrições e amores passados, e ao mesmo tempo ainda optando por nos agarrarmos um ao outro.

7. Assunto de família

Somos os guardiões de nossos filhos?

EM DEZEMBRO DE 1821, Lord Byron, já um dos mais bombásticos e ousados poetas românticos, pediu a seu editor que encaminhasse uma cópia de seu último manuscrito para um amigo, o romancista sir Walter Scott. Byron escolheu o autor de *Ivanhoé* devido a sua conhecida reputação como defensor da fé. O objetivo do pedido era perguntar a Scott se ele se incomodaria se Byron dedicasse a nova obra a ele. Tratava-se de uma peça em estilo medieval intitulada *Caim*, e Byron, que na época morava em Ravena, estava preocupado com uma reação negativa à sua descrição da primeira família – Caim, Abel, Adão e Eva. Na realidade, Byron queria o aval de Scott para lhe dar cobertura.

Scott respondeu pronta e entusiasticamente. "Aceito, com sentimentos de grande obrigação, a lisonjeira proposta de Lord Byron de prefixar meu nome ao verdadeiramente grandioso e tremendo drama de *Caim*." Prosseguindo, ele comentou sobre a obra de seu amigo mais jovem: "Não tenho conhecimento de que sua Musa jamais tenha alçado um voo tão alto", e acrescentou: "Ele certamente se igualou a Milton em seu próprio terreno."

De fato, na Inglaterra do início do século XIX, Byron fazia parte de uma tendência ao escrever sobre Caim e Abel. Samuel Taylor Coleridge, Percy Bysshe Shelley e William Blake empreenderam obras importantes sobre os primeiros filhos, sua rivalidade e a perturbadora relação entre violência e fé. Os escritos, todos eles considerados de certa forma respostas a *Paraíso perdido*, eram ao mesmo tempo inventivos e, num mundo em que a religião mantinha forte controle sobre o discurso público, controversos.

Byron foi considerado o maior ofensor. Sua peça começa com Caim se recusando a oferecer preces a Deus devido a como seus pais foram tratados no Éden. Vendo uma oportunidade, Lúcifer intervém e se oferece para mostrar ao insatisfeito Caim o futuro, que está cheio de morte e destruição. Deprimido pelo que vê, Caim desconta a frustração em seu piedoso irmão, ferindo-o acidentalmente de morte. Consolado por sua mulher, Caim compreende que é o guardião do irmão e deve trazer seu espírito sensível de volta para o mundo.

A peça de Byron foi atacada por uma série de pecados, de excluir Deus a glorificar um assassino. Mas as críticas eclipsaram o que era verdadeiramente belo na obra, pungente até: a maneira como ele deu vida à dor dos pais de Caim em reação à disputa dos filhos.

"Quem, ou o quê, praticou esse ato?", pergunta Adão ao descobrir o filho assassinado. "Fala, Caim, e diz que não foste tu!"

"Foi", grita Eva. "Eu o vejo agora – ele baixa sua cabeça culpada e cobre seus olhos ferozes com mãos encarnadas."

Furiosa, Eva renega o próprio filho: "Eu o amaldiçoo de minha vista para sempre." Depois, numa exclamação que todos que têm filhos podem entender, ela geme: "Ó, morte! Morte! Por que não *me* levaste?... Por que não o fazes agora?"

Um aspecto frequentemente negligenciado de Adão e Eva é que eles não foram apenas parceiros, amantes, pecadores e inquiridores. Foram também pais. Os primeiros pais – encarregados, antes de qualquer outra pessoa, de aprender a amar os filhos à medida que aprendiam a se amar um ao outro. Mas numa história que se tornaria demasiado familiar entre seus descendentes, seus filhos se revelam não ser apenas muito engraçados e cheios de alegria. Eles são também competitivos, irascíveis, abomináveis e adoráveis, tudo ao mesmo tempo. Em outras palavras, são seres humanos com mente e instintos próprios.

Como Adão e Eva aprenderam a aceitar isso, lidar com isso e até superar isso, especialmente em face do mais horrível desfecho que pais podem imaginar, é parte central de sua história. Que tenham sido capazes de fazer todas essas coisas, ao mesmo tempo em que mantinham, e aprofundavam, seu relacionamento um com o outro, pode ser a maior de todas as realizações.

Assunto de família 155

Após considerar incontáveis iterações de Adão e Eva ao longo dos anos, eu diria que uma coisa me entristeceu mais que qualquer outra: quão pouca atenção é dada ao que acontece com eles depois que deixam o Éden. Isso inclui a Bíblia, que cobre os novecentos anos restantes da vida deles em menos de uma centena de palavras.

Alguns comentadores fazem observações de passagem sobre o fato de eles terem tido filhos, outros dizem uma ou duas frases sobre sua morte, mas em geral isso é tudo. Nenhuma discussão a respeito de como sobreviveram no deserto, nenhuma reflexão sobre que tipo de pais eles foram e como conseguiram permanecer juntos durante todos aqueles anos no exílio. É como se a literatura sobre Adão e Eva fosse o mais antigo exemplo de preconceito etário: só nos preocupamos com vocês enquanto são jovens.

Em certo sentido, isso é compreensível. Adão e Eva já serviram à sua função principal na narrativa, e o texto está impaciente para passar ao grande número de personagens, histórias e lições que se seguem. A Bíblia não é uma biografia, é uma antologia moral. Mas essa lacuna tem uma consequência: ao se afastar de Adão e Eva assim que eles deixam o paraíso, o texto contamina nossa visão. Somos tentados a ver somente suas falhas, não sua determinação e resiliência, e certamente não o persistente compromisso que eles demonstram um para com o outro.

O que Adão e Eva conseguem durante esses anos é uma revelação. O que ocorre depois que o casal sai do jardim é o mais comovente, o mais emocionante e, em última análise, o mais ilustrativo exemplo do que significa manter um relacionamento duradouro. Deixar o Éden pode ter empurrado Adão e Eva para mais longe de Deus, mas os indícios sugerem que os tornou mais próximos um do outro – o que pode ter sido a intenção de Deus o tempo todo.

Antes de considerar o que aconteceu com o primeiro casal durante esses anos, temos de voltar ao que os levou a serem expulsos, para começar. Comer o fruto os aproximou de muitas maneiras – lembre-se de toda a linguagem sobre o fato de terem se tornado "dois" –, mas ainda alienou Deus. Mal se cobriram com folhas de figueira, Adão e Eva ouviram o som de seu criador "passeando no jardim quando soprava a brisa vespertina". Na superfície, a linguagem é bastante inocente. Deus, que até agora demonstrou apenas mãos, subitamente manifesta pés e um gosto por passeios agradáveis nos momentos favoráveis do dia. Quem poderia se ressentir de uma divindade que quer admirar suas criações?

No entanto a implicação para Adão e Eva é ameaçadora. É como se uma trilha sonora como a de *Tubarão* estivesse ecoando através das árvores. Deus sabe que foi desobedecido e está procurando obter ardilosamente um acerto de contas. Adão e Eva estão com medo. Eles se escondem "entre as árvores". *Não aí*, temos vontade de gritar, *cercados por todas as provas!* Adão e Eva são como crianças (ou adultos de dieta, aliás), que apanhados com a mão no pote de biscoitos se escondem depressa atrás da prateleira.

"Onde estás?", chama Deus.

O texto diz que ele fala somente para o homem, o que é curioso considerando-se que foi a mulher quem comeu primeiro. Talvez ele não esteja zangado, afinal de contas, e esta seja meramente uma visita social. Adão e Eva não têm essa ilusão. Podemos quase ver seus débeis sorrisos quando saem de trás das árvores, partículas da polpa do fruto ainda presas em seus dentes, gotas de suco ainda escorrendo por suas faces.

"Oh, olá! Que surpresa agradável. Estávamos falando de você agora mesmo."

Adão, as mãos cobrindo insatisfatoriamente sua virilha, rapidamente balbucia uma desculpa: "Ouvi teu passo no jardim e, vendo que estava nu, tive medo; por essa razão me escondi!"

Surpreso ao ver que Adão está constrangido por causa de sua aparência, Deus responde: "E quem te fez saber que estavas nu? Comeste, então, da árvore que te proibi de comer?"

Se você chegou até aqui, pode adivinhar o que acontece: Adão cria coragem, aceita a responsabilidade por suas más ações e faz tudo que está em seu poder para proteger seu verdadeiro amor? Nem pensar. Adão culpa Eva. "A mulher que puseste junto de mim; ela me deu do fruto da árvore e eu comi." Pior do que apenas acusar Eva, Adão também culpa parcialmente Deus, comprometendo-o por ter posto a mulher a seu lado.

Deus se volta então para Eva e lhe pergunta o que aconteceu. Tendo aprendido com Adão a responsabilizar outra pessoa, ela prontamente acusa a serpente: "A serpente me seduziu e eu comi", diz. Diferentemente de Adão, que apenas descreve o que aconteceu, ela tenta justificar explicando que havia uma forte razão para o que fez.

Nem Adão nem Eva mentem para Deus; nem contam inteiramente a verdade. Eles de fato não comeram porque foram forçados a fazê-lo; comeram porque quiseram. E gostaram disso.

O que vem a seguir está entre as partes mais polêmicas de toda a história. Deus distribui três pronunciamentos. Primeiro para a serpente, depois para a mulher, depois para o homem. Alguns observadores os veem como punições; outros, como ações de certo modo benéficas para os destinatários, pelo menos os humanos. Apenas a declaração da serpente é chamada de "maldição". A serpente é informada de que será condenada acima de todas as espécies, obrigada a rastejar sobre seu ventre e forçada a comer pó. Além disso, Deus diz que criará inimizade entre a prole da serpente e a da mulher. Porque Eva e a serpente antes confiaram uma na outra, seus descendentes desconfiarão uns dos outros para sempre.

A Adão é dito que o solo será endurecido pelo que ele fez, e ele terá de trabalhar arduamente para dele arrancar seu sustento. "Com o suor do teu rosto comerás o teu pão." Em seguida vem a frase icônica que leva o ser humano de volta para o lugar de onde veio e que ouvimos em funerais ainda hoje: "Pois tu és pó e ao pó retornarás."

Eva recebe o pronunciamento mais curto, mas que gerou o mais longo debate:

Multiplicarei os sofrimentos de tuas gravidezes;
na dor darás à luz filhos,
teus desejos te impelirão para teu marido,
e ele te dominará.

Estas linhas foram usadas por tanto tempo para justificar a opressão das mulheres que é difícil lê-las sem ser através dessa lente. Críticos contemporâneos, porém, tentaram com algum sucesso. Sobre a primeira metade desta frase, por exemplo, considera-se com frequência que ela se refere às dores do parto, mas alguns estudiosos acreditam que ela diz mais precisamente "aumentarei tua labuta", como em qualquer tipo de trabalho, e teus "partos", como em gestações. Em outras palavras, trabalharás arduamente em tua vida e terás muitos filhos, não trabalharás arduamente *para* ter filhos.

A segunda parte, sobre teu marido tendo "domínio" sobre ti, foi mais difícil de justificar. Uma estudiosa feminista a qualifica de o maior desafio à igualdade em toda a Bíblia hebraica, embora acrescente que o alcance é limitado à atividade sexual, não sendo uma declaração geral referente a todos os aspectos da vida.

Apesar dessa sucessão aparentemente severa de declarações, vale a pena observar o que falta nelas: Deus não leva a cabo sua ameaça original. Adão e Eva não morrem. De maneira ainda mais impressionante, imediatamente depois que Deus emite suas sentenças, Eva renasce. A mulher que até agora foi chamada de "a mulher" finalmente ganha um nome. O texto diz: "Adão chamou sua mulher Eva, porque ela era a mãe de todos os viventes."

Ameaçada de morte, Eva se torna a fonte da vida. Manchada com a acusação de estragar a humanidade, Eva se torna a nascente da humanidade. Essa caracterização é a suprema descrição das mulheres no Gênesis, e ela vem por meio de Adão. O relacionamento deles, ao menos, sobreviveu à sua condenação.

A última coisa que Deus faz antes de banir Adão e Eva do jardim talvez seja a mais tocante de todas. Numa clara indicação de que não pretende abandonar suas criações depois que elas deixarem seu sagrado lar, Deus confecciona "túnicas de pele" para Adão e Eva e os veste. Logo após censurar suas primeiras criações, ele as envia para o mundo com sua bênção para que possam cumprir a ordem de "serem férteis e multiplicarem-se".

E eles o fazem. A linha imediatamente seguinte, a primeira de Gênesis 4, começa uma história radicalmente nova. Como no capítulo 3, essa história usa a sexualidade como uma fonte de união. O hebraico diz que Adão "conhece" sua mulher; a Nova Versão Internacional é mais romântica: Adão "faz amor" com sua mulher. Esse marco merece ser comemorado. Uma vez fora do jardim, eles enfrentam juntos o que Adão, dentro do jardim, enfrentara por si só: solidão.

Assunto de família   159

E eles reagem com intimidade. Em vez de serem desgarrados pelo deserto, Adão e Eva são unidos por ele. Cobertos por peles protetoras, eles as removem e se enrolam um na pele do outro. A poeta contemporânea Irene Zimmerman imagina Adão pedindo perdão a Eva nesse momento: "Sinto muito. Desculpe-me", diz ele. Confundida por essas palavras estranhas, Eva compreende "quando tocou as lágrimas dele".

Esse avanço interpessoal em face do terror existencial é o primeiro no que se tornará uma série de ocasiões semelhantes ao longo da Bíblia hebraica: o exílio, em vez de ser um beco sem saída da vida humana, é uma fonte de renovação. O mesmo acontecerá mais tarde com Abraão, ao deixar sua terra natal e ir para a Terra Prometida; com Jacó, ao deixar a Terra Prometida e ir para a terra do Egito; com os israelitas, ao deixarem a terra do Egito e irem para a terra do Sinai; e com os hierosolimitas, ao deixarem a terra de Judá e irem para a terra da Babilônia.

"Sê paciente e firme", disse Ovídio. "Um dia esta dor te será útil."

Como seria de esperar, a dor de Adão e Eva é recompensada: Eva logo dá à luz um filho. Na realidade, são dois filhos! Espere, são gêmeos?

A linguagem que a Bíblia usa para descrever o nascimento dos irmãos é incomum. Depois que Adão e Eva fazem amor, mas antes que Caim apareça, Eva declara: "Com a ajuda do Senhor, adquiri um homem." Está Eva sugerindo que Deus é o pai? Muitos comentadores acreditam que sim. Outros, tentando proteger Adão de ser a fonte da iniquidade de Caim, dizem que o Diabo deve ser o pai. Muitos outros, tentando proteger Eva, dizem que Caim nasceu de um encontro entre Adão e Lilith.

É a frase seguinte, porém, que introduz a ambiguidade sobre os irmãos. Falando de Eva, o texto diz: "Depois ela deu também à luz Abel, irmão de Caim." O nascimento de Caim é precedido por relações sexuais entre o primeiro casal; o de Abel não. Como nenhuma concepção é mencionada, muitos acreditaram que Abel devia ser gêmeo de Adão.

Seja qual for sua linhagem, o relacionamento dos irmãos é o primeiro de muitos na Bíblia que logo azedam. Caim torna-se agricultor e Abel, pastor. Ambos os irmãos fazem sacrifícios a Deus. Caim oferece frutas, Abel, suas melhores ovelhas. Quando Deus prefere o sacrifício de Abel, Caim fica exasperado. Ele chama o irmão para um campo, rebela-se e mata-o. Quando Deus pergunta ao filho primogênito o que aconteceu com Abel, Caim pronuncia uma das dez frases mais citadas da Bíblia: "Acaso sou eu o guardião de meu irmão?"

Talvez a primeira coisa a dizer sobre essa história seja a sua perspicácia. Nem um parágrafo depois que a vida da primeira família começou, já temos a primeira disfunção familiar. E não apenas do tipo brando que costuma se manifestar à mesa no Dia de Ação de Graças, mas da variedade devassa feita para séries de TV. E não sem razão. As estatísticas mostram que cerca de um quarto de todos os assassinatos são crimes em família, divididos de maneira aproximadamente igual entre assassinatos de cônjuges, assassinatos de filhos e assassinatos de um membro da família por outro. Oito entre dez desses assassinos são homens. Embora a presença de fratricídio na abertura do Gênesis não possa ser motivo de celebração, a Bíblia mais uma vez acerta.

Mas qual é exatamente o motivo de Caim? Há duas teorias dominantes. A primeira é que a disputa é por causa de seus meios de vida. Abel nasceu em segundo lugar, mas sua profissão, pastorear ovelhas, é mencionada primeiro, sugerindo que Deus prefere errantes a agricultores. Essa preferência pode ser vista ao longo de toda a Bíblia.

A segunda teoria é que Caim e Abel disputavam uma moça. Isso explora um dos mais peculiares e duradouros enigmas bíblicos: quem foi a mãe dos filhos de Caim? Depois que Caim mata Abel, ele, assim como os pais, é enviado para o exílio, onde tem seus próprios filhos. Considerando-se que a Bíblia não menciona o nascimento de nenhuma mulher, quem é a mãe deles?

Desde os primeiros dias da Bíblia, comentadores debateram acaloradamente essa questão. A resposta mais popular é que Adão e Eva tiveram uma filha; em algumas versões ela é, de fato, gêmea de Abel. O Gênesis Rabbah, por volta do século V, inclui a história de que essa irmã era objeto de um triângulo amoroso. Caim anuncia: "Eu a terei, porque sou o primogênito"; Abel responde: "Devo tê-la porque nasceu comigo." A vantagem

Assunto de família

dessa teoria é que ela desvia a culpa de Deus por demonstrar favoritismo e atribui a responsabilidade pela briga diretamente aos irmãos.

Mas embora todos, de sacerdotes a poetas, gostassem de conjecturar sobre o que aconteceu entre Caim e Abel, praticamente ninguém parece ter se interessado muito pelo que aconteceu entre seus pais quando receberam a aterradora notícia. Quando você de fato considera essa questão, o que encontra é ao mesmo tempo surpreendente e profundo – e digno de uma parábola bíblica só sua.

DESDE O INÍCIO da peça *Caim*, de Lord Byron, a relação entre Adão e Eva e o filho mais velho é tensa. Caim menospreza os pais, acreditando que eles perdoaram Deus fácil demais por expulsá-los do Éden. "Meu pai está subjugado", diz ele. "Minha mãe esqueceu a mente que a fez ansiar por conhecimento apesar do risco de uma maldição eterna."

Adão e Eva, enquanto isso, estão preocupados porque Caim é temperamental e egoísta. Quando todos os membros da família prestam homenagem a Deus no início da peça, Caim se abstém. "Por que estás em silêncio?", pergunta Adão. "Por que eu deveria falar?", responde Caim. "Não tens nada para agradecer?", pergunta seu pai. "Não", responde Caim.

A relação fraturada entre pais e filho torna-se a força propulsora de todo o drama e, de fato, a razão pela qual a família acaba destruída. Como os melhores intérpretes, Byron explora um filão muitas vezes ignorado na história bíblica a fim de chamar atenção para uma verdade mais ampla: ter filhos é difícil.

"Ter um filho é uma das mudanças mais súbitas e dramáticas na vida adulta", escreve Jennifer Senior em *All Joy and No Fun: The Paradox of Modern Parenthood*. Futuros pais tendem a pensar que ter um filho vai lhes proporcionar alegria ilimitada e eterno contentamento, mas a realidade é quase sempre o oposto. Uma das descobertas mais persistentes das ciências sociais é que ter filhos é surpreendentemente prejudicial para os pais, para seu sentimento de felicidade e autoestima e para seu relacionamento mútuo.

Isso começa no parto. Décadas de pesquisa mostram que bebês costumam enfraquecer, mais do que fortalecer, relacionamentos. Eles fulminam recursos, dizimam o sono e reduzem o sexo. Pais passam a detestar tanto cuidar de seus filhos que o ganhador do Nobel de economia Daniel Kahneman descobriu que a tarefa de cuidar das crianças se classificava em 16º lugar numa lista de dezenove coisas que os pais têm prazer em fazer, atrás até das tarefas domésticas. Oitenta e três por cento dos novos pais e mães experimentam "crise severa"; 90% sofrem um declínio na satisfação marital.

Esses números de fato se estabilizam após alguns anos, à medida que pais começam a enxergar muitos dos benefícios intangíveis de ter filhos. Ser pai ou mãe debilita felicidade, mas fortalece sentido e propósito. No entanto os números despencam de novo quando as crianças chegam à adolescência. Quase metade dos pais de adolescentes experimentam baixa autoestima, mais angústia e insônia.

Se esses jovens crescem para se tornar adultos que de alguma maneira ficam aquém das expectativas dos pais, seja por não encontrar uma carreira de sucesso, seja por não estabelecer relacionamentos saudáveis, o dano para esses pais pode ser crônico. Pais tendem a expressar sua frustração através de raiva e culpa, mães através de desapontamento e inquietação. Pais ficam mais perturbados por causa de fracassos na carreira, mães por causa de fracassos em relacionamentos.

Então o que tudo isso sugere sobre Adão e Eva?

Primeiro, embora ter dois meninos em rápida sucessão possa ter sido uma fonte de alegria para o casal, pode também ter sido uma fonte de estresse.

Segundo, qualquer rivalidade entre esses filhos teria certamente fomentado ansiedade para os pais.

Terceiro, papai e mamãe podem ter registrado esses sentimentos de maneiras diferentes, criando, assim, uma camada adicional de tensão entre eles dois.

Byron captura perfeitamente essa carregada ansiedade doméstica. Quando Adão e Eva descobrem Caim com sangue nas mãos, é Eva quem tem a reação mais belicosa. "Expulsa-o para o deserto, como nós fomos expulsos do Éden", grita ela. "Rompo todos os laços que nos unem." Adão a princípio tenta apaziguá-la, mas, como aconteceu com o fruto, logo se junta a ela. "Caim! Vá embora: não moramos mais juntos", diz ele. "Doravante sozinho – nunca mais devemos nos encontrar." Adão se volta tão violentamente contra o filho que está disposto até a retornar ao estado que nunca esperou revisitar: a solidão.

Ainda assim, por mais iluminador que seja o retrato de Byron, o que melhor me fez compreender a experiência de ser os pais de um assassino veio de uma fonte extremamente improvável.

SUE KLEBOLD ESTAVA em seu escritório no centro de Denver alguns minutos após o meio-dia de 20 de abril de 1999, quando recebeu um telefonema do marido, Tom. "Veja na televisão!", gritou ele. Sue entrou em pânico, incapaz de compreender. "O que pode estar acontecendo que é grande o suficiente para aparecer na TV?", pensou. No entanto, bem no fundo ela compreendeu. "Eu soube simplesmente pelo tom de sua voz que alguma coisa tinha acontecido com um de nossos meninos."

Tom relatou que estavam atirando em pessoas na Columbine High School, onde o filho deles, Dylan, cursava o último ano. Os atiradores usavam capas impermeáveis pretas, como a que Sue e Tom tinham comprado para Dylan, a pedido dele. O melhor amigo de Dylan, Nate, tinha acabado de ligar para Tom e dito: "Não quero assustá-lo. Mas conheço todos os garotos que usam capas pretas e os únicos que não consigo encontrar são Dylan e Eric." Tom saiu rapidamente pela casa, procurando a capa preta, convencido de que se a encontrasse Dylan estaria bem. Não conseguiu encontrar a capa, ele contou a Sue.

Ela desligou sem se despedir. Correu para o carro e começou a viagem de quase 42 quilômetros até sua casa, no confortável subúrbio de Littleton, Colorado. Lembrou que o filho saíra naquela manhã sem dizer para onde ia. "Dyl?", chamou ela, quando ele abriu a porta para sair. Ele respondeu com um abrupto e decidido "Tchau".

"Dizem que a vida passa subitamente na nossa frente quando morremos", recordou ela mais tarde. "Mas na viagem de carro para casa era a vida de meu filho que passava diante de mim."

Depois de chegar em casa, sua inquietação só se aprofundou. A equipe da Swat já estava lá para revistar o local. O casal, apavorado, ficou abraçado na entrada da garagem enquanto vizinhos se juntavam e helicópteros circulavam. O advogado de Tom telefonou para dizer que tinha falado com o xerife e os piores temores deles estavam confirmados: "Dylan era um dos atiradores."

"Como todas as mães em Littleton, eu estivera rezando pela segurança de meu filho", disse Sue. "Mas naquele instante eu soube que a maior misericórdia pela qual podia rezar não era a segurança dele, mas a sua morte."

Eu ainda não tinha filhos quando o massacre de Columbine aconteceu; não era nem casado. Estava apenas no início do que se tornaria uma paixão de décadas — tentar relacionar histórias bíblicas com o presente. E, durante a maior parte daquele tempo, se você tivesse me dito que algo tão horrível e aparentemente moderno, como a experiência de Sue e Tom com o filho, poderia iluminar algo tão antigo e arquetípico, como a experiência de Adão e Eva com o filho deles, eu teria zombado. Diferentemente de Caim, Dylan Klebold era um assassino em massa; ele usou armas semiautomáticas; tinha problemas mentais. Também encontrou em Eric Harris um cúmplice que era psicopata.

No entanto, a partir do momento em que ouvi a história de Sue — primeiro em entrevistas, depois em suas memórias extraordinariamente sinceras, *A Mother's Reckoning*, e finalmente numa troca de e-mails —, fiquei profundamente comovido com a universalidade de sua experiência, quão vividamente ela capturava os medos de todos os pais e como ela me ensinava muito mais sobre as possíveis reações do primeiro casal que qualquer outra coisa que eu tinha visto. Ao contá-la, em todo seu horror, sem concessões, Sue criou inadvertidamente um notável *midrash* sobre uma das histórias menos compreendidas da Bíblia.

Uma das primeiras questões que Sue enfrenta, a começar já naquela noite, deve certamente ter sido a mesma que Adão e Eva enfrentaram:

Assunto de família   165

eles eram culpados? Os pais devem ser responsabilizados pelos crimes dos filhos? Nossa sociedade tende a dizer que sim. Maus filhos são maus devido às deficiências de sua criação. Os Klebold desafiam isso. Sue trabalhava com crianças deficientes; Tom era um pai que trabalhava em casa e levava o filho para jogar bola. Eles eram profundamente comprometidos.

O escritor Andrew Solomon, o primeiro a entrevistar os Klebold, disse que não queria gostar deles, "porque o custo de gostar deles seria um reconhecimento de que o que aconteceu não foi sua culpa". Aí, ele gostou muito deles. Das centenas de famílias que entrevistou, Solomon disse que a deles era aquela com a qual se relacionaria. Adão e Eva podem ter sido pais negligentes, mas o fato de Caim ter assassinado Abel não é prova disso.

A questão seguinte elucidada por Sue é aquela em torno da qual Byron constrói sua peça: Adão e Eva virariam as costas para Caim? Byron diz que sim, embora a Bíblia seja menos clara. Uma curiosidade da narrativa do Gênesis é que o assassino é muito pouco punido. Caim é obrigado a se exilar, mas, assim como os pais, ele parte com a bênção de Deus. Deus coloca nele um sinal para impedir que outros lhe façam mal. Caim pode não ser o guardião do irmão, mas Deus parece ser o seu. O texto silencia quanto à reação de Eva, mas esse silêncio sugere ao menos que eles não fazem objeção. Como poderia ser isso?

Sue oferece uma pista. Nos primeiros dias após o tiroteio, ela ficou assustada ao perceber que não parava de encontrar desculpas para justificar a ação de Dylan. O que quer que ele tivesse feito, Dylan ainda era "meu filho". Ela ficou furiosa por algum tempo, mas logo seu instinto maternal falou mais alto. "A raiva bloqueia o sentimento de amor", escreveu ela, mas "o amor continuava vencendo".

Afinal, talvez a conexão mais perturbadora entre os Klebold e Adão e Eva seja o que se revela ser a verdadeira motivação de Dylan. Meses após o crime, Sue e Tom, juntamente com os pais de Eric, tiveram acesso aos diários dos meninos. Sue ficou pasmada. As imagens mais comuns nas páginas de Eric eram cabeças decapitadas, corpos em chamas, moças sendo estupradas. Nas páginas de Dylan, enormes corações desenhados à mão. A palavra que ele usava com maior frequência ao escrever era "amor".

"Dylan escreve de maneira consternada e por vezes eloquente sobre seu desejo lancinante e irrealizado de amor romântico", recorda Sue.

Dylan, em outras palavras, estava se sentindo sozinho. E embora nada disso justifique sua violência, lança alguma luz sobre ela. Somente quando se sentiu só e rejeitada na esteira do crime, disse Sue, ela teve "alguma compreensão do que meu filho deve ter sentido ao ser marginalizado".

Todas essas conexões levam ao que talvez seja a maior de todas as questões: que impacto ter um filho assassino causou no relacionamento de Adão e Eva? Aqui os Klebold oferecem um exemplo. Casados há quase trinta anos, Sue e Tom tiveram reações diferentes à difícil situação. Embora "fôssemos fortemente ligados", disse Sue, "estava ficando cada vez mais claro que Tom e eu estávamos indo em direções opostas com nossa dor." Ela queria estar com outras pessoas e discutir o que aconteceu; ele preferia ficar só. "Eu queria escancarar as portas, e Tom queria ficar na defensiva", disse ela.

Pior, eles se concentravam em aspectos diferentes de seu sofrimento. Sue olhava para trás, revendo incessantemente lembranças de Dylan quando menino; Tom olhava para a frente, pensando em tudo o que Dylan nunca poderia fazer. Até que essas diferenças provaram-se insuperáveis. Quinze anos após o incidente, Sue e Tom se divorciaram.

"Terminamos o casamento para salvar nossa amizade", disse ela.

Então o que Adão e Eva podem tirar disso? Sue insiste que não quer ser uma mensageira. "Quem quer o conselho da mãe de um assassino?", pergunta ela. No entanto, apesar disso, ela transmite uma mensagem. Primeiro, o amor por um filho pode facilmente prevalecer sobre a fúria em relação a ele. Segundo, as diferentes reações que homens e mulheres têm podem condenar um relacionamento. Finalmente, a chave para a sobrevivência é descobrir um espaço seguro dentro de você mesmo.

Em suas memórias, Sue cita uma frase sobre pacientes de câncer que a inspira. "As pessoas que se saem bem criam um lugar na mente e no espírito em que estão bem, e vivem a partir desse lugar." É assim que

Assunto de família 167

se sobrevive ao que não se pode sobreviver, diz ela. Você habita naquela pequena parte, mesmo que isso signifique abrir mão de seu amante que quer viver em algum outro lugar.

TÃO TERRÍVEL QUANTO ser os pais de um filho assassino, Adão e Eva enfrentam também um outro fardo: seu segundo filho está morto. Para compreender como poderiam ter reagido a isso, dirigi duas horas rumo ao leste, de minha casa até o centro de Long Island, para comparecer a uma reunião especial do Compassionate Friends de Rockville Centre.

O Compassionate Friends é um de vários grupos dedicados a oferecer apoio e compreensão a pais enlutados. Segundo a organização, se somarmos partos de natimortos, a morte de filhos com menos de 21 anos e de filhos adultos, um em cada cinco pais experimenta a perda de um filho. A sede de Rockville Centre foi fundada por Elaine Stillwell, uma animada professora primária católica e mãe de três filhos, cujos dois mais velhos, Dennis, de 21 anos, e Peggy, de dezenove, morreram num acidente de carro em 2 de agosto de 1986. Sentindo que não tinha para onde se voltar, Elaine criou seu próprio grupo de apoio. Ela ainda promove reuniões todos os meses numa faculdade local.

"Os livros sobre o luto dizem que quando compartilhamos nossa tristeza dividimos a dor", diz ela. "Por isso que nosso lema é: 'Não é preciso caminhar sozinho.'"

Elaine convocou uma sessão especial num sábado à tarde para explorar algumas questões relacionadas à perda enfrentadas por Adão e Eva. Depois de nos sentarmos em círculo, ela começou, como de hábito, pedindo que todos se apresentassem. As declarações foram ao mesmo tempo prosaicas e aterradoras.

"Olá, meu nome é Diane. Meu marido, John, e eu perdemos nosso filho do meio, Mark, em 1998. Ele tirou a própria vida."

"Olá, meu nome é Denise. Meu marido e eu perdemos nosso único filho, Noah, em 2 de setembro de 2003. Ele morreu em decorrência da reação a um suplemento herbáceo."

"Olá, meu nome é Carol. Hoje faz um mês que perdi meu filho Darin."

"Olá, meu nome é Cecille. Minha filha Marianne tinha 35 anos quando morreu de câncer. Eu também perdi dois bebês prematuramente."

"Olá, meu nome é Helene e este é meu marido, Tim. Perdemos nosso único filho, Ryan, em 23 de julho de 2007. Ele caiu da carroceria de um caminhão quando trabalhava em seu emprego de verão."

"Olá, meu nome é Barbara. Perdi meu filho Eric há treze anos por abuso de drogas. Seu pai e seu irmão ficaram para chorar sua morte comigo."

Se não existem milhares de comentários sobre como Adão e Eva reagiram à morte de Abel, podemos dizer que há alguns. Os temas são notavelmente semelhantes às histórias que ouvi naquela tarde. O monge bizantino do século V Efrém, o Sírio, escreveu sobre a reação perplexa de Eva ao descobrir o filho massacrado. Foi, antes de mais nada, o primeiro caso de morte. "O que é essa estranha, insuportável visão? Abel, estás silencioso e não falas com tua mãe."

Na reunião do Compassionate Friends, os pais estavam tão atordoados pela morte dos filhos que não sabiam como lidar – às vezes por anos. Cecille, uma elegante aposentada cuja filha teve câncer, disse que se sentiu tão aflita que pensou em suicídio. "A depressão era tão imensa que pude compreender, pela primeira vez, como algumas pessoas podiam tirar a própria vida."

"Cada dia é difícil, especialmente no começo", disse Diane, que trabalhava com imóveis. "A solidão e o vazio são realmente muito intensos. Ir dormir e se levantar é mais do que impossível no primeiro ano, mas no segundo ano, acredite ou não, é mais difícil. No primeiro ano você está simplesmente em choque, mas no segundo você se dá conta de que seu filho não vai voltar."

Denise, uma dona de casa, disse achar as ocasiões felizes as mais difíceis – Dia das Mães, aniversários, festas de fim de ano. "A expectativa é igualmente penosa", disse ela. "Você vê a data destacada no calendário e ela se agiganta. Num minuto você está bem e no minuto seguinte começa a chorar."

Um sentimento comum que ouvi entre os que ali estavam é que perder um filho não é algo normal, por isso a experiência exige o aprendizado de

Assunto de família

uma linguagem inteiramente nova que é mais difícil de dominar que a da perda de um dos pais. Quando Adão e Eva encontram o corpo de Abel, ele está sendo velado por um cão que o protegia de animais selvagens. Sem saber o que fazer, os pais se sentam e choram, até que um corvo pousa a seus pés. "Vou ensinar a este casal o que fazer", pensa o corvo. Ele apanha uma ave morta ali perto, cava uma sepultura e enterra o cadáver. "Agirei como esse corvo", diz Adão. Então, ele faz o mesmo com o filho, inventando assim a tradição do enterro.

Os pais enlutados com os quais me encontrei falavam da insegurança em relação ao grau em que deviam rememorar seus filhos mortos. Barbara, cujo filho preferido morreu de overdose, usava múltiplos bótons e fitas com o retrato dele. No funeral, ela não parava de repetir: "Quem levou meu bebê, meu bebê?" Depois disso, tudo o que Eric havia tocado era sagrado para ela.

"Faz treze anos que Eric morreu", disse ela, "e seu quarto está como ele deixou. Jogar alguma coisa fora é como jogar fora uma lembrança." Ela pegou um grande urso de pelúcia que lhe dera quando menino, apoiou-o na cama e vestiu-o com um suéter e um boné de Eric. "Isso ajuda a me manter em contato", disse ela.

Esse desejo de permanecer em contato com um filho morto é intenso. No poema de William Blake, "The Ghost of Abel", uma Eva consternada vê o que ela chama de "Fantasma visionário" do filho perdido. "Eu O vejo claramente em minha Imaginação", diz ela. Quase todos os pais com os quais me encontrei tiveram uma experiência semelhante. Cecille ficou tão desiludida com sua fé católica que visitou um médium. "Eu ia à missa toda manhã e ainda assim não conseguia rezar", disse ela. "Um dia cheguei em casa e meu marido, Joe, disse: 'Eu a vi.' Olhei para ele, perplexa. 'Eu estava sentado na beirada da cama, e ela me deu um beijo na testa', disse ele."

Cecille e Joe procuraram um médium, e a primeira coisa que ele falou foi: "Vocês receberam uma visita. Ela quer que vocês saibam que ela está bem." "Ora, ele não tinha como saber isso!", contou Cecille. A experiência toda fortaleceu sua fé: "Foi um vislumbre do que nos disseram – que existe vida após a morte."

Todos na roda concordaram que perder um filho dificultou o casamento – pelo menos por algum tempo. Isso está de acordo com a tradição bíblica. No mais conhecido comentário sobre Gênesis 4, rabinos disseram que, depois da morte de Abel, Adão se absteve de ter relações sexuais com Eva por 130 anos. Durante esse tempo, ele se associou a vários espíritos femininos, inclusive Lilith. Diz-se que as filhas, segundo se acredita, que ele teve com Eva o teriam persuadido a voltar para a mãe.

"Perder meu filho quase custou meu casamento", disse Diane. "Nos primeiros meses, meu marido não conseguia mencionar o nome de Mark. Ele tentava fingir que estava tudo bem. Falávamos sobre tudo – exceto sobre Mark. Finalmente eu lhe disse: 'Eu não entendo. Você era um pai excelente.' Ele respondeu: 'Não falo sobre ele porque não quero perturbá-la.'" Já tínhamos perdido Mark, disse ela. O desafio era não perdermos um ao outro.

Então o que esses casais acreditam ser necessário para permanecer juntos depois de uma tragédia como essa? A resposta, unânime, foi que chegou um momento em que eles enfrentaram uma escolha do tipo faça ou morra. Como a Bíblia sugere, houve um período de separação, depois cada um teve de tomar uma decisão afirmativa de se comprometer novamente com o relacionamento. Tiveram de dar uma segunda chance ao amor.

"Antes da morte de Eric, minha vida era um conto de fadas", disse Barbara. "Depois virou um pesadelo. Meu marido era mais próximo do meu filho mais velho; eu era mais próxima de Eric. Então construí um jardim memorial. Tinha seu retrato em todos os cômodos. Tudo aquilo foi demais para o meu marido. Finalmente, eu lhe disse: "Você ficaria melhor sem mim." Ele pensou por um segundo e respondeu: "Ficarei com você do jeito que eu possa tê-la."

Tim e Helene, cujo filho, Ryan, estava estudando para ser pastor da juventude, falaram sobre como se sentiram distantes um do outro. O que os salvou, contou Tim, foi repensar sua compreensão do amor. "Antes eu achava que amor era o oposto de dor, assim como alegria é o oposto de tristeza", disse ele. "Agora compreendo que não podemos ter um sem o outro. Se você ama verdadeiramente a pessoa com quem está, aceitará

Assunto de família

tudo o que lhe acontece." Isso inclui problemas de dinheiro, doença e até a perda de um filho.

"Há uma razão pela qual Adão e Eva tinham de experimentar a morte de um filho", continuou ele, "e pela qual todos nós temos de continuar repetindo o padrão. É uma maneira de nos ensinar para que servem os relacionamentos. Eu nunca desejaria o que aconteceu conosco a ninguém, mas penso que isso nos fez compreender que nosso amor pode resistir a isso. E o mesmo se aplica a eles."

Os outros pais, seus companheiros de luto, aplaudiram.

ENTÃO TIM ESTÁ CERTO? O que aconteceu entre Adão e Eva com relação a seus filhos pode de alguma maneira nos ensinar algo maior sobre o amor? Terá o primeiro casal adquirido – ou mesmo intuído – alguma compreensão valiosa sobre relacionamentos de que poderíamos nos beneficiar quando enfrentamos nossas próprias crises, sejam elas grandes ou pequenas?

A resposta, eu acredito, é sim – e há dados que provam isso.

Shirley Murphy estudava para obter seu PhD em enfermagem na Universidade do Oregon em 1980 quando submeteu seu projeto de tese. Seu orientador dobrou-o na forma de um aviãozinho e lançou-o para o outro lado da sala. "Certamente você pode fazer algo melhor do que isso", disse ele.

Algumas semanas depois o monte Santa Helena entrou em erupção, matando 57 pessoas e ferindo outras dúzias. Da noite para o dia, Shirley foi incumbida do papel de conselheira de luto, especialmente para as muitas famílias que tinham perdido filhos. Havia pouca pesquisa e muita informação errada, disse-me ela. Havia encontrado o seu tema. Com uma bolsa de 1 milhão de dólares dos National Institutes of Health, Shirley passou a redefinir o campo da resposta parental a traumas.

A pesquisa de Shirley põe abaixo o mito mais persistente da perda parental: o divórcio é mais comum entre pais enlutados. Essa afirmação repetida com frequência simplesmente não é verdadeira, disse ela. Das 271 famílias que acompanhou por mais de 35 anos, somente um punhado se desfez. Dezoito outros estudos encontraram resultados semelhantes. Casais traumatizados enfrentam problemas – de raiva deslocada a menor intimidade –, mas conseguem resolvê-los. Como?

A resposta de Shirley é que eles escrevem uma nova história sobre suas vidas. Num estudo englobando 138 pais por cinco anos, Shirley descobriu que somente 12% tinham encontrado um novo significado após um ano. Esse número permaneceu inalterado após dois anos. Aos cinco anos, porém, o número saltou para quase 60%. O que acontece entre os três e os cinco anos que permite às vítimas começar a dar significado às suas vidas?

Primeiro, eles finalmente começam a aceitar o caráter definitivo de sua situação.

Segundo, começam a fazer o necessário trabalho emocional. Isso inclui ao menos uma coisa que Adão e Eva não poderiam fazer – frequentar grupos de apoio – e uma que poderiam ter feito – empenhar-se no *self-talk*, ou "diálogo interno". "Você tem de repetir muito: 'Tudo bem, vou superar isso. Preciso de distrações. Preciso de obrigações, mas posso fazer isso'", disse ela.

Terceiro, eles tendem a retornar ao que eram antes do trauma. "Se você não tem papas na língua, poderia ir aos tribunais, mudar a lei ou fundar grupos de defesa", disse ela. "Se é mais silencioso, poderia construir memoriais, acender velas ou depositar flores no túmulo." A coisa mais eficaz que sobreviventes de traumas fazem, disse ela, é escrever sobre a própria experiência. "Há algo no ato de expressar os sentimentos dessa maneira que o leva a acreditar que você pode controlar a dor. Você passa da ruminação ao enfrentamento", disse ela.

O famoso rabino Harold Kushner, que perdeu o filho de catorze anos para a progeria, uma doença que causa envelhecimento precoce, ilumina essa virada da degeneração para a regeneração em seu livro *When Bad Things Happen to Good People*. Tragédias, doenças e desastres naturais fazem parte da vida, escreve ele, embora não os devamos chamar de "atos de Deus". O verdadeiro ato de Deus é a coragem para reconstruirmos a vida depois de um acontecimento como esses, diz ele.

"A única coisa que podemos fazer é tentar nos elevar acima da pergunta 'Por que isso aconteceu?'", escreve Kushner, "e começar a perguntar 'O que é que eu faço agora, já que isso aconteceu?'."

Para aqueles que estão juntos isso significa tomar uma decisão afirmativa de continuar. "Não temos que amar", diz o psiquiatra e escritor M. Scott Peck. "Escolhemos amar." Escolher amar após a morte de um filho é ainda mais corajoso que fazê-lo da primeira vez porque você já conhece o sofrimento que terá de suportar.

No entanto essa é a escolha que Adão e Eva fazem. Gênesis 4:25 relata que após o assassinato de Abel por Caim, o primeiro casal escolhe tornar-se um casal novamente e ter outro filho. "Adão conheceu outra vez sua mulher, e ela deu à luz um filho." Esse filho, Set, irá adiante para povoar a humanidade.

"O amor não consiste em olhar um para o outro", disse Antoine de Saint-Exupéry, "mas em olhar juntos para fora na mesma direção." No Éden, Adão e Eva olhavam um para o outro. Isso era amor, acredito, mas era algo mais rico. No exílio, eles olham para fora juntos na mesma direção, ao mesmo tempo que ainda conseguem se agarrar ao que deixaram para trás.

Lin-Manuel Miranda captura uma transição angustiante similar em *Hamilton*, sua obra-prima ganhadora do prêmio Pulitzer. Alexander Hamilton e sua mulher, Eliza, estão separados após um caso ruinoso. Só uma coisa é forte o suficiente para reunir os dois novamente: a morte do filho deles de dezenove anos, Philip, num duelo. "Há momentos que as palavras não alcançam", canta a irmã de Eliza sobre a dor que essa mãe e esse pai compartilham. "Há sofrimento terrível demais para nomear. Segura o teu filho tão apertado quanto possas."

No entanto os antigos amantes – amargos, destroçados, silenciosos – tentam fazer o inimaginável: tentam se perdoar um ao outro. Fazem longas caminhadas. Mudam-se para a parte alta da cidade. Rezam. E finalmente, num silêncio, numa tristeza e numa necessidade tão profunda que só a outra pessoa magoada pode compreender, Eliza segura a mão de Alexander.

Eles reescrevem sua história.

É essa lição de renovação de compromisso em face da solidão que está presente à vista de todos nós na vida de Adão e Eva. E embora ela possa não estar detalhadamente explicada nos capítulos iniciais do Gênesis, é esclarecida nos capítulos finais do Deuteronômio. Nos últimos versículos do Pentateuco, Moisés conduziu os israelitas no deserto por quarenta anos. Suportou suas rebeliões, suas queixas, seus bezerros de ouro, e acabou de saber que a entrada na Terra Prometida lhe será negada. Aquilo que Moisés mais quer ele não conseguirá. Ele, como Adão e Eva, não terá o fim perfeito. O toque final dos cinco livros de Moisés faz eco ao toque final que os abre.

Então o que faz Moisés? Ele não se curva, ou luta, ou se queixa. Reúne os israelitas no monte Nebo e faz um apaixonado discurso de despedida. Suas palavras estão entre as mais poderosas na Bíblia hebraica. A vida não será sempre fácil, diz Moisés. Haverá dor, sofrimento, desgraça inimaginável. Mas tendes algo que nenhuma outra das criaturas de Deus tem. Tendes escolha.

"Pus diante de vós a vida e a morte, a bênção e a maldição", diz Moisés. "Escolhei a vida."

Adão e Eva, em mais um momento crítico após o colapso de sua família, escolhem a vida. Escolhem a união ao invés do isolamento. Escolhem um ao outro.

Escolhem o amor.

E ao fazê-lo eles nos dão, a todos nós, essa escolha para sempre.

8. O amor que você faz

Bendita seja a estrada interrompida

Susan B. Anthony estava atrasada. Lucretia Mott andava de um lado para outro do pátio tentando verificar o porquê do atraso. Elizabeth Cady Stanton, na sala de estar, conversava com visitantes. Passavam-se alguns minutos das nove da manhã de um sábado no final de julho, e cerca de quatro dúzias de convidados haviam se reunido no gramado ainda úmido da Elizabeth Cady Stanton House, do outro lado do lago, bem em frente ao centro de Seneca Falls, Nova York. Era a abertura dos Convention Days, um evento anual de três dias de duração que comemora a Convenção de Seneca Falls de 1848, uma assembleia que é considerada o início do movimento pelos direitos das mulheres nos Estados Unidos.

Naquela altura, esperava-se que a multidão tivesse começado a desfilar rumo a uma capela reconstruída no centro da cidade que fora o local da convenção original. "Não sei o que está retendo a sra. Anthony", disse a sra. Mott. "Acho que ela não conseguiu encontrar sua capa vermelha. E vocês sabem que ela não vai a lugar nenhum sem aquela capa."

Enquanto isso, na sala de estar, uma das convidadas fazia uma pergunta à sra. Stanton. "Como foi para a senhora, como mulher, ser tão inteligente?"

Elizabeth Cady Stanton, nascida no norte do estado de Nova York e a mais loquaz da primeira geração de líderes dos direitos das mulheres, era representada naquela manhã por outra bem-sucedida filha do lugar, Melinda Grube. Professora de religião das mulheres do século XIX numa faculdade próxima, Melinda usava um vestido vitoriano azul-cobalto que ia até os pés, luvas sem dedos pretas e touca branca.

"Ser uma mulher inteligente nos anos 1830 era quase como passar fome", respondeu Melinda, no papel da sra. Stanton. "Quando você tem fome, precisa de alimento. O intelecto também tem fome de estímulo." Ela tinha livros, continuou, mas pouquíssimas pessoas se dispunham a despender tempo para se envolver nas conversas profundas pelas quais ela ansiava. Havia homens em volta, mas eles não percebiam que ela era capaz.

"Foi por isso que ao conhecer a sra. Anthony nós nos agarramos uma à outra", continuou ela. E desenvolveram uma parceria para toda a vida, ajudadas pelo fato de terem habilidades diferentes.

"A sra. Anthony escrevia: 'Temos um problema terrível, sra. Stanton, e precisamos da sua ajuda!' Eu respondia: 'Minha alma está com a senhora, mas minhas mãos estão ocupadas!' Eu tinha sete filhos, afinal, e ela não tinha nenhum. Então a sra. Anthony dizia: 'Tomaremos conta dos seus filhos. Brincarei com o garotinho, darei colo para o bebê e mexerei o pudim, enquanto a senhora escreverá os discursos.' Trabalhamos assim por cinquenta anos."

Até que, nos anos 1890, com as duas idosas ativistas na casa dos setenta anos e o sufrágio feminino à beira de se tornar realidade, elas divergiram, a amizade azedou e a organização que tinham construído juntas votou pela exclusão de Elizabeth de suas fileiras. O mal-estar causado por esse incidente se alastrou tão profundamente que, segundo historiadores, foi a razão pela qual Stanton quase foi apagada da história da luta feminina pelos setenta anos seguintes, deixando Susan B. Anthony se tornar um símbolo dos direitos das mulheres, seu retrato cunhado na moeda de um dólar.

O episódio que causou essa desavença é pouco lembrado hoje, no entanto está entre os exemplos mais reveladores dos desafios que as mulheres enfrentavam no século XIX. Está também entre os mais notáveis na longa história de Adão e Eva e é uma poderosa ilustração do obstinado papel que o primeiro casal continuou a desempenhar nos relacionamentos homem-mulher.

Após lutar pelos direitos das mulheres durante meio século, Stanton decidiu que igualdade no direito, na política e no trabalho não eram suficientes. Para serem verdadeiramente livres, as mulheres precisavam das

O amor que você faz 177

mesmas condições perante Deus. Para alcançar isso, ela teve de repensar a mais importante narrativa já contada. Precisou reimaginar a história de desigualdade que havia solapado as mulheres por 3 mil anos.

Em 1895, numa publicação bombástica intitulada *The Woman's Bible*, Elizabeth Cady Stanton criou um dos documentos mais originais da crítica bíblica – e um dos mais destrutivos para sua criadora. Durante o processo, ela reafirmou uma convicção central do pensamento ocidental que remonta a trinta séculos: de uma maneira ou de outra, todo relacionamento é obscurecido pelo primeiro relacionamento jamais registrado. Estar em diálogo com um parceiro sexual hoje é estar em diálogo com Adão e Eva.

O único problema: o resto do mundo não estava preparado para tal mensagem, por isso agiu como vem agindo durante muito tempo em situações semelhantes. Matou o mensageiro. O que não se previa era que apesar disso a mensagem prevaleceria, porque o que Stanton tinha a dizer sobre Adão e Eva constitui uma das leituras mais incisivas e perspicazes já feitas.

DEPOIS DO ASSASSINATO de Abel, que ocorre mais ou menos na metade de Gênesis 4, a narrativa transfere sua atenção para Caim. Quando é expulso da família de origem, Caim pretende criar sua própria família. Ele tem relações sexuais com sua mulher (não nomeada) e ela dá à luz Enoque, que por sua vez gerou Irad, que por sua vez concebeu Maviael, e assim por diante na linhagem, até Lameque, que, tal como seu tetravô, comete assassinato. A cauda longa do mau caráter na Bíblia é assustadora.

Mas o mesmo pode ser dito do bom caráter. Subitamente, nos últimos versículos do capítulo 4, depois dessa triste recitação de degeneração, a história se volta para uma notícia alentadora. O anúncio do nascimento de um bebê! "Adão conheceu outra vez sua mulher", diz o texto, "e ela deu à luz um filho e chamou-o Set, exclamando: 'Deus me concedeu outra descendência para ficar no lugar de Abel, que Caim matou!'"

Os paralelos com o nascimento de Caim no início do capítulo 4 são notáveis. Em ambos os casos, houve um enorme cataclismo para Adão e

Eva, seguido pelo ato restaurador de ter relações sexuais e pela edificante ocasião de Eva dando à luz um filho. Repetidamente a possibilidade de ruptura entre o primeiro homem e a primeira mulher é superada e suavizada pela realidade de sua reunião.

No caso desse último nascimento, há certa distância persistente entre o casal. Eva não é nomeada na segunda sequência; é novamente mencionada apenas como "a mulher". Mas embora não tenha estatura para ser chamada pelo nome, ela tem estatura para dar nome ao bebê. O equilíbrio de poder aqui é ao mesmo tempo delicado e profundamente compreensível. Eva é subjugada por sua falta de identidade, contudo é forte o suficiente para conferir identidade a seu filho. Adão é subjugado na medida em que Eva assume a liderança ao dar à luz o filho, contudo ele toma a liderança na concepção do filho. Neste ponto do relacionamento, eles parecem compreender que cada um deve recuar ocasionalmente para deixar o outro tomar a frente, dando um passo à frente ocasionalmente para assumirem eles próprios o comando. Quem entre nós que esteve num relacionamento não é capaz de compreender isso?

Esse sutil dar e receber no crepúsculo da vida de Adão e Eva juntos parece incrivelmente moderno. Numa de suas últimas aparições no palco bíblico, Adão e Eva são retratados como um casal que suportou repetidos golpes de adversidade e mostrou notáveis qualidades de reconciliação. E fizeram tudo isso sem modelos, livros de autoajuda ou terapia de grupo. Nesse ponto da história humana, somente eles conhecem a tristeza do banimento; somente eles conhecem o isolamento da perda; somente eles conhecem o desespero de uma vida longa, desafiadora. No entanto eles se comprometem a escrever um capítulo final de suas vidas juntos. Com Caim banido, não há história a menos que eles criem Set. Não há futuro a menos que superem suas feridas.

Parece ao mesmo tempo adequado e alentador que a primeira história de amor introduza o que se tornará um importante tema das histórias de amor que se seguirão: o caráter essencial da dor nos relacionamentos humanos. "Devo escolher, ou cessar de sofrer, ou cessar de amar", diz o narrador de *Em busca do tempo perdido*, de Proust. Dizemos que o amor

O amor que você faz

nunca morre, mas por vezes ele quase nos mata ao longo do caminho. Uma razão: está sujeito às descontroladas oscilações da emoção e periódicas reviravoltas.

Por mais impactantes que pareçam quando somos jovens, essas flutuações se tornam mais suportáveis quando envelhecemos. Um amor que resiste a repetidas perturbações aprende a suportá-las de forma mais eficaz, se não mais facilmente. Conflitos reais entre duas pessoas não são destrutivos, escreve Erich Fromm em *A arte de amar*. "Eles conduzem à elucidação, produzem catarses das quais ambas as pessoas emergem com mais conhecimento e mais força."

Embora possa parecer um anátema às mensagens sobre romance que nossa cultura obcecada pela juventude regurgita diariamente, essa ideia de aprender com o tempo a amar de maneira mais significativa tem raízes profundas. É a principal razão por que Platão sugeriu que os velhos têm uma ou duas coisas a ensinar aos jovens sobre o amor. "Não uma glorificação extravagante", na síntese do filósofo Simon May, "mas rendição perspicaz; não incondicional, mas inevitavelmente condicional; não iludido, mas consciente."

O que Fromm e Platão têm em comum é a ideia de que essa forma esclarecida de amor é construída em torno do conhecimento. De fato, é a mesma palavra que a Bíblia escolhe ao descrever o momento em que Adão e Eva concebem Caim e, de novo, quando concebem Set. Adão "conhece" Eva. A raiz que a Bíblia usa para "conhecer", *yada*, é também a raiz que a Bíblia usa para "razão". Essa sobreposição não é acidental. Ela sugere que o amor conjugal contém um profundo conhecimento do parceiro que não é nem cor-de-rosa nem das cores do arco-íris, mas posto à prova e merecido. Esse tipo de amor não é ingênuo, é atento. Não é irracional, é racional.

Frank Sinatra capturou esse sentimento na canção indicada ao Oscar "The Second Time Around". "O amor é mais bonito da segunda vez", começa a música. "Igualmente maravilhoso com ambos os pés no chão." Há uma satisfação particular, a canção continua, em saber que seu tipo de canção de amor foi enfim cantado e que seu tipo de amor é desperdiçado quando imaturo.

Gosto muito dessa mensagem, suponho, porque eu próprio a experimentei. Linda e eu namoramos durante um ano e meio; depois não nos encontramos por um ano e meio (tempo em que namoramos outras pessoas); depois voltamos a ficar juntos e nos casamos um ano e meio depois. Linda sempre se referiu a essa época de nossas vidas como 1º Round e 2º Round, separados pelo "interregno". A primeira música que dançamos no nosso casamento foi "Bless the Broken Road".*

Mesmo depois que nos casamos, continuamos a enfrentar longos momentos de disrupção do tipo que todo relacionamento enfrenta. Poderíamos chamá-los "interregnos". Em nosso caso, houve a gloriosa, mas turbulenta, revolução de gêmeas idênticas recém-nascidas, seguida pelo muito mais angustiante câncer potencialmente fatal pelo qual passei. Nossa história, como toda história, é pontilhada por tolerância, separação, inquietação e também muita perseverança quando não se mostrar particularmente digna de Sinatra.

A história de Adão e Eva tem uma qualidade oscilante parecida. Sobretudo nos acordes do nascimento de seu terceiro filho, suas vidas apresentam uma qualidade particular de amor que é raramente cantada em voz alta: duração. Estudiosos da paixão, aquele período de intensa consciência e imersão obsessiva que muitas vezes caracteriza a fase inicial de um relacionamento, dizem que esse sentimento dura alguns meses.

Dorothy Tennov, psicóloga inovadora que passou décadas estudando como as pessoas se apaixonam, concluiu que esse período, que ela chamou de "limerência"** por causa de suas qualidades poéticas, dura em média de dezoito meses a três anos. Durante esse tempo eufórico, um coquetel característico de substâncias químicas está irrigando nossos corpos – dopamina, noradrenalina, serotonina. Juntas elas ajudam a criar o que Homero chamou de "a pulsante urgência do Anseio".

---

* Bendita seja a estrada interrompida. (N.T.)
** Assim tem sido traduzido o neologismo *limerence*, proposto por Tennov em 1979 já no título de seu livro *Love and Limerence: The Experience of Being in Love*, lançado naquele ano. (N.T.)

O amor que você faz 181

Embora essa urgência pulsante seja agradável, ela logo dá lugar a outros sentimentos. Para alguns é hostilidade, desapontamento e um arraigado tédio; para outros é empatia, contentamento e profunda afeição. Esses sentimentos revelam-se também quimicamente ricos. Enquanto a limerência envolve regiões do cérebro que crepitam com dopamina e estão associadas a felicidade (o núcleo caudado), relacionamentos prolongados inflamam regiões repletas de oxitocina e vasopressina, associadas a emoções, memória e atenção (o córtex insular).

Helen Fisher, cujas tomografias do cérebro ajudaram a dar forma a esse jovem campo, sugere que essa mudança nas regiões neurológicas envolvidas no amor duradouro mostra que à medida que ficamos mais velhos começamos a reunir e avaliar dados sobre os sentimentos de nossos parceiros, suas reações a situações sociais e seus estados emocionais. Quando isso funciona, não queremos apenas transar com nossos amantes o tempo todo; queremos ampará-los também.

Fisher identifica três estágios do amor. Desejo, o que motiva as pessoas a buscar união sexual com quase qualquer parceiro; romance, o que as estimula a concentrar sua atenção em parceiros mais apropriados, potencialmente para a vida toda; e afeto, o que nos permite viver com um parceiro pelo tempo suficiente ao menos para criar os filhos até a maturidade. Cada um desses estágios do amor trafega por diferentes vias no cérebro, diz ela; cada um produz diferentes comportamentos, esperanças e sonhos; cada um está associado a diferentes substâncias neuroquímicas.

Para Adão e Eva, o estágio do desejo foi o encontro inicial, depois que ela foi formada do corpo dele. Esse foi o momento em que Adão exclamou "Esta, sim" e falou efusivamente sobre "osso de meus ossos" e "carne de minha carne". O estágio romântico foi a união deles, seu apego um ao outro para criar uma família, o fato de estarem nus e não sentirem vergonha. A fase do afeto foi o que se seguiu depois que foram exilados do jardim e tiveram de encontrar uma nova maneira de coexistir, inclusive tendo filhos.

Para alguns, a fase do afeto pode parecer uma pálida comparação com a coisa real, um tépido eco das cores brilhantes da paixão. Mas a história da humanidade sugere que na realidade ela é algo maior, uma paleta rica e variada que inclui compreensão, compaixão e, por vezes, aceitação. "Amor não é dificuldade de respirar, não é excitação, não é a promulgação de promessas de paixão eterna", escreve Louis de Bernières em *O bandolim de Corelli*. "Isso é apenas estar 'apaixonado', o que qualquer tolo pode fazer." Amor, ele continua, "é o que sobra quando a paixão se consumiu, e isso é tanto uma arte quanto um acidente afortunado".

Adão e Eva, ao rechaçar a dor, a desconfiança e talvez até o tédio; ao avançar através das interrupções e dos interregnos; ao retornar a seu leito conjugal para se conhecerem um ao outro mais uma vez e abraçarem o desconhecimento de ter outro filho mantêm obstinadamente o mesmo feroz compromisso com a arte e o acidente do amor humano. Que eles tomem tal decisão sem o benefício dos milênios de poesia, filosofia e tomografias funcionais do cérebro torna sua façanha ainda mais singular.

Eles afirmaram por suas próprias ações que amor não é apenas união; é re-união. O amor inclui, por sua própria resistência, algum elemento de escolha. E abrange, por sua própria sobrevivência, a necessidade de progresso.

Não há amor sem tempo.

E não há amor sem respeito. Para ter isso, você deve ver o outro não como superior ou inferior. Deve vê-lo como igual. Foi essa meta essencial – rara mesmo na história do amor – que inspirou Elizabeth Cady Stanton e suas aliadas desde o começo.

Susan B. Anthony acabou aparecendo, e a capa vermelho vivo parecia ter valido a espera. Lucretia Mott fez algumas observações introdutórias e logo o desfile começou. Eram cerca de cinquenta pessoas andando pela calçada. Entre elas estavam estudantes universitárias com uma faixa em prol dos direitos dos transgêneros, usando camisetas com os dizeres "Brigada da Vovó", e um grupo de meninas adolescentes carregando cartazes que anunciavam "escoteiras estimulam mais *stem activities*".*

---

* *Stem activities* são atividades ligadas a ciência, tecnologia, engenharia e matemática. (N.T.)

O amor que você faz 183

Estátuas de Ted Aub representando Susan B. Anthony (esquerda), Amelia Bloomer (centro) e Elizabeth Cady Stanton (direita) erguem-se à margem do rio Seneca, no centro de Seneca Falls.

Como a estrela do evento, Melinda Grube – Elizabeth Cady Stanton – caminhava com o marido, a filha adolescente e o filho de dez anos, todos vestindo roupas de época. "Sou uma pessoa extremamente introvertida", explicou ela, "por isso, para falar com as pessoas, eu me fantasio."

O interesse de Melinda por religião começou quando ela tinha treze anos. O pai, um pastor, foi expulso de sua igreja por celebrar um casamento de pessoas do mesmo sexo. Melinda cursou a escola de teologia e pensou em se tornar pregadora, mas em vez disso dedicou-se ao trabalho acadêmico. Ganhou vida quando descobriu o papel central que as mulheres desempenharam nos abundantes renascimentos religiosos ocorridos nos Estados Unidos no século XIX. Sua tese de doutorado trata de como mulheres usaram a linguagem religiosa para ajudar na luta pela igualdade. "Não fora permitido às mulheres usar a Bíblia", disse ela, "e elas sabiam que para ser iguais tinham de se apropriar dela."

Depois de menos de uma hora de marcha, a procissão chegou ao Women's Rights National Historical Park, no centro da cidade. Na convenção original em 1848, as mulheres chegaram à capela metodista na manhã de 19 de julho e descobriram que tinham esquecido a chave. Um menino trepou numa janela, entrou na capela e abriu a porta por dentro para lhes permitir entrar. Para celebrar aquele momento, o filho de Melinda fez o mesmo, entrou pela janela da capela reconstruída e deixou as manifestantes entrarem.

Às onze da manhã, Melinda subiu ao púlpito para ler o documento de fundação, a Declaração de Sentimentos, com sua frase característica: "Consideramos estas verdades evidentes: que todos os homens e mulheres foram criados iguais."

Nascida em 1815, Elizabeth foi a oitava dos onze filhos de Daniel e Margaret Livingston Cady. Daniel era um rico advogado, um rigoroso presbiteriano e membro do Congresso. Cinco dos irmãos de Elizabeth morreram na infância. Um sexto, seu irmão mais velho e o único homem sobrevivente, Eleazar, morreu aos vinte anos. Num incidente doloroso no dia do funeral de Eleazar, Elizabeth, então com dez anos, subiu no colo do pai para consolá-lo. Seu pai, enlutado, abraçou-a e disse: "Oh, minha filha, eu gostaria que você fosse um menino!"

"No coração de toda história há um núcleo de dor", disse-me Melinda. "Essa era a dor de Elizabeth. A vida toda ela ouviu que nunca era boa o bastante, por isso foi para o mundo determinada a provar para o pai que podia ser tudo que seu irmão teria podido ser."

Estimulada por essa dor e ainda com o generoso apoio financeiro do pai, Elizabeth recebeu uma educação formal e se casou com o advogado e abolicionista Henry Stanton. No dia de seu casamento, ela removeu dos votos a linha sobre "obedecer". "Recusei-me obstinadamente a obedecer a alguém com quem supunha estar entrando num relacionamento igual", disse ela. Com Henry viajando a trabalho, os dois passaram a maior parte da vida separados, o que fez com que Elizabeth tivesse de criar os filhos sozinha.

Elizabeth era feita para o ativismo. Ela era enérgica, obstinada e mordazmente polêmica. Um biógrafo a descreve como "brilhante, santimonial, carismática, autocomplacente, provocadora, intimidadora e encantadora". Comparada a Susan, que era alta e magra, Elizabeth era o oposto. Uma amiga a caracterizou, e numa publicação, por incrível que pareça, como alguém que "sugere uma preferência por caminhadas curtas a longas".

Embora numa discussão ela pudesse derrotar qualquer pessoa em ambos os lados do Atlântico e fosse uma agitadora incansável pelos direitos da mulher, pela abolição e a abstinência de álcool, era um desastre natural para organizações, assembleias e conferências – e para a transigência que inevitavelmente as acompanhava. "Eu preferiria ser queimada na fogueira a comparecer a mais uma", escreveu ela para Susan.

Os esforços pioneiros de Elizabeth pelos direitos das mulheres eram abrangentes e expressos a plenos pulmões. Ela combatia a discriminação em direitos de propriedade e de voto, salários, leis do divórcio e restrições à custódia. Ia aos locais de votação e exigia o direito ao sufrágio; em 1866 declarou-se candidata à Câmara dos Deputados, a primeira mulher a fazê-lo. Stanton foi também parcialmente responsável por um cisma no movimento, quando ela e Susan se recusaram a apoiar a 14ª Emenda, que assegurou o direito de voto aos homens afro-americanos. O argumento era que isso forneceria mais votos masculinos para impedir as mulheres de obterem o mesmo direito.

Contudo, após batalhar pela igualdade das mulheres por mais de cinquenta anos, Elizabeth teve uma revelação. De certa maneira, ela retornou a seus instintos mais profundos ao crescer com um pai que baseava suas ideias sobre as mulheres nas leis de um Deus implacável. Combater a desigualdade nos tribunais, nas ruas e urnas só podia levá-la até certo ponto, compreendeu ela. Precisava atacá-la em seu cerne – o púlpito, o banco da igreja, o círculo de orações. Os pregadores, não os políticos, eram seu maior obstáculo.

"A superstições religiosas de mulheres perpetuam sua servidão mais que todas as outras influências adversas", escreveu Stanton. Chegara a hora de as mulheres exigirem "justiça, liberdade e igualdade, tanto na Igreja quanto no Estado". Chegara a hora de enfrentar a Bíblia.

Por que perseguir um alvo tão estimado?

"Por ser a mãe de tudo aquilo que está acima de qualquer crítica", disse Melinda. "Sempre que ela mencionava o direito de voto, alguém dizia: 'A Bíblia diz...' Sempre que falava de direitos conjugais, alguém dizia: 'A Bíblia diz...' Sempre que se referia ao direito da mulher de amar quem quisesse, alguém dizia: 'A Bíblia diz...' Com mulheres, tudo sempre remete à Bíblia, a Eva sendo criada a partir da costela de Adão, sendo sua ajudante, levando o pecado para o mundo. Se Elizabeth queria ajudar as mulheres, tinha de retornar a Adão e Eva."

Por volta de 1890, aos 75 anos de idade, Stanton começou a entrar em contato com dúzias de mulheres para que a ajudassem a reescrever a Bíblia em "inglês claro", exaltando as histórias de personagens femininas, que constituíam apenas 10% do todo. Seu esforço quixotesco lembra um exercício feito por Thomas Jefferson setenta anos antes, em que ele compilou uma Bíblia sem todos aqueles irritantes milagres. A maioria recusou o convite de Elizabeth, advertindo-a de que era ir longe demais. Seria expor a si e o movimento ao ridículo. Até as 26 mulheres que aceitaram a empreitada acabaram fazendo muito pouco. Se Stanton queria uma nova Bíblia, teria de escrevê-la ela mesma.

Foi o que fez. O primeiro volume de *The Woman's Bible* foi publicado em 1895, o mesmo ano em que Elizabeth completou oitenta anos. (Acho que, afinal, ela não precisava daquelas longas caminhadas.) O livro consiste em passagens selecionadas dos cinco livros de Moisés, escolhidas por envolverem personagens femininas, seguidas por extensos comentários destinados a solapar a tradição interpretativa dominante que enfatizava a inferioridade das mulheres em relação aos homens.

Após uma breve introdução, o primeiro capítulo põe mãos à obra. Elizabeth Cady Stanton deixa de fora toda a história de Deus criando o mundo e cita apenas três versículos de Gênesis 1. As cem palavras, aproximadamente, que cita incluem as linhas culminantes: "Façamos o ser humano à nossa imagem, de acordo com nossa semelhança." Em seguida ela escreve cerca de cinco páginas que inculcam a mensagem de que as mulheres são criadas contemporaneamente aos homens e com a completa bênção de Deus.

"Aqui está o primeiro relato do historiador sagrado do advento da mulher", escreve ela, "uma criação simultânea de ambos os sexos, à imagem de Deus. Fica evidente pela linguagem que os elementos masculino e feminino estavam igualmente representados." Todas aquelas teorias baseadas na suposição de que o homem foi criado antes da mulher "não têm nenhum fundamento na Escritura", escreve ela.

Passando para Adão e Eva no capítulo seguinte, Stanton aniquila a interpretação hierárquica que ainda era lugar-comum. "É evidente que algum escritor astuto, vendo a perfeita igualdade de homem e mulher no primeiro capítulo, considerou importante para a dignidade e o domínio masculino levar a cabo, de alguma maneira, a subordinação da mulher", escreve ela. Recorrendo a todo mundo, de Platão a Darwin, desmascara a ideia de que ser feita a partir da costela de Adão diminuiu Eva e reformula a ingestão do fruto proibido (que identifica como um marmelo) como um ato de coragem e dignidade.

"Comparada a Adão, ela aparece em grande vantagem ao longo de todo o drama", escreve Stanton numa observação que antecipa um século de comentário igualitário.

The Woman's Bible é um documento histórico, um panfleto agressivo, provocativo, contra os mitos mais estimados do pensamento ocidental. O fato de Elizabeth começar com Adão e Eva e seguir por todas as histórias bíblicas importantes, culminando num segundo volume, publicado três anos depois, com a história de Jesus Cristo, é ainda mais impressionante. Uma coisa é isso estar escrito em comentários monásticos ou cantos obscuros do pensamento acadêmico; mas daí a aparecer numa publicação importante, de uma das mulheres mais notórias dos Estados Unidos, é algo muito diferente. Como Elizabeth escreve, "Transformamos a Bíblia em fetiche por tempo suficiente. Chegou a hora de lê-la como lemos todos os outros livros, aceitando o bem e rejeitando o mal que ela ensina".

Sob certo aspecto, a publicação funcionou. O livro recebeu sete novas tiragens em seis meses e tornou-se um best-seller. Mas foi um desastre para Elizabeth. Ela foi condenada nos púlpitos, nas assembleias públicas e páginas editoriais. O livro foi chamado de ataque frontal à integridade das mulheres e um insulto à integridade moral do país.

Pior, ele minou as causas pelas quais ela lutara durante toda a vida. Opositores do sufrágio feminino citavam *The Woman's Bible* como a principal prova de que tudo podia dar errado se as mulheres tivessem mais poder. "Todo aquele que acredita que a palavra de Deus é divinamente inspirada", bradava um opositor, "que acredita na pureza da família e na santidade do matrimônio" deve deter o ataque. Um historiador qualificou *The Woman's Bible* de "a arma mais devastadora no arsenal antissufrágio".

O pior de tudo, a organização que Elizabeth e Susan fundaram, a National American Woman Suffrage Association, foi aniquilada pela publicação. Na reunião anual em janeiro de 1896, à qual Elizabeth, como de hábito, não compareceu, Susan fez os comentários iniciais e tentou acalmar a crescente ira. Não funcionou. Apresentou-se uma resolução, encabeçada por delegadas do Sul, dizendo que o grupo era não sectário, concentrado unicamente no direito das mulheres ao voto, e "não tem nenhuma ligação com a chamada *Woman's Bible* ou qualquer outra publicação teológica".

Seguiu-se um debate acalorado e, em 28 de janeiro, a resolução foi posta em votação. Ao ser aprovada por 53 a 41, Stanton foi excluída do grupo. Ela enfrentara valores intocáveis, imunes a questionamentos, e havia sido esmagada. Seria necessário muito tempo, até a segunda onda do feminismo, nos anos 1960, para que sua reputação fosse recuperada.

Perguntei a Melinda se ela achava que Elizabeth tinha se arrependido do livro.

"Não", disse ela. "Porque o mais importante para o feminismo sempre foi combater a ideia de que o homem é primordial e a mulher, secundária." Elizabeth compreendeu que para isso era preciso convencer as pessoas – especialmente as mulheres – de que a narrativa dominante da inferioridade de Eva não era mais pertinente.

"Tudo remonta ao momento em que o irmão dela jazia no caixão", continuou Melinda. "Elizabeth sobe no colo do pai e dá ouvidos a seu coração partido. O que ele diz para ela? 'Oh, minha filha, eu gostaria que você fosse

O amor que você faz

um menino!'" Tudo o que ela faz daquele momento em diante está voltado para a resolução desse problema. Como ser um menino.

"Mas nunca é o bastante", disse Melinda. "Quando Elizabeth fala perante a Assembleia Estadual de Nova York, como o pai queria tanto que o querido filho fizesse, ele fica indignado. Quando ela concorre ao Congresso, ele se enfurece. Elizabeth vive com a dor intensa de que a única pessoa na vida de quem quer ouvir 'Você é um ser humano plenamente digno' não é capaz de dizê-lo. Por quê? Porque ele é profundamente religioso e porque a Bíblia diz que no coração de todo relacionamento está a ideia de que os homens são primordiais, e as mulheres são secundárias e criadas para servir aos homens."

"Você acha então que aquela passagem em *The Woman's Bible* sobre homens e mulheres sendo criados à imagem de Deus não é apenas Elizabeth falando para o mundo, é ela falando para o pai?"

"Certamente! É ela dizendo o que todos queremos dizer aos nossos pais, cônjuges e a quem quer que mais amemos. 'Olhe para mim. Abrace-me como plenamente humana. Ame-me por quem eu sou.' Esse é o coração do feminismo e é a revelação que Stanton encontrou em Adão e Eva."

No final da primavera de 1816, quando Elizabeth Cady Stanton tinha cerca de seis meses de idade, Mary Wollstonecraft Godwin, de dezoito anos, viajava para os Alpes suíços. Filha da famosa defensora dos direitos das mulheres Mary Wollstonecraft e do filósofo William Godwin, Mary já era ela mesma mãe de dois filhos (um dos quais morreu na primeira infância). Ela estava na companhia de seu amante casado e futuro marido, o poeta Percy Bysshe Shelley. Os dois, junto com vários outros, instalaram-se numa modesta casa nos arredores de Genebra. Ali perto, numa vizinhança mais luxuosa, estavam Lord Byron e seu companheiro, o dr. John Polidori. Os dois grupos rapidamente se fundiram e desfrutaram várias semanas de passeios de barco, jantares e contação de histórias de horror.

Numa noite tempestuosa, Byron propôs uma competição literária. As regras eram frouxas – a história tinha apenas de envolver o sobrenatural –

e a maioria dos participantes não terminou o que tinha começado. Mas Mary entregou-se à tarefa com todo o entusiasmo, escrevendo um romance inteiro que seria publicado anonimamente dezenove meses depois. Grande parte dos críticos presumiu que o livro fora escrito por Shelley ou Byron. O nome do romance era *Frankenstein*, e a inspiração para ele podia ser encontrada na epígrafe, uma citação de *Paraíso perdido* em que Adão decaído suplica a Deus:

> Acaso te pedi, ó meu Criador, que do barro
> Me moldasses Homem? Acaso solicitei
> Que me erguesses da treva...?

De todas as diferentes narrações da história de Adão e Eva com que deparei, nenhuma me surpreendeu mais que *Frankenstein*, de Mary Shelley. Talvez eu tenha sido o último a saber que essa história onipresente de homem brincando de Deus e ciência que dá errado foi moldada na mais antiga de todas as histórias – e na parte que é uma história de amor. De fato, a maneira como Shelley atualizou os temas bíblicos, particularmente a angústia da solidão e a necessidade desesperada que os homens têm de intimidade, afeição e amor, mostra quão profundamente essas ideias ainda ecoavam na aurora da era industrial.

Todas as pessoas no romance de Mary Shelley estão em busca de um vínculo. Isso inclui o homem do mar Robert Walton, que resgata o enlameado Victor Frankenstein no início do romance; o próprio médico sonhador; até o monstro. Repetidamente, palavras como "solidão", "solitário" e "sozinho" reverberam no texto. O desejo de Frankenstein de brincar de Deus fica claro desde o começo, quando ele declara a intenção de fazer uma criatura "como eu". "Uma nova espécie me abençoaria como seu criador", diz Frankenstein. Num ato saído diretamente do Gênesis, quando o médico vê sua criação pela primeira vez, declara-a boa.

Mas também como na Bíblia, logo aquela maravilhosa parceria azeda. Com repulsa de sua criação, Frankenstein tranca seu laboratório, deixando o miserável se defender sozinho. O monstro, frustrado e repelido, assassina o irmão de Frankenstein, depois foge para a floresta. Aqui a história desvia-se inesperadamente para o Jardim do Éden. Ao se esconder junto a uma cabana, o monstro se afeiçoa à família que vive ali. Chega até a aprender a falar escutando-os sem ser percebido. Um dia a criatura encontra uma valise contendo alguns livros, com os quais aprende a ler sozinho. Um desses livros: *Paraíso perdido*. Imediatamente, o monstro vê a conexão. "Eu sou Adão!", compreende ele.

Quando Frankenstein penetra na floresta, se depara com sua criação em seu esconderijo. O miserável, agora impregnado de tipologia bíblica, defende sua causa. "Como Adão, fui criado sem que aparentemente nenhum elo me unisse a qualquer outro ser existente", diz ele. Adão era "uma criatura perfeita, feliz e próspera", mas eu sou desgraçado, impotente, "hediondo" demais para o amor. "Nenhuma Eva acalmava minhas tristezas nem compartilhava de meus pensamentos", diz ele. "Eu estava sozinho."

Só há uma solução, implora o monstro. "Deves criar uma mulher para mim." Ele promete pegar a amada e desaparecer em um lugar distante. Em outras palavras, eles retornarão ao Éden e deixarão a humanidade em paz.

O resto do romance envolve um conflito cada vez mais sombrio entre criador e criatura. O médico se recusa a criar uma companheira; o monstro assassina a mulher do médico; Frankenstein começa a formar uma mulher e depois abandona o esforço; médico e fera assassina perseguem-se um ao outro até os confins da Terra.

No início da era industrial, Mary Shelley criou uma nova concepção icônica da história doméstica mais primal já contada. Ela também produziu uma mensagem implacável de que toda a química, a metalurgia e a tecnologia de nosso tempo pouco podem fazer para diminuir nosso profundo anseio por companheirismo. A despeito de todos os avanços, nossas principais aflições ainda são aquelas enfrentadas por Milton, Michelangelo, Agostinho e toda a humanidade desde Adão e Eva: a necessidade de intimidade, de vínculo, de amor.

O fato de que essa história tenha sido escrita por uma mulher, especialmente uma cuja mãe era conhecida por obras inovadoras como *Thoughts on the Education of Daughters* e *A Vindication of the Rights of Woman*, mostra como os temas da emoção humana e da intimidade, antes confinados à "esfera feminina" do lar, logo seriam elevados quando mulheres tivessem a oportunidade de recontar a história da criação. Que o próprio Deus não apareça em lugar nenhum em *Frankenstein* também pressagia um tempo em que o criador está em retirada, mas seres humanos ainda recriam as mesmas histórias arquetípicas com os mesmos desejos atemporais. Para muitos, o amor começava a substituir o divino como a última meta digna de ser perseguida.

E MARY SHELLEY não estava sozinha. A partir dos anos 1800, à medida que a religião começou a se retirar da vida pública, o número de explorações de Adão e Eva não diminuiu, como se poderia esperar; ele explodiu!

Os escritores românticos em especial gostavam de retratar mulheres emergindo de ambientes confinados e entrando no mundo na ponta dos pés. *Jane Eyre* começa com a protagonista observando o jardim através de uma janela e termina com ela apaixonada e senhora de uma propriedade. *Os miseráveis* mostra Marius olhando Cosette num jardim murado, depois cortejando-a em outro, onde os dois "se derretem e se fundem" numa "sublime e sagrada unidade", o "infinito do Éden". Só mais tarde os dois se aventuram a sair para "viver ao sol".

Uma constante nessas descrições é a figura semelhante a Eva saindo da sombra de Adão para reivindicar a luz. Em *Shirley,* Charlotte Brontë cria uma heroína que é um gigante, "assim como Eva quando ela e Adão estavam sozinhos na terra", uma "mulher-Titã" que ousa "lutar com a Onipotência". A heroína tem uma força que pôde suportar mil anos de servidão, uma vitalidade que pôde durar por incontáveis eras e um vasto coração do qual jorra o manancial das nações. "Essa Eva é filha de Jeová", entusiasma-se Shirley, "assim como Adão era filho dele."

Percorremos um longo caminho desde a irresoluta companheira e ajudante doméstica da Idade Média.

Essas descrições são parte de uma tendência mais ampla. O amor no mundo moderno dá um enorme passo à frente, a partir de um estado de

O amor que você faz

reverência dos homens em relação às mulheres e avançando de forma lenta, intermitente e inexorável em direção a uma condição de igualdade maior entre os sexos. Essa evolução não foi rápida ou universal, mas foi muito difundida e persistente. Um historiador escreveu que o casamento ocidental moderno emergiu nas décadas posteriores à Revolução Americana. "Durante esses cinquenta anos, o amor tornou-se o critério mais celebrado para a escolha de um cônjuge, ainda que bens, família e status social tenham continuado a pesar muito na decisão." Como Jane Austen escreveu: "Homens de bom senso não querem esposas tolas."

Em parte, tudo isso aconteceu porque mulheres como Mary Shelley, Elizabeth Cady Stanton, as Brontë e Jane Austen não ficavam contentes em se calar. Erich Fromm observou que o maior impacto da igualdade feminina sobre o amor é que ela pôs as mulheres no caminho de se tornarem indivíduos – de contar a própria história. Isso permitiu a cada parte num relacionamento conservar a própria identidade, entrando ao mesmo tempo voluntariamente numa coidentidade com o parceiro.

"Amor maduro é união sob a condição da preservação da própria integridade, da própria individualidade", escreveu Fromm. Cada lado consegue superar a sensação de solidão e isolamento, continuou ele, contudo tem permissão para conservar a sensação de liberdade. "No amor ocorre o paradoxo de dois seres se tornarem um e no entanto permanecerem dois."

Nem todos abraçaram essa mudança, é claro. Algumas mulheres poderosas, como Virginia Woolf, zombavam do romance como uma missão impossível, uma "ilusão agradável", disse ela. Outros afirmaram que mesmo o casamento de companheirismo tornava as mulheres excessivamente dependentes dos homens. O amor tornou-se "uma religião" para as mulheres, escreveu Simone de Beauvoir em *O segundo sexo*. "A mulher apaixonada tenta ver com os olhos dele." Ela lê os livros que ele lê, dá preferência à música que ele prefere; só se interessa pelas ideias que vêm dele.

Ainda assim, um número cada vez maior de mulheres – e de homens também – passou a abraçar essa nova igualdade no amor, pelo menos como um ideal ao qual valia a pena aspirar. Há um século, a ativista Emma Goldman dizia que, apesar das limitações, o amor ainda é "o maior tesouro". "A exigência de direitos iguais em todas as vocações da vida é justa e equitativa", escreveu ela. "Mas, afinal de contas, o direito mais vital é o direito de amar e ser amado." Para ser completa, ela continuou, a emancipação das mulheres terá de eliminar a ridícula noção de que ser amada, ser namorada e mãe é sinônimo de ser escrava. Ela deve ser substituída pela ideia de que dar do próprio eu é encontrar o próprio eu mais rico, mais profundo, melhor. "Somente isso pode preencher o vazio e transformar a tragédia da emancipação das mulheres em alegria, alegria ilimitada."

Inevitavelmente, defensores da igualdade sexual perceberam que para serem mais convincentes precisavam recuperar esses valores em Adão e Eva. Num tempo notavelmente curto, foi o que fizeram. Numa história raramente contada, a partir dos anos 1970 um grupo de intérpretes retomou o trabalho de *The Woman's Bible* e ressuscitou-o. Mary Daly, que se autoqualificava feminista lésbica radical e lecionava no Boston College, disse que uma perversão de Adão e Eva usada ao longo do tempo "projetou uma imagem maligna do relacionamento homem-mulher".

"Elizabeth Cady Stanton foi realmente precisa", escreveu Daly. "Num sentido real, a projeção da culpa sobre as mulheres é a queda do patriarcado, a mentira primordial."

A releitura mais influente veio de Phyllis Trible, PhD em estudos bíblicos nascida na Virgínia e uma das primeiras docentes do sexo feminino no respeitado Union Theological Seminary em Nova York. O golpe de mestre de Trible foi derrubar os momentos mais icônicos da suposta inferioridade de Eva, a começar por sua criação secundária. Trible gostava de perguntar aos alunos por que Adão era superior a Eva.

"Porque foi criado primeiro!", exclamavam eles.

"Então por que os animais não são superiores aos seres humanos, se foram criados primeiro?" Na Bíblia, ela mostrava, o que é o último é muitas vezes o primeiro. Assim como os seis dias da criação de Deus avançam para o clímax em seres humanos, a criação humana avança para o clímax em Eva. A mulher "não é uma ideia adicional", insiste Trible. "Ela é a culminação."

O amor que você faz

O que me parece mais assombroso nesse esforço é o quanto ele é recente. A história de Adão e Eva está por aí há mais de trinta séculos; somente nos últimos trinta anos, aproximadamente, ela foi enfim discutida não como de fato discriminatória contra as mulheres, mas como um intercâmbio mais nuançado entre duas pessoas que lutam para descobrir como viver uma em relação à outra. Reinterpretações semelhantes ocorreram com outras figuras bíblicas durante esse tempo. O movimento "Jesus é judeu" ajudou a reconectar o Messias com suas raízes hebraicas. Abraão passou a ser visto não apenas como o pai dos judeus, mas também o pai de cristãos e muçulmanos.

Ainda assim, essas mudanças empalidecem perto do impacto de ver Adão e Eva não mais como exemplos da hierarquia entre os sexos, mas como exemplos dos sexos situando-se lado a lado, lutando ambos por independência e integração. Essa modificação afeta quase toda família, todo relacionamento e toda interação romântica no Ocidente hoje. Eva pode ter saído da sombra de Adão, mas nós ainda vivemos à sombra deles.

Então o que as mulheres que levaram a cabo essa transformação pensam de seu esforço? E quais são, na visão delas, as lições que poderíamos tirar a partir da reabilitação de Adão e Eva? Para descobrir, dirigi até o coração do Bronx, não muito depois dos Convention Days, para encontrar uma das mais surpreendentes representantes desse movimento e aquela que talvez exiba as feridas mais visíveis.

Elizabeth Johnson recebeu-me em seu escritório ascético na Fordham University. Com rosto de anjo, cabelo grisalho curto e grande sagacidade, ela poderia ser escalada como juíza num desses reality shows em que as pessoas procuram resolver suas complicações amorosas. Ela é, de fato, muito sábia a respeito de relacionamentos, embora tecnicamente nunca tenha tido um.

Nascida nos anos 1940 num bairro católico em Bay Ridge, Brooklyn, Elizabeth ficava extasiada com a teatralidade da igreja – as velas, o incenso, as procissões em que todos espalhavam pétalas de rosas em frente à Virgem Maria. "A ideia de que Deus estava em toda parte e você podia viver em torno da ideia de que o amor devia fluir para todos que o cercam me parecia muito bonita." Logo após se formar no ensino médio ela entrou para um convento.

Perguntei se ela se sentia como se estivesse se casando com Jesus.

"Não, mas, aparentemente, todas as outras acreditavam", disse ela, com uma risadinha. "Depois de um ano como noviças, nos vestimos de branco como noivas e avançamos pela nave segurando uma vela para fazer nossos votos e nos tornarmos esposas de Jesus. No final da cerimônia, fomos para o térreo, cortaram nossos cabelos, vestimos um hábito preto e voltamos para os soluços de choro de nossas famílias, que se sentiam como se tivessem nos perdido. Era tão dramático."

Depois de se tornar freira em 1959, Elizabeth continuou sua educação e finalmente se viu envolvida nos movimentos de protesto dos anos 1960, do Vietnã aos direitos das mulheres. Nos anos 1970, ela se tornou a primeira mulher a obter um PhD na Universidade Católica. Nos anos 1980, estava a ponto de se tornar a primeira professora titular, quando o Vaticano se opôs, alegando que suas ideias não eram compatíveis com a doutrina tradicional. Quando ela se recusou a desistir, seu caso tornou-se uma causa global, seus colegas de departamento homens se arregimentaram e Elizabeth virou o símbolo de uma cisão de gerações na Igreja.

"Então do que isso se tratava realmente?", perguntei.

"Precisa perguntar?", disse ela, pondo a mão sobre os lábios como a freira de colégio católico rabugenta que foi um dia. "Sou uma mulher! Não havia absolutamente nada de errado no que eu tinha feito, mas esse fato os deixou muuuito nervosos."

Embora o episódio tenha demandado grande parte de duas décadas, Elizabeth acabou prevalecendo. E hoje a professora titular e freira celebridade (pelo menos em certos círculos) reza todos os dias para que a nova era de aceitação na Igreja se prolongue no futuro.

Mas e quanto ao passado? Perguntei se ela considerava Elizabeth Cady Stanton um modelo quando começou a falar em prol dos direitos das mulheres.

"Não naquela época", disse ela, "mas agora considero. Gosto do que ela fez. Ela tentou tornar a Bíblia mais acessível, e pagou o preço, especial-

O amor que você faz   197

mente entre outras mulheres. Cada uma de nós que percorreu essa estrada tentou usar seus dons para o mesmo fim, direitos iguais para todos."

"Isso inclui Adão e Eva?"

"Começa com Adão e Eva!", disse ela. "A principal coisa que minha geração de estudiosos fez foi recuperar a igualdade essencial no coração da história. Pegamos o foco que havia estado sobre Gênesis 2 e todas as questões hierárquicas e o colocamos sobre Gênesis 1, em que homens e mulheres são feitos conjuntamente à semelhança de Deus. Passamos milhares de anos discutindo a masculinidade de Deus. Agora é hora de retribuir o favor e discutir a feminilidade.

"Quando você faz isso", continuou ela, "começa a ver que essas velhas distinções que fazíamos entre homem e mulher não se sustentam mais. Vivi tempo demais com mulheres em ordens religiosas para acreditar que mulheres são de algum modo moralmente superiores. Somos iguais no pecado e na graça. E conheço homens que são belas pessoas! O que vejo em Adão e Eva são duas pessoas que refletem igualmente aquela glória de Deus de modos diferentes."

Cada um deles peca, disse ela; cada um trai o outro.

"Aquele momento diante de Deus em que Adão a culpa de ter comido o fruto", disse Elizabeth. "Oh! Ela poderia tê-lo deixado ali mesmo. No entanto, apesar desses sentimentos, eles permanecem fiéis. Eles mantêm um relacionamento. Acho que compreenderam antes de nós que é preciso sabedoria de ambos os lados para enfrentar uma longa vida juntos."

Essa consciência de que cada lado num relacionamento saudável contribui com alguma coisa para o todo talvez seja a maior realização isolada da reescrita das regras do amor que surgiu da liberação das mulheres. "A noção de que homem e mulher encaram-se como iguais no amor é, evidentemente, uma vitória histórica arduamente conquistada", escreve Robert Solomon. Ela veio à tona somente quando as mulheres começaram a ter mais escolha em relação às suas vidas. Ele cita Milton como o exemplo mais antigo, quando descreve Adão pedindo a Deus não uma companheira de divertimento ou uma ajudante, mas um espelho de si mesmo, uma igual, pois, entre desiguais, "que harmonia ou verdadeiro deleite"?

O mero fato de os amantes serem iguais não significa que haja sempre harmonia entre eles. Ao contrário, há maior desarmonia, o que conduz à perpétua negociação e mudança de termos, o controle ora com um, ora com outro, que é evidente no fim da vida de Adão e Eva quando eles negociam os desastrosos destinos dos filhos. "Não podemos e não devemos negar as superioridades de nosso amante", diz Solomon. Uma pessoa pode ser mais articulada; melhor para expressar emoções; mais desenvolta no jardim, na sala de conferências; mais rápida para fazer consertos. Não, a igualdade que o amor requer não é a igualdade de habilidades, diz Solomon. É a igualdade de status – e a propriedade compartilhada que vem de enfrentar essas lutas.

Perguntei se Elizabeth acreditava que o amor podia ficar mais forte com esse tipo de conflito.

"Não conheço ninguém que diria não", respondeu ela. "Acredito que o amor vem de Deus. E uma coisa a respeito de Deus é que, por mais problemas que lhe causemos, ele não desiste de nós. Há uma frase em Isaías a que sempre volto. 'Estive contigo desde que nasceste, e agora que estás velho e grisalho, ainda te carrego.' Para mim, é a ideia de amor que Deus modela, e ele nos desafia a encontrá-lo uns nos outros. Não é apenas responsabilidade da mulher encontrá-lo no homem; é também responsabilidade do homem encontrá-lo na mulher.

"E tenho de lhe dizer", continuou ela. "Quando olho para meus alunos, a maior parte deles não pode conceber o tipo de relacionamentos homem-mulher patriarcais que tivemos por milhares de anos. A realidade foi muito além do que todos sonhamos. Eles olham para o que todos aqueles comentadores disseram sobre Adão e Eva durante séculos e isso os envergonha. Eles riem. Olham para o primeiro casal e veem a si mesmos."

"Então você ganhou!", disse eu.

Ela riu de novo à sua maneira amistosa. "Ainda estamos bem no começo."

Conclusão: Vida após a morte

O que Adão e Eva podem nos ensinar sobre relacionamentos

ELAS TORNARAM DIFÍCIL ver o papa na Filadélfia. O "elas", nesse caso, foram as cinquenta agências governamentais que supervisionaram a segurança para a histórica visita do papa Francisco à quinta maior cidade do país. As agências incluíam o FBI, o Serviço Secreto, a Patrulha de Fronteira, a Guarda Costeira, o Departamento de Segurança Interna e quem mais portasse uma arma, um distintivo e um aparelho de escuta. Uma área de 6,5 quilômetros foi cercada e fechada ao tráfego no centro, o que levou ao reboque de 1.500 carros. Mil policiais estaduais encheram as ruas, juntamente com quinhentos soldados da Guarda Nacional, dúzias de veículos blindados e centenas de detectores de metais. A segurança excessiva foi comparada, desfavoravelmente, a Orwell, ao Muro de Berlim e a de todas as outras viagens feitas pelo pontífice.

"Se o Rio foi excessivo", disse um biógrafo de Francisco, "isso foi patológico."

Foi também um pouco divertido. Quando passei pelo primeiro de três postos de controle às sete da manhã no último sábado de setembro a caminho do Benjamin Franklin Parkway, onde naquela noite o papa falaria para a multidão sobre o significado do amor, relacionamentos e família, uma voluntária que revistou minha mala confiscou uma maçã.

"Não posso levar uma maçã para ver o papa?", perguntei.

"Pode ser uma bomba", disse ela, como se fosse óbvio. Ou verdadeiro.

"Ora, isso é o que chamo de represália por Adão e Eva", respondi.

Ela não pareceu entender a piada.

Apesar das três horas de fila para passar pela segurança, pelo menos 1 milhão de fiéis e não tão fiéis se amontoavam na ampla via pública urbanizada com gramados e árvores que se estendia por 1,5 quilômetro entre o Philadelphia Museum of Art e o City Hall. Às dez da noite, o interconfessional Encontro Mundial das Famílias se aproximava do clímax. Mark Wahlberg já fizera piadas constrangedoras suficientes. As Sister Sledge se apresentaram com "We are family". E a rainha do soul, Aretha Franklin, tinha conseguido subir ao palco, cantar "Amazing grace" e sair, tudo isso sem cumprimentar o papa, que estava sentado logo atrás dela. (Mais tarde ela divulgou um pedido de desculpas, dizendo não saber que ele estava no palco.)

Finalmente o papa subiu ao púlpito para proferir sua fala.

Eu estava sentado a alguns passos de distância disso tudo, espremido numa pequena cabine de televisão ao lado de Chris Cuomo, Poppy Harlow e o padre James Martin. Estávamos transmitindo o evento ao vivo pela CNN. Eu fizera parte da pequena equipe de comentaristas da CNN que viajara com o papa desde sua chegada aos Estados Unidos. A visita cuidadosamente coreografada de Francisco foi controversa, exaustiva e, para qualquer um que se interesse por religião, empolgante. Que outra figura mundial poderia tirar tão completamente a atenção da mídia de atletas indisciplinados, políticos demagógicos e donas de casa reais em disputa? Quem mais poderia nos obrigar a perguntar qual é o significado do amor?

Ainda assim, nada disso nos preparou para o que aconteceu naquela noite. Representantes da mídia haviam recebido cópias da fala de Francisco de antemão. Mas o lendário papa do povo, dos subúrbios de Buenos Aires, aprecia surpresas acima de tudo. Assim, quando chegou ao púlpito, ele rejeitou seu discurso cuidadosamente fundamentado sobre famílias e falou – extemporânea, entusiástica, brilhantemente – sobre o que acredita ser a mensagem central da Bíblia.

Falou sobre Adão e Eva.

DEPOIS DO NASCIMENTO de Set e do fim de Gênesis 4, Adão e Eva não fazem mais aparições juntos na Bíblia hebraica. Adão aparece sozinho. Gênesis 5 começa com uma breve recapitulação das origens humanas. Essa interpre-

Conclusão 201

tação, um epílogo para o capítulo 1, é tecnicamente uma terceira versão da formação dos seres humanos. "Quando Deus criou os seres humanos, ele os fez à semelhança de Deus. Homem e mulher ele os criou, e os abençoou." O que começou em igualdade termina com igualdade.

A história continua para mencionar o nascimento de Set, que ocorre "quando Adão completou 130 anos", e então acrescenta duas frases aparentemente simples. "O tempo que Adão viveu depois do nascimento de Set foi de oitocentos anos, e gerou outros filhos e filhas. Toda a duração da vida de Adão foi de 930 anos; depois morreu."

Essas linhas atraíram intenso interesse ao longo dos anos. Comentadores se concentraram em quem foram esses "outros filhos e filhas". As respostas incluíram: (a) essas foram as filhas que se tornaram as esposas de Caim e Set e (b) Adão e Eva queriam três filhos, o número ideal, mas sabiam que tinham de ter extras para o caso de algum morrer. Josefo, o famoso escritor romano do século I, por exemplo, disse que os primeiros pais, "segundo a antiga tradição", tiveram 33 filhos e 23 filhas.

Outros intérpretes se fixaram em como é que Adão vive até fazer 930 anos. Várias explicações foram oferecidas, inclusive que números tinham significados diferentes em tempos primordiais; o tempo era calculado de maneira não tradicional antes do Dilúvio; a idade era um sinal de santidade, e quem estava mais próximo de Deus que Adão?

Cristãos primitivos se concentraram num aspecto diferente. A partir do século II, pais da Igreja traçaram uma linha direta da morte de Adão à morte de Jesus. Numa história amplamente recontada, Adão, em seu leito de morte, envia Set ao Jardim do Éden para buscar o óleo da misericórdia, que ele acredita que irá curá-lo. Set e Eva retornam aos portões do paraíso e suplicam a são Miguel que os deixe entrar. Miguel recusa, mas lhes dá um ramo de oliveira do jardim. Ele diz a Set para plantar a árvore na sepultura de Adão, e quando ela der fruto, Adão será redimido.

Set e Eva fazem o que lhes foi dito, mas nenhum fruto aparece. A princípio desapontados, eles finalmente compreendem que as palavras são proféticas. A oliveira produz a madeira que se torna a cruz em que Jesus é crucificado. Cristo, o "Segundo Adão", é o fruto que redime o "Primeiro

Adão". Até hoje podemos ver representações do crânio de Adão na igreja do Santo Sepulcro em Jerusalém, sob o local onde se diz que Cristo foi crucificado.

O que falta em todos esses comentários, bem como na própria história, é a questão mais humana: como Eva reage à morte de Adão? Em um nível, isso é surpreendente. Com tanto escrutínio dedicado a essa história, como puderam os comentadores ignorar a súbita viuvez da primeira mulher e a súbita extinção do primeiro casal? Em outro nível, a ausência de foco nos sentimentos de Eva é inteiramente coerente com a maneira como ela foi excluída e menosprezada por séculos.

Mas o simples fato de o pesar de Eva não ser tratado de forma explícita não significa que não haja pistas. O primeiro lugar a olhar em busca de compreensão é a própria Bíblia. Morte e luto são tópicos constantes na Escritura hebraica. Há frequentemente uma efusão inicial de pesar, como quando Abraão "está de luto" por Sara e "chora" por ela. Muitas figuras bíblicas rasgam suas vestes em reação à morte. Quando Jacó vê o casaco de muitas cores de José manchado de sangue ele rasga suas vestes, assim como faz Davi ao saber da morte de Saul e Jó quando padece a morte de seus filhos.

Mas essa explosão de pesar é usualmente superada de maneira bastante eficiente. O ritual hebraico exige uma semana de "sentar shivá", ou receber visitas em casa, e um mês inteiro de abandono de convenções sociais. Quando o falecido é um dos pais, há um ano todo de atividade restringida. Uma fórmula talmúdica declara: três dias para chorar, sete dias para lamentar e trinta dias para usar roupas de luto e não cortar o cabelo. A expectativa é que o enlutado, confortado por Deus, avançará de maneira oportuna para a aceitação. Como diz o Salmo 23: "Ainda que eu ande pelo vale da sombra da morte, não temerei mal algum, pois tu estás comigo."

As ciências socias contemporâneas endossam em grande parte essa linha do tempo. Diferentemente de perder um filho, perder um cônjuge revela-se menos arrasador do que imaginamos. O modelo mais conhecido, os cinco estágios do luto de Elizabeth Kubler-Ross, que diz que experimentamos ondas de negação, raiva, negociação, depressão e aceitação, foi

Conclusão

solapado por pesquisas subsequentes. O mais destacado estudioso do luto hoje, George Bonanno, da Universidade Columbia, descobriu que a maior parte das viúvas não acha o luto nem esmagador nem interminável. Três quartos se recuperam dentro de seis meses. "Por mais assustadora que a dor da perda possa ser", escreve Bonanno, "a maioria de nós é *resiliente*." Podemos nos sentir chocados e tristes, "mas ainda conseguimos recuperar o equilíbrio e seguir em frente".

Talvez isso tenha acontecido com Eva, mas seu caso parece de fato especial. Primeiro, ela conheceu Adão desde o momento em que nasceu. Segundo, no passado eles compartilharam partes do corpo. Terceiro, ela não tem nenhuma viúva com quem aprender. Antes a primeira mãe a experimentar a morte de um filho, agora ela é a primeira esposa a experimentar a morte de um marido.

A literatura oferece sua própria perspectiva, e ela é muito diferente desse retrato de fácil aceitação. Em *Romeu e Julieta*, quando pensa que Julieta está morta, Romeu se mata para se unir a ela – e se sente exultante com isso. "Ó, meu amor! minha esposa!", grita ele. "Quantas vezes, estando à beira da morte/ Sentiram-se os homens felizes!" Quando ela desperta do sono e o vê envenenado, decide se juntar a ele. Beija seus lábios envenenados, ainda mornos, depois se apunhala. "Ó, feliz adaga!", lamenta ela. "Esta é tua bainha; enferruja aí, e deixa-me morrer."

Em *O morro dos ventos uivantes*, de Emily Brontë, Heathcliff sonha de maneira semelhante em se reunir com sua amante falecida, Cathy. Na noite em que Cathy é enterrada, Heathcliff escava sua sepultura e anseia por ela. Ele suborna o sacristão para remover o lado do caixão de Cathy e mais tarde, depois que ele for enterrado ao lado dela, fazer o mesmo com o seu, de modo que os dois amantes possam jazer para sempre lado a lado, dissolvendo-se na terra.

Uma vez que Adão e Eva começaram a vida juntos, é tentador imaginá-la desejando um fim similar, especialmente quando lhes foi dito ao deixarem o Éden: "Porque tu és pó e ao pó retornarás".

O insight mais revelador do estado de espírito de Eva vem de duas das mais célebres cronistas modernas da viuvez. Joan Didion, em *O ano do pensamento mágico*, escreve que perder um marido é desorientador. "A vida muda rapidamente. A vida muda num instante. Você se senta para jantar e a vida tal como você a conhece termina." Joyce Carol Oates, em *A história de uma viúva*, descreveu a experiência como deixando-a "completamente louca". "É claro – *viúva* suplanta todas as outras identidades, inclusive *indivíduo racional*", escreveu ela. Mas acima de tudo elas concordam: perder um marido faz você se sentir algo universal. Sozinha.

Didion: "O que lembro do apartamento na noite em que cheguei em casa sozinha vindo do New York Hospital é o silêncio." Didion: "Lembrome de pensar que precisava falar sobre isso com John. Não havia nada que eu não discutisse com John." Didion: "A interminável ausência que se segue, o vazio, o exato oposto do significado, a incessante sucessão de momentos durante os quais vou me defrontar com a experiência da própria ausência de significado."

Oates: "Nunca estive tão só, tão *completa e absolutamente só.*" Oates: "Há um terror na *solidão*. Além até do *isolamento.*" Oates: *"Esta casa está tão vazia! É quase insuportável!"* Oates: *"Há acessos de profunda solidão e uma sensação de falta de sentido."* Oates: *"Sou a única pessoa que está só."*

Aqui está algo que nos leva para mais perto de Eva e nos permite conjecturar sobre seus sentimentos. A primeira viúva certamente sente após a morte de Adão o que Adão sentia antes que ela nascesse. Eva agora sente a única coisa que Deus diz não ser bom que seres humanos sintam. Eva se sente só. E talvez, nesse instante, se sinta mais próxima de Adão. Talvez seja lembrada do que realmente significa precisar de alguém. Talvez compreenda o que poderia ter ficado um pouco perdido em todos aqueles anos que passaram juntos: que ela o ama.

Mas e agora?

Como os relatos de Didion, Oates e inúmeras outras deixam claro, a literatura sobre a perda sugere um período de ausência de significado. Talvez com Eva isso dure uma semana, um mês ou, dada a sua longevidade, um século. Mas depois há uma virada, algo que sacode o enlutado impelindo-o a recuperar a vida. Para a narradora de "The woman's mourning song", de bell hooks, é a tarefa prosaica de amassar o pão: "a

Conclusão 205

guerreira em mim retorna/ para matar o sofrimento/ para fazer o pão." Para Oates é quando na primavera ela se aventura no jardim do marido e relembra Whitman: "O menor broto mostra que não há realmente morte." Para Didion é quando, subindo numa escada rolante, ela recorda a última viagem a Paris com o marido. "Se nós mesmos temos de viver, chega um ponto em que temos de renunciar aos mortos, deixá-los partir, mantê-los mortos", escreve ela.

Para suportar, não devemos mais tentar reverter o tempo, ela diz. Devemos vivê-lo ao longo de sua trajetória adiante.

"Das incontáveis obrigações fúnebres da viúva, há realmente apenas uma que importa", escreve Oates. "No primeiro aniversário da morte de seu marido a viúva deveria pensar *eu me mantive viva.*"

Eva certamente consegue isso – e muito mais. Uma curiosidade raramente discutida da história de Adão e Eva é que Adão morre no relato bíblico, ao passo que Eva não. É possível que isso seja uma negligência ou mais uma indicação do status inferior de Eva. Talvez os compiladores da Bíblia simplesmente não se importem o bastante com a primeira mulher – ou com as mulheres em geral – para mencionar seu falecimento.

Mas um olhar para outras figuras famosas na história sugere uma leitura diferente. As mortes dos três patriarcas – Abraão, Isaac e Jacó – são mencionadas na Bíblia, assim como as de todas as suas três viúvas – Sara, Rebeca e Raquel. Até Lia, a primeira mulher não amada de Jacó, é homenageada em sua morte. O mesmo pode ser dito de Noé, José, Moisés, o irmão de Moisés, Aarão, e até a irmã de Moisés, Míriam.

Única entre as figuras importantes dos Cinco Livros, Eva nunca é descrita morrendo. "A mãe de todos os vivos" simplesmente segue vivendo indefinidamente. Diante do evidente cuidado dispensado a cada sílaba no texto, essa elisão parece ser intencional. A imortalidade de Eva, parece seguro presumir, é um sinal de que alguma coisa em sua vida não deve ter permissão para morrer. Mas o quê?

Para alguns poderia ser o exemplo negativo de sua história. Veja, é o que acontece quando você desobedece às regras, excede os limites e desrespeita seu parceiro. A imortalidade dela seria assim sua desfeita final.

No entanto essa severidade é muito pouco compatível com o modo como tanto Deus quanto Adão se conduzem em relação a Eva depois que ela deixa o Éden.

Prefiro um ponto de vista alternativo – é permitido a Eva seguir vivendo por causa do exemplo positivo de sua vida. Sua imortalidade, longe de ser um insulto, é uma recompensa. Veja, é o que acontece quando você forja sua própria identidade, supera adversidades, persevera com seu parceiro. "A meia-vida do amor é para sempre", escreveu Junot Díaz em seu romance ganhador do Prêmio Pulitzer *A fantástica vida breve de Oscar Wao*. Ele poderia igualmente estar falando de Eva. Ao nunca morrer, ela assegura que seu amor nunca morra.

Quase desde o dia em que se tornou papa em 2013, o ex-cardeal Jorge Mario Bergoglio fez do amor uma característica central de seu papado. Vivemos num tempo de "crise da família", disse Francisco. "A família é um dos bens mais preciosos da humanidade. Mas não é, talvez, o mais vulnerável?"

Contudo, ao tentar converter sua visão numa filosofia de trabalho que pudesse guiar e confortar centenas de milhões de famílias no mundo todo, o primeiro papa das Américas foi fustigado por ventos contrários. Por um lado, ele defendeu uma rigorosa ideologia da família que tem raízes em Adão e Eva. Deus criou homem e mulher iguais em sua "dignidade essencial", afirmou ele, mas "complementares" em seus papéis. "Complementares" – a ideia de que Deus destina papéis diferentes a homens e mulheres foi usada por décadas para justificar a superioridade masculina e excluir mulheres de posições de liderança. O papa também afirmou que o casamento entre um homem e uma mulher, que começou com Adão e Eva, é um sacramento inviolável. Qualquer pessoa que sabidamente viole essas normas – inclusive homossexuais, adúlteros e divorciados – é frequentemente excluída de muitas atividades da Igreja.

Por outro lado, Francisco fora um padre atuante nos bairros miseráveis de Buenos Aires e tomava muitas decisões menos com um legalismo

Conclusão

de teólogo e mais com um coração de pastor. Ele pediu uma Igreja mais misericordiosa, menos sentenciosa, e ofereceu ramos de oliveira para os divorciados e casados pela segunda vez, bem como para as mulheres que tinham feito abortos. E, numa frase famosa, disse sobre os homossexuais: "Quem sou eu para julgar?"

"Uma fé que não sabe como se enraizar na vida das pessoas permanece árida e, em vez de oásis, cria outros desertos", disse Francisco. Os momentos de maior sofrimento, acrescentou ele, são "precisamente as oportunidades para Deus mostrar misericórdia".

A religião, desde seus primórdios, lutou com a tensão entre muros e pontes. Você pode construir recintos de lei, tradição, crença, ou qualquer outro padrão, e insistir em que o mundo também entre ou fique de fora. Ou pode construir pontes de compaixão, caridade e perdão e convidar o mundo para entrar ou sair como desejar. No primeiro caso você obtém pureza, mas pode sofrer contração; no segundo obtém flexibilidade, mas pode sofrer indiferença. Não conheço nenhuma instituição religiosa que não lute com essa questão e nenhum líder espiritual que não se angustie com essa compensação.

Não é surpresa que Adão e Eva, para terem sobrevivido tão longamente, incorporem essa tensão. Talvez a tenham até iniciado. O Jardim do Éden é o enclave murado original. Quando Adão e Eva não obedecem a seus regulamentos, Deus os expulsa. No entanto, depois que Adão e Eva estão fora daqueles muros, Deus constrói pontes de compaixão com eles. Ele os envolve em roupas, os ajuda a conceber filhos, os conforta depois da perda.

Como aconteceu durante séculos, você pode interpretar Adão e Eva como francos mensageiros das consequências da desobediência. Ou pode vê-los como embaixadores da igualdade, da transgressão, do perdão e da reconciliação. Como Francisco deixou claro aquela noite na Filadélfia, ele adota a segunda opinião.

Quando li pela primeira vez as palavras preparadas pelo papa para o Encontro das Famílias, elas me tiraram o fôlego. O papa expôs quase exatamente a interpretação de Adão e Eva que eu vinha compondo desde que visitei o Vaticano com minhas filhas. Um dos belos mistérios da Bíblia, começou Francisco, é que "Deus não quis vir ao mundo de outra maneira senão por meio de uma família. Deus não quis se aproximar da humanidade senão por meio de um lar". Foi por isso que Deus, desde o princípio, disse: "Não é bom que o homem esteja só." "Podemos acrescentar", escreveu o papa, "não é bom para a mulher estar só, não é bom para as crianças, os idosos ou os jovens. Não é bom."

As famílias que Deus quer que criemos, continuou ele, são baseadas no amor. Ele citou Erich Fromm: "Amar alguém não é apenas um sentimento forte – é uma decisão, é um julgamento, é uma promessa." O discurso terminava com um apelo a voltar à concepção original de Deus para uma família amorosa no Éden. "Apostem tudo no amor", disse ele. "Não podemos chamar nenhuma sociedade de saudável quando ela não deixa espaço real para a vida em família."

Esse era o *cri de coeur* apaixonado e sensato que o papa Francisco planejava pronunciar para os milhares de celebrantes no Franklin Parkway. Só que nunca o fez. A cerimônia estava, para dizer o mínimo, se alongando demais. Seis famílias oriundas do mundo todo postaram-se diante do papa e deram detalhados testemunhos. Os artistas de Hollywood acrescentaram um adorno extra. Os breves comentários dos vários dignitários tornaram-se longos e cansativos. A CNN, que deveria ter saído do ar horas antes, ainda estava transmitindo o evento.

Até o papa, em atividade praticamente incessante desde o amanhecer e ainda sofrendo de ciática, despencava em sua cadeira. Atrás dele, nos conhecidos degraus do museu de arte que Sylvester Stallone subiu correndo em *Rocky*, estava uma instalação temporária da famosa estátua LOVE, de Robert Indiana, em que as letras inglesas tinham sido remodeladas para o espanhol, AMOR.

O resultado foi que quando o papa finalmente se deslocou para o púlpito, todos estavam exaustos, inclusive ele. Assim, esse homem intuitivo, identificado com o povo, fez o que faz de melhor, insubordinou-se. Compreendeu que ninguém na multidão (exceto eu!) queria ouvir sua dissertação. Falou de improviso.

Conclusão 209

Começou com uma anedota. "Uma vez um menino me perguntou: 'Padre, o que Deus fazia antes de criar o mundo?' Posso lhes assegurar que foi difícil para mim encontrar uma resposta." Finalmente o pontífice disse ao menino: "Antes de criar o mundo Deus amava, porque Deus é amor."

Deus passou a criar muitas coisas nesta "maravilha em que vivemos", continuou o papa, mas a coisa mais bonita que criou foi a família. "Ele criou homem e mulher e lhes deu tudo", disse Francisco. Pediu-lhes que crescessem, cultivassem a terra, fizessem-na florescer, disse. E lhes deu seu amor.

E nós o estamos destruindo, disse Francisco. "Obviamente, esse paraíso terrestre não está mais aqui", continuou. "A vida tem problemas." Isso começou quando Adão e Eva viraram as costas para Deus; continuou quando um de seus filhos assassinou o outro. Continua até hoje.

"Claro, um de vocês poderia me dizer: 'Padre, você fala assim porque é solteiro.' Nas famílias, nós brigamos; nas famílias, às vezes os pratos voam; nas famílias, os filhos nos dão dores de cabeça. E nem vou mencionar a sogra."

Sim, o solteiro mais famoso do mundo fez uma piada sobre a sogra.

Mas a família ainda é uma fábrica de esperança, disse ele. O ódio não é capaz de superar essas dificuldades. A divisão de corações não é capaz de superar essas dificuldades. Só o amor pode fazê-lo. "O amor é uma festa", disse ele. O amor é alegria. O amor é continuar avançando." Ele concluiu: "Vamos cuidar da família, porque é lá, lá, que nosso futuro está em jogo."

A multidão explodiu. Chris Cuomo, sentado ao meu lado, disse: "Esse foi o lendário cardeal Bergoglio." Achei que tivesse presenciado o ponto alto da semana. Mas depois de refletir, penso realmente que é mais do que isso. A fala de Francisco certamente não foi um grande avanço no pensamento. O discurso preparado era mais nuançado. Mas o que Francisco capturou sob as estrelas naquela noite foi como o papel do primeiro casal mudou ao longo dos séculos.

Durante a maior parte de sua história, Adão e Eva representaram a mensagem severa da religião. "Faz o que te é ordenado; sê grato pelo que tens; ama o Senhor teu Deus com todo o teu coração, com toda a tua alma e com toda a tua força." Em suma: "Você vive num mundo murado. Obedeça às regras ou saia."

Hoje, porém, essa mensagem é menos eficaz no mundo da religião. O "deves" está sendo posto de lado em favor do "talvez devas considerar". Ordens estão sendo substituídas por recomendações. Obrigações, por convites.

Muros estão desmoronando.

Pontes estão brotando rapidamente.

É claro que nem todos estão construindo pontes hoje em dia. Há muitos tradicionalistas em todas as fés que erigem barricadas cada vez mais altas e, em alguns casos, empreendem ações violentas para impor suas restrições. Mas para a vasta maioria das pessoas, as que margeavam as ruas da Filadélfia aquela noite, as que assistiam a vídeos em seus telefones celulares ou as que simplesmente tocam suas vidas e ainda se importam com questões de espiritualidade, muros não são mais a melhor fonte de inspiração. A maioria dos que buscam não quer mais ordens, quer orientação. Não quer restrição, quer indicação. Não quer anti-heróis, quer heróis.

O que Francisco mostrou aquela noite foi que Adão e Eva, sendo criados por Deus e moldados como uma família que suporta adversidades e dificuldades, ainda têm um papel a desempenhar neste novo mundo da espiritualidade "faça você mesmo". Sua história não é apenas sobre pecado, desobediência, ingratidão, esbanjamento de sua herança e ruína da vida para o resto de nós. Sua história envolve também originalidade, perdão, recuperar-se da calamidade e resiliência.

Sua história diz respeito ao amor, em toda a sua confusa, carnal, esperançosa e ressurgente glória.

Quanto mais cedo reconhecermos isso, mais cedo poderemos ser capazes de ouvir o que eles estiveram tentando nos dizer o tempo todo.

ENTÃO QUAL É ELA? Qual é a mensagem da canção de amor de Adão e Eva?

Quando levei minhas filhas ao Vaticano, antes que Francisco se tornasse papa, eu estava sentindo uma inquietação não diferente daquela que ele transformou no ponto forte de seu papado. É o mesmo desconforto

Conclusão

com que mães e pais, maridos e mulheres, políticos e poetas se preocuparam por algum tempo: como encontrar significado num mundo em rápida mutação? Como nos manter coesos como sociedade e não sucumbir ao ódio? Como cultivar amor, como mantê-lo se o encontramos e como trazê-lo de volta se o perdemos por algum tempo?

Essas questões estavam na minha mente quando cheguei ao fim dessa jornada. Para ajudar a respondê-las, reuni algumas das vozes mais sábias que conhecia, meu próprio conclave de amor, se você me permite. Entre os membros estão o rabino lorde Jonathan Sacks, o principal orador no primeiro Sínodo de Francisco sobre a família; Simon May, cujos dois livros sobre o amor remodelaram o campo; e Helen Fisher, a antropóloga cujos muitos livros e palestras do TED fizeram dela uma voz de grande competência sobre a biologia do amor.

Comecei perguntando como eles definem o atual problema do mundo, do qual seus trabalhos sobre o amor ajudam a tratar. Todos os três deram respostas semelhantes: a crescente sensação de isolamento, separação e desconexão em nossa sociedade sempre ligada, o problema que eu estivera resumindo sob o termo "solidão".

Aqui está o que Sacks teve a dizer: "Hoje temos a cultura mais individualista de toda a história humana. A começar por Tocqueville, que inventou a palavra 'individualismo' em 1835, podemos acompanhar a ascensão em três títulos de livros. *A multidão solitária*, de David Riesman (1950); *Bowling Alone* [Jogando boliche sozinho], de Robert Putnam (1996); e *Alone Together* [Sozinhos juntos], de Sherry Turkle (2011). Somos a multidão solitária, e esse é o problema que ameaça nossa felicidade."

May: "*O* tópico da idade moderna é alienação. Estamos separados e isolados daqueles que amamos. Isso começa com Deus. Seres humanos têm uma necessidade eterna do sagrado, e, uma vez que perdemos contato com o sagrado, há um buraco gigante em nossas vidas. O amor preencheu esse buraco, e temos a crença de que ele é a resposta para os problemas da vida."

Fisher: "O amor nada tem de novo. É o mais antigo e adaptável impulso humano. O que é novo é quão importante ele se tornou para a sociedade, e isso decorre de um movimento, a entrada em massa de mulheres no mercado de trabalho. Uma vez que não estão mais dentro de casa fazendo as meias e as velas, as mulheres ganharam liberdade financeira. Essa liberdade lhes deu o poder de sair de um relacionamento ruim, o que lhes deu a capacidade de definir o que é um bom relacionamento. Perguntei a várias pessoas em dezenas de países o que elas mais querem num relacionamento, e a resposta número um é sempre amor pelo parceiro."

Todos os três concordam, em outras palavras, que o amor é o antídoto para a atomização e a dureza na sociedade moderna. Eles também concordam que se vamos dar tanta ênfase ao amor, temos de definir sobre o que estamos falando. "Você não pode ter um relacionamento bem-sucedido se não souber qual é o objetivo desse relacionamento", disse Simon May.

Bastante justo. Pedi ao meu conclave para que me ajudasse com uma definição. Apresento, portanto, minha lista dos seis elementos do amor romântico, ou, no vernáculo no momento, "O que Adão e Eva me ensinaram sobre relacionamentos".

1. *Pacto.* Segundo Sacks, em seu discurso no Sínodo do Vaticano dedicado à família, a revelação revolucionária no Gênesis é que cada ser humano, seja de que classe, cor ou credo, é feito à imagem de Deus. "Sabemos que no mundo antigo apenas os soberanos, reis, imperadores e faraós eram considerados a imagem de Deus", disse Sacks. "Assim, o que o Gênesis estava dizendo era que somos todos majestades".

O que essa estrutura tem de decisivo é que nossa relação um a um com Deus torna-se o modelo para nossas relações um a um com outras pessoas, especialmente nossos amantes. "Há uma conexão profunda entre monoteísmo e monogamia", disse Sacks. Ambos envolvem "a relação abrangente entre mim e ti, eu mesmo e o outro."

Ao longo de toda a Escritura hebraica, um conceito é usado para caracterizar essa relação: pacto. Modelado em antigos tratados legais, um pacto é um acordo entre duas partes, em que cada lado tem direitos e obrigações. A relação de Deus com seres humanos é chamada de pacto, assim como a

Conclusão 213

relação de um marido com sua mulher, e vice-versa. A palavra aparece na Bíblia hebraica 280 vezes.

À primeira vista, a noção de que algo tão antiquado e aparentemente anacrônico como um pacto tenha alguma relevância na era do Snapchat e do Ashley Madison parece risível. Você pode imaginar jovens amantes no Dia dos Namorados usando #pacto? Por outro lado, a ideia captura a gravidade e a atemporalidade da relação de amor, que é exatamente o que está nos faltando hoje em dia. Ela certamente incorpora a importância que a Bíblia atribui a uma aliança como essa.

"A palavra 'bom' aparece sete vezes na história da criação", disse-me Sacks, "culminando na criação dos seres humanos, que Deus chama de 'muito boa'." Mas depois há uma interrupção. É quase como um pouquinho de conversa de bar no meio de uma sonata de Bach para cravo. Adão está sozinho, e isso *não é bom*.

Muito tempo antes das buscas via computador, continuou Sacks, ele percorreu a totalidade dos livros mosaicos e descobriu que a expressão "não é bom" aparece somente mais uma vez, quando é dito a Moisés que não é bom chefiar sozinho.

"A Bíblia deixa claro que não estamos destinados a ser sós", disse Sacks. "No entanto muitos de nós nos sentimos sós. A mensagem fundamental de Adão e Eva é que temos de encontrar uma maneira de superar essa solidão. Temos de encontrar uma maneira, como disse o poeta John O'Donohue, de "abençoar o espaço entre nós". O amor é a ponte estreita através do abismo entre almas.

Para mim essa é a primeira lição de Adão e Eva. Devemos ressacralizar essa ponte estreita. Devemos recapturar a excepcionalidade do que a vida contemporânea transformou numa mercadoria, o relacionamento amoroso entre dois indivíduos. Devemos restaurar a ideia de pacto, com todo o seu peso e obsoletismo. Se o fizermos, talvez venhamos a tratar os relacionamentos com um pouco mais de humildade e reverência.

Felizmente, no primeiro homem e mulher da Bíblia, temos um bom exemplo de como fazer isso. Na cerimônia de casamento judaica tradicional, a noiva e o noivo são abençoados com sete bênçãos. A sexta bênção diz: "Tornai estes queridos companheiros tão felizes quanto foi o primeiro casal humano no Jardim do Éden." Que Adão e Eva sejam o casal amoroso exemplar foi, como se revela, exposto diante de nós durante todo esse tempo. Adão e Eva mantiveram um pacto um com o outro. É tempo de mantermos um pacto com eles.

2. *Conectividade*. O aspecto isolado mais subvalorizado de Adão e Eva é como eles retornam continuamente um para o outro após períodos de separação. Eles começam a vida unidos, depois Eva se separa e vai embora sozinha. Eva poderia continuar separada nesse ponto; em vez disso, ela retorna para Adão. Adão poderia se separar dela quando ela volta; em vez disso, ele se une a ela. Eles poderiam ter partido do Éden separadamente após serem expulsos; em vez disso, vão juntos. Poderiam ter se separado para sempre após perder o filho; em vez disso, voltam a se unir e têm outro filho.

Essa união diante de repetidas separações é a façanha singular de Adão e Eva. É também uma expressão da segunda qualidade central do amor romântico. Adão e Eva experimentam claramente um forte, esmagador até, sentimento de pertencerem um ao outro. Eles exibem o mais profundo e reconfortante de todos os sentimentos humanos: o afeto.

"Amor é uma questão de encontrar um lar no mundo", disse-me Simon May. "De experimentar a mera presença da outra pessoa como base. É uma forma de êxtase, no qual você acredita estar avançando para o mundo ao lado de uma pessoa com quem você alcança a sua Terra Prometida."

A expressão de May para esse sentimento é "enraizamento ontológico", um termo que, até ele admite, só um filósofo poderia apreciar. Ele acredita que esse sentimento se tornou predominante no último século como consequência direta da retirada da religião. Como ele escreve em *Amor: uma história*, o amor humano é "comumente incumbido de realizar aquilo de que outrora apenas o amor divino era considerado capaz: ser nossa fonte suprema de significação e felicidade". "Deus é amor" tornou-se "o amor é Deus", escreve ele, "de modo que ele é agora a religião não declarada do Ocidente".

Eu não iria tão longe – conheço muita gente que valoriza o amor romântico, e apesar disso ainda ama Deus –, mas de fato considero a fórmula instrutiva. Os sentimentos de fundamentação e propósito que outrora atribuíamos exclusivamente a Deus são agora sentimentos que atribuímos também à pessoa que amamos. Amor, escreve o filósofo Robert Nozick, é quando nosso bem-estar está preso ao de alguém que amamos. Quando algo de ruim acontece a um amigo, você se sente mal por seu amigo, diz ele. "Quando algo de ruim acontece a uma pessoa que você ama, porém, algo de ruim também acontece *a você*."

A razão: uma qualidade central de estar apaixonado é estar física, emocional e, sim, ontologicamente conectado a outra pessoa. "Conecte simplesmente", escolheu E.M. Forster como epígrafe de *Howards End*. A ordem ainda vigora. E, sem dúvida, é mais uma qualidade apresentada primeiro por Adão e Eva.

3. *Contrapeso.* Um dos muitos insights que Milton teve sobre Adão e Eva foi que o relacionamento deles envolve um dar e receber, uma oscilação de poder em que primeiro uma parte, depois a outra, assume a dianteira. Eva é feita do corpo de Adão, mas Adão se agarra a ela. Adão dá a Eva a liberdade de ir sozinha ao jardim; Eva dá a Adão a opção de comer ou não o fruto. Adão dá início à atividade sexual que produz seus filhos; Eva dá à luz os filhos e escolhe seus nomes. Qualquer pessoa que esteja num relacionamento pode reconhecer esse ir e vir. Você cuida do jardim, eu vou passar as folhas de figueira; nos encontramos na árvore do fruto ao meio-dia.

Temos essa fantasia sobre o amor de que a igualdade é de alguma maneira o objetivo. "Onde o amor não encontra iguais, ele os cria", disse Stendhal. Pense na Cinderela e no príncipe encantado, na Bela e na Fera, no rei Eduardo VIII e em Wallis Simpson, no bilionário e na prostituta em *Uma linda mulher*. O amor é a única coisa que se diz mais forte que classe, poder ou beleza.

Mas essa ideia é enganosa. A dinâmica central em relacionamentos mais modernos não é a igualdade, é o equilíbrio. "Todos querem acreditar em igualdade", disse Helen Fisher. "Mas há muitas relações que são desiguais. Ele é rico e feio; ela é bonita e estúpida. Ela é bem-sucedida e ambiciosa; ele é trabalhador braçal e dirige uma moto." Mesmo em relacionamentos que parecem ser iguais, disse ela, alguém vai ter mais facilidade na cozinha, vai ganhar mais dinheiro, vai ser melhor com as crianças.

"O resultado é que não se precisa de igualdade para viver um bom relacionamento", disse ela. "Precisa-se de equilíbrio. Ambos os lados devem sentir que estão obtendo aquilo de que necessitam. Você precisa de cooperação."

A melhor maneira de conseguir isso, disse Fisher, é assegurar que cada parte num relacionamento tenha autonomia assim como intimidade, independência juntamente com interdependência. "O amor maduro", escreve Fromm em *A arte de amar*, permite a ambas as partes "superar a sensação de isolamento" ao mesmo tempo que lhes permite "conservar" a "sensação de integridade".

Um dos principais esforços do amor é manter o equilíbrio, algo absolutamente necessário e quase impossível. O prazer consiste na tentativa de se caminhar lado a lado com o parceiro ao mesmo tempo que ocasionalmente se caminha só. Dois amantes passeando "de mãos dadas", como disse Milton, ao mesmo tempo que também seguem seu "caminho solitário".

"Deixe haver espaços em sua união", escreve Khalil Gibran em *O profeta*. "E deixe que os ventos dos céus dancem entre vocês." Gibran continua:

Encham a taça um do outro, mas não bebam os dois de uma só taça.
Partilhem o seu pão, mas não comam do mesmo pedaço.
Cantem e dancem juntos e se alegrem, mas permaneça cada um sozinho.

Amor é a resposta para a solidão, contanto que haja isolamento dentro dele.

4. *Constância*. Se há uma coisa sobre Adão e Eva em que todos concordam é que eles nos ensinaram que todo relacionamento tem problemas. Você pensa que sua mulher é difícil? A mulher de Adão trouxe a morte para o mundo. Você acha que seu marido é uma decepção? O marido de Eva culpou-a pelo pecado original.

Uma curta lista das adversidades enfrentadas por Adão e Eva inclui: perder seu lar, perder sua fonte de alimento, perder seu filho. Uma relação das ofensas interpessoais inclui: infidelidade, desatenção, incriminação. Qualquer uma dessas coisas teria dado margem a terapia de casal ou até ao divórcio.

Só que não havia nem terapeutas nem advogados. Adão e Eva tiveram de resolver isso por si mesmos. E que agradecimento recebem de nós?

Nenhum. Eles recebem desprezo universal, condenação eterna e muitas pinturas deles nus em seu momento de maior fraqueza.

Que vergonha.

Em vez de censurá-los, deveríamos estar celebrando-os. Em vez de execrar sua fraqueza, deveríamos estar exaltando sua constância.

"As pessoas compreenderam mal o papel do amor na vida", disse Rainer Maria Rilke. "Elas o transformaram em divertimento e prazer porque pensavam que divertimento e prazer eram mais alegres que trabalho", disse ele. Mas estavam erradas. "Não há nada mais feliz que trabalho", continuou, "e o amor, exatamente por ser a extrema felicidade, não pode ser nada senão trabalho."

No fim de seu discurso no Vaticano, Jonathan Sacks tratou do que chamou de um momento negligenciado na história de Adão e Eva. É sua hora de maior vulnerabilidade, no entanto é o momento em que mostram grande ternura um pelo outro. No fim de Gênesis 3, exatamente quando Adão e Eva estão deixando o Éden, Deus diz: "Com o suor do teu rosto comerás o teu pão." A resposta de Adão é dar oficialmente à sua mulher o nome dela, *Chavah*, Eva, "a mãe de todos os viventes". A reação de Deus é fazer "túnicas de pele" para eles e mandar que seguissem seu caminho.

Por que o fato de Deus ter dito ao homem que ele é mortal o levou a dar a Eva o seu nome?, perguntou Sacks. E por que esses atos levam Deus a vestir Adão e Eva? A resposta, disse ele, é que apenas quando compreende que é mortal Adão finalmente compreende que precisa de Eva.

No momento em que estão prontos para entrar no mundo real, o que Sacks chama "um lugar de escuridão", Adão dá à sua mulher "a primeira dádiva de amor, um nome". E Deus, por sua vez, reage a ambos "com amor" e lhes faz roupas para vestir a nudez, ou, como disse o sábio do século II rabino Meir, "roupas de luz".

Nas garras do perigo, eles reafirmam seu amor. Diante da escuridão, Deus os banha de luz.

Esta é a quarta grande lição de amor de Adão e Eva. O amor não consiste em evitar conflito; consiste em superá-lo. O amor não consiste em rechaçar problemas; consiste em transpô-los. "Não é amor o amor/ Que se altera a qualquer alteração", escreve Shakespeare no Soneto CXVI. "Oh, não, o amor é uma marca imutável." O amor, ele conclui, "resiste até a beira da ruína".

Quem conhece a beira da ruína melhor que Adão e Eva? Ninguém. É por isso que sua constância merece nosso constante aplauso.

5. *Zelo.* Nem tudo que Adão e Eva podem nos ensinar sobre o amor é positivo. Pensando em todas as histórias de amor que vieram depois, é possível identificar facilmente várias fraquezas na deles.

Primeiro, Adão e Eva mostram muito pouca afeição um pelo outro. Não há pétalas de rosas, massagem nas costas ou dar a mamadeira das quatro da madrugada para deixar o outro dormir um pouco. Além disso, eles nunca expressam compromisso um com o outro: o mais perto que chegamos é Adão exclamando com entusiasmo: "Esta, sim, é osso de meus ossos e carne de minha carne!" Por fim, eles não parecem estar se divertindo muito. Faltam os apelidos, as piadas que só eles entendem, as rotinas brincalhonas que sustentam até as mais instáveis ligações. Adão e Eva se amam, mas será que se gostam?

Entretanto, há um outro vazio em seu relacionamento que é ainda mais desapontador, e que é a quinta grande característica do amor: zelo. Parte de amar é a disposição para se diminuir a serviço do apoio ao outro. "A atenção é a mais rara e pura forma de generosidade", escreveu Simone Weil. "Levada ao grau mais elevado, [ela] é a mesma coisa que a prece." Adão e Eva prestam atenção um no outro?

A ideia de dar altruisticamente ao outro tem raízes na Bíblia, portanto é possível imaginar Adão e Eva sendo expostos a ela. Os cristãos santificaram

Conclusão 219

a ideia de *kenosis*, um esvaziamento de si mesmo a serviço de Deus, que Cristo encarnou na cruz. Escritores mais recentes usam outras maneiras de capturar essa ideia. Simon May adota o termo "atenção" – "A atenção exercitada, quase meditativa e aberta ao outro" – e diz ser essa a qualidade fundamental do amor interpessoal.

John Gottman, um dos principais psicólogos dos relacionamentos contemporâneos, usa o termo "afinação". Gottman foi pioneiro na prática de gravar casais em situações de vida simuladas e analisar seu comportamento. Ele apelidou sua instalação de "Laboratório do Amor". Um poderoso prognosticador do sucesso de um casal, ele descobriu, é quão bem os parceiros remedeiam discussões, o que significa que um lado dá passos afirmativos para considerar as preocupações do outro.

Gottman chama esse gesto de afinação, ou "o desejo e a capacidade de compreender e respeitar o mundo interior do parceiro". Casais com alto grau de afinação passam menos tempo na "caixa desagradável" durante brigas e mais tempo na "caixa agradável". Adão e Eva certamente passavam um tempo na "caixa desagradável" – "a mulher" comeu primeiro, Adão diz rancorosamente a Deus. Seria bom vê-los também passar um tempo na "caixa agradável".

O atributo comum a todas essas descrições é uma disposição para se afastar de si mesmo e se voltar para o outro. "O amor deve ser igualado à curiosidade", escreve Avivah Zornberg. É primeiro comprometer-se em conhecer o mundo autofabricado do outro, depois habitá-lo e tentar torná-lo um lugar melhor para se estar.

Seria gratificante saber que Adão e Eva têm esse comprometimento um com o outro. E talvez tenham. A história deles, infelizmente, revela pouca evidência disso. Afinação, atenção, *kenosis*, curiosidade, há muitos nomes para essa ideia. Prefiro o simples e direto "zelo".

Zele por seus amantes. O que poderia ser mais claro que isso?

6. *Conarração*. William James observou que o grande "abismo intransponível" na natureza é aquele entre duas mentes. Há muito o papel do amor romântico é "cruzar esse abismo", escreveu o romancista William Gass,

"criar uma nova criatura feita de intimidades misturadas, encher uma alma com outra".

A maneira mais eficiente de conseguir isso é fazer com que os amantes criem uma nova história – uma história compartilhada – de sua vida juntos. Essa nova história não é uma história única. É uma história dupla. Ela tem dois protagonistas, duas pessoas cujas necessidades devem ser satisfeitas, dois indivíduos cujos medos devem ser superados. Essa história compartilhada não substitui as histórias individuais que cada amante conta. Ela repousa sobre elas. É a segunda história na imaginação de cada pessoa. A primeira história é o amor ao eu; a segunda é o amor ao outro. E esta não pode sobreviver a menos que a primeira seja bem construída.

O processo de cocriar essa história compartilhada – o que psicólogos chamam de "conarração" – é a última grande qualidade do amor romântico, e é aquela que Adão e Eva são mais responsáveis por introduzir. É deles a primeira coautoria.

Talvez a característica mais destacada na narrativa conjunta de uma história seja ser mais desafiadora que a narrativa solo. A palavra "acrobático" vem à mente. Essa sensação de corporalidade atinge a dificuldade inerente dos relacionamentos. Eles requerem coordenação. As metáforas mais comuns que usamos sobre o amor deixam escapar o essencial. Falamos sobre ser atingidos por um raio, levar um soco no estômago, ser atropelados por um caminhão. Tudo isso é passivo.

O amor é ativo. Fromm gostava de dizer que a principal metáfora para o romance na língua inglesa, *"to fall in love"*,* é enganosa. Cair é fácil, ficar de pé é difícil. Cair é reativo; simplesmente nos acontece. Ficar de pé dá trabalho. No entanto esse estado de longo prazo é o que buscamos. Dizemos que queremos *"to fall in love"*, mas o que realmente queremos é *"to stand in love"*, ou nos manter apaixonados.

Esse processo de se manter apaixonado é baseado numa série de coisas, inclusive o compartilhamento de ideias, atos e fluidos corporais. Mas, acima de tudo, é baseado em palavras. Jean Piaget, o grande psicólogo

---

* Literalmente "cair no amor", a maneira usual de dizer "apaixonar-se" em inglês. (N.T.)

Conclusão

infantil suíço, cunhou uma expressão para descrever como pré-escolares brincam. As crianças, diz ele, envolvem-se em "monólogos coletivos", elas se reúnem, mas falam apenas consigo mesmas. O amor é o inverso disso. É "diálogo coletivo", isto é, os dois lados constroem uma versão compartilhada da realidade. Essa coordenação não impede ambas as partes de terem sua própria versão da realidade; isso acontece também, é claro. Mas é a versão que montam juntas que representa sua união entremesclada.

E essa história não é apenas abstrata; é concreta também. Helen Fisher encontrou sinais de afeto prolongado no cérebro humano. Ela escaneou o cérebro de indivíduos que tinham passado uma média de vinte anos casados. A maioria tinha filhos adultos. Depois ela examinou as regiões do cérebro dessas pessoas que eram mais ativas. Os que tinham escores mais elevados em questionários sobre satisfação no casamento mostraram envolvimento aumentado em três áreas do cérebro.

"A primeira tem a ver com empatia", disse ela. "A segunda tem a ver com controle das próprias emoções. A terceira, com ilusões positivas, especialmente a habilidade de ignorar aquilo que você não gosta numa pessoa e concentrar-se no que gosta." É como aquela velha canção, disse ela, "acentue o positivo, elimine o negativo".

"Podemos realmente ensinar o cérebro a aprender essa habilidade?", perguntei.

"Certamente. O cérebro é muito maleável. Podemos aprender a nos concentrar nos aspectos positivos do relacionamento e não nos negativos." Tudo se reduz a contar uma história, disse ela. "Para estar num relacionamento saudável vocês não precisam concordar em tudo, mas têm de concordar em coisas suficientes para terem uma boa história para contar."

Para mim, essa é a coisa mais empolgante que aprendi sobre Adão e Eva. O amor é uma história. Mas não simplesmente qualquer história. Uma história de amor tem várias qualidades que a distinguem de outras histórias.

Primeiro, é uma história que construímos com outra pessoa. Não podemos ser o único autor de nossa própria história de amor; não podemos impor nossa vontade ou exigir a última palavra. Devemos, por definição, compartilhar mérito, compartilhar propriedade, compartilhar criação. Narrativas de lamentações, anseios e amor não correspondido são fenômenos frequentes, mas não são histórias de amor. São histórias com um único narrador. Uma história de amor, por definição, tem dois.

É por isso que Adão e Eva não são uma história de amor quando somente Adão se sente solitário ou mesmo quando fala entusiasmado que Eva é sua alma gêmea! Eles não iniciam uma história de amor até que ela comece a se sentir da mesma maneira. Quando "eles dois" estão nus e não sentem vergonha; quando "eles dois" abrem os olhos e descobrem que estão nus; quando "eles dois" se deitam e concebem.

Segundo, uma história de amor demanda tempo. A definição mais comum de amor é que se trata de um notável período de pruridos, fascinação, novidade e desejo que frequentemente atravessamos no início de um relacionamento. Isso pode ser parte do amor, é claro, mas não é um requisito, e essa não é toda a história. Amor é também um prato cozido em fogo lento de reinvenção, reconciliação, resistência e apreço.

Para mim, esse é o erro essencial ao falarmos sobre nossa obsessão mais central. Definimos o amor de forma a assegurar que não podemos ser bem-sucedidos nele. Descrevemos o amor como algo passivo e fugaz, depois ficamos surpresos quando ele vai embora. Glorificamos o amor como efervescente, depois ficamos desapontados quando ele evapora.

O amor não é eterno e imutável; está sempre em transformação e sempre evoluindo. O amor não é um momento no tempo, é a passagem do tempo. Foi assim para Adão e Eva e é assim para nós.

Finalmente, uma história de amor é uma história que contamos ao longo do caminho. Experimentamos a paixão, a dor, a jocosidade do amor enquanto estamos tentando confeccionar a narrativa desse amor. Estamos vivendo a história enquanto a contamos. De fato, nunca podemos fugir de nossa história — uma das razões pelas quais as histórias de amor nos parecem tão escapistas. Resolvemos nossas questões comparando-as com as daqueles sobre quem lemos, observamos e falamos.

Essa é uma razão por que Adão e Eva resistiram por tanto tempo. Cada geração compara seus problemas com os deles. Apesar disso, não os respeita-

Conclusão 223

mos pelo que conseguem: a disposição de continuar caminhando, continuar falando, continuar retornando um para o outro, continuar avançando.

Somos resistentes à ideia de que Adão e Eva são uma história de amor, acredito, não porque não exibem os atributos do amor, mas porque identificamos mal quais são esses atributos. "Amor não é uma conquista inicial seguida por um relacionamento, muito menos 'felizes para sempre'", escreve Robert Solomon, assim como um bom romance não culmina no segundo capítulo, a quinhentas páginas do fim. Amor é "a história contínua de autodefinição, em que tramas, temas, personagens, começos, meios e fins dependem em grande medida da autoria dos eus indeterminados envolvidos no amor".

Ficamos desapontados quando não temos um romance de livro, ele acrescenta, mas a verdade é que temos de criar nossa própria história, nosso próprio romance.

Isso foi o que extraí de Adão e Eva: o amor é uma história que contamos junto com outra pessoa. E, assim como acontece com eles, a narrativa nunca termina.

EM 13 DE DEZEMBRO DE 1867, Mark Twain percorria Jerusalém quando visitou uma sala na basílica do Santo Sepulcro identificada como "Túmulo de Adão". Foi vencido pela emoção. "A fonte de minha afeição filial foi revolvida até suas maiores profundezas", escreveu ele. "Apoiei-me numa coluna e caí em pranto." Era muito comovente, "aqui numa terra de estrangeiros, tão longe de casa, dos amigos e de todos que gostavam de mim, descobrir assim o túmulo de um parente. Um parente distante, é verdade, mas ainda assim um parente".

Twain ficou obcecado pelo antepassado que nunca conheceu. Propôs de brincadeira que uma estátua de Adão fosse construída na cidade natal de sua mulher, Elmira, Nova York. Quando o público inesperadamente abraçou a ideia, ele encarregou o Congresso de financiá-la. Negaram. Em seguida, ele contribuiu para a Estátua da Liberdade, mas instou os organizadores a substituir a mulher por um monumento a Adão. Sua carta nunca foi respondida. Twain chegou a adotar como um de seus pseudônimos "A Son of Adam" (Um Filho de Adão).

Twain escreveu então meia dúzia de peças pouco conhecidas, mas extraordinárias, sobre o primeiro casal, entre as quais *Extracts from Adam's Diary* e a inacabada *Autobiography of Eve*. Consideradas em conjunto, escreveu um historiador, "elas são talvez o mais pessoal escrito de Twain".

Na narrativa de Twain, Adão sente-se a princípio constrangido com Eva. Ela come demais, sai o tempo todo e fala muito. "Antes era tão agradável e tranquilo aqui", diz ele. Adão fica ansioso quando ela começa a se relacionar com a serpente. "Eu a aconselhei a ficar longe da árvore. Ela disse que não o faria. Prevejo problemas. Vou emigrar."

Da mesma forma, Eva está pouco impressionada com Adão. "Ele fala muito pouco. Talvez seja porque não é inteligente, e se melindra por isso."

Mas pouco a pouco os dois se aproximam. "Vejo que ficaria solitário e deprimido sem ela", diz Adão. "Abençoada seja a dor que nos aproximou e me ensinou a conhecer a bondade do seu coração e a doçura do seu espírito." Uma transição semelhante acontece com Eva. "Eu o amo com toda a força de minha natureza apaixonada", diz ela. "É minha prece, é meu anseio que possamos deixar esta vida juntos."

Twain completou o último desses escritos, *Eve's Diary*, logo após a morte de sua amada mulher, Livy, em 1904. "Sou um homem sem país", escreveu a um amigo. "Onde quer que Livy estivesse, aquele era o meu país." Num epílogo de uma só frase a *Eve's Diary*, que foi originalmente intitulado "Eve's Love-Story", Twain acrescenta um panegírico semelhante à boca de Adão. De pé ao lado do túmulo de Eva, o homem solitário original lamenta: "Onde quer que ela estivesse, *ali* era o Éden."

O tocante elogio de Twain à sua mulher, posto na boca de seu "parente", captura tudo que admiro em Adão e Eva: sua capacidade de falar conosco, de nos passar a mensagem que mais precisamos ouvir em nossa hora mais vulnerável. Essa mensagem, em sua forma mais simples, é que há um ideal de amor imorredouro. Há uma promessa de felicidade eterna na Bíblia, tão poderosa quanto a promessa de paz eterna.

Conclusão 225

Há amor prometido, bem como terra prometida.

Hoje, precisamos dessa promessa mais que nunca. Num tempo de deslocamento e desconexão, precisamos ser lembrados de que não estamos destinados a ser sós. Num tempo de compromissos que se esfacelam e prazeres descartáveis, precisamos ouvir novamente que o primeiro relacionamento durou para sempre. Num tempo de "equilíbrio trabalho-vida pessoal" e "Podemos ter tudo isso?", precisamos relembrar que mesmo o primeiro casal lutou para encontrar individualidade em sua união. Num tempo em que decepcionamos a nós mesmos e a nossos amantes, precisamos recordar que o primeiro homem e a primeira mulher encontraram uma maneira de curar suas feridas e perdoar seus erros.

Precisamos, acima de tudo, lembrar que o relacionamento na base de nossa civilização foi um sucesso, não um fracasso.

Precisamos de Adão e Eva como modelos.

E eles ganharam. Num mundo dominado por *eu*, Adão e Eva foram o primeiro *nós*. Eles foram os primeiros a dizer: estamos melhor como um *nós* do que qualquer um de nós está como um *eu*.

Adão e Eva são a primeira história de amor.

Isso não significa que são a melhor história de amor, como tampouco o primeiro jogo de beisebol foi o melhor jogo de beisebol, o primeiro romance foi o melhor romance ou o primeiro suflê de laranja foi o melhor suflê de laranja. Isso não significa que são os primeiros amantes a ter sua história contada. Pode ter havido sonetistas caçadores-coletores nas savanas da África ou uma Jackie Collins egípcia na corte do rei Tutancâmon.

Mas Adão e Eva são a primeira história de amor no sentido de os primeiros a exemplificar a decisão consciente de elevar o amor de ser humano por ser humano ao plano do amor de deus por deus ou de deus por ser humano. Eles são os primeiros a terem sobrevivido, a terem sido recontados, experimentados, reimaginados. São os primeiros aos quais todas as outras histórias de amor são comparadas, de forma favorável ou não.

Basta ver como nos lembramos deles. Eles são Adão e Eva.

Não Adão.

Não Eva.

Adão e Eva. Um nome raramente é mencionado sem o outro. Em 1956, o poeta Philip Larkin visitou a catedral de Chichester, no sul da Inglaterra, onde se deparou com duas efígies de pedra trazidas do Lewes Priory. Elas retratavam o décimo conde de Arundel, Richard Fitz Alan, e sua segunda esposa, Eleanor de Lancaster. Os dois estavam deitados de costas, entalhados em mármore, de mãos dadas.

"Lado a lado, seus rostos tornados indistintos/ O conde e a condessa jazem em pedra", escreveu Larkin em "An Arundel Tomb".

> Nosso quase instinto quase verdadeiro:
> o que sobreviverá de nós é amor.

Impressiona-me que o que Larkin viu nessas figuras foi o que Twain viu em Adão e Eva. Isso ecoa um pouco no que Mary Shelley, John Milton, Lord Byron, Michelangelo, Ernest Hemingway, Elizabeth Cady Stanton, o papa Francisco e tantos outros viram, da mesma forma, no primeiro casal.

E é o que escolho ver, também.

Vejo em Adão e Eva o que acredito que eles viram neles mesmos: que o que perdurará de sua união é seu companheirismo.

O que sobreviverá deles é amor.

Bibliografia selecionada

Ackerman, Diane. *A Natural History of Love*. Nova York, Vintage, 1995.

Almond, Philip C. *Adam and Eve in Seventeenth-Century Thought*. Cambridge, Cambridge University Press, 1999.

Alter, Robert. *The Art of Biblical Narrative*. Nova York, Basic Books, 1981.

_____. *Genesis*. Nova York, W.W. Norton, 1996.

Anderson, Gary A. *The Genesis of Perfection: Adam and Eve in Jewish and Christian Imagination*. Louisville, Westminster John Knox, 2001.

Armstrong, Karen. *In the Beginning: A New Interpretation of Genesis*. Nova York, Ballantine, 1997.

Aschkenasy, Nehama. *Eve's Journey: Feminine Images in Hebraic Literary Tradition*. Detroit, Wayne State University Press, 1994.

Agostinho. *The Confessions*. Tradução de Maria Boulding. Nova York, Vintage, 1998.

_____. *The City of God*. Garden City, Image, 1958.

Badiou, Alain, Nicolas Truong e Peter R. Bush. *In Praise of Love*. Londres: Serpent's Tail, 2012. [Ed. bras.: *Elogio ao amor*. São Paulo, Martins Fontes, 2013.]

Bal, Mieke. *Lethal Love: Feminist Literary Readings of Biblical Love Stories*. Bloomington, Indiana University Press, 1987.

Barna, George. *Revolution*. Wheaton, Tyndale House, 2005.

Barthes, Roland, Richard Howard e Wayne Koestenbaum. *A Lover's Discourse: Fragments*. Nova York, Hill and Wang, 2010. [Ed. bras.: *Fragmentos de um discurso amoroso*. São Paulo, Martins Fontes, 2003.]

Becker, Ernest. *The Denial of Death*. Nova York, Free Press, 1997.

Berger, Peter L. *The Desecularization of the World: Resurgent Religion and World Politics*. Washington, Ethics and Public Policy Center, 1999.

Blanning, T.C.W. *The Romantic Revolution: A History*. Nova York, Modern Library, 2012.

Blech, Benjamin e Roy Doliner. *The Sistine Secrets: Michelangelo's Forbidden Messages in the Heart of the Vatican*. Nova York, HarperOne, 2009.

Borg, Marcus J. *The God We Never Knew: Beyond Dogmatic Religion to a More Authentic Contemporary Faith*. São Francisco, HarperSanFrancisco, 1997.

Bouteneff, Peter. *Beginnings: Ancient Christian Readings of the Biblical Creation Narratives*. Grand Rapids, Baker Academic, 2008.

Brogaard, Berit. *On Romantic Love: Simple Truths about a Complex Emotion*. Nova York, Oxford University Press, 2015.

Brontë, Charlotte. *Jane Eyre: An Authoritative Text, Context, Criticism*. Organizado por Richard J. Dunn. Nova York, Norton, 2001. [Ed.bras.: *Jane Eye: uma autobiografia*. Edição comentada e ilustrada. Rio de Janeiro, Zahar, 2018.]

Browne, Janet. *Charles Darwin: The Power of Place*. Princeton, Princeton University Press, 2002.

_____. *Voyaging*. Princeton, Princeton University Press, 1996.

Bruschini, Enrico. *In the Footsteps of Popes: A Spirited Guide to the Treasures of the Vatican*. Nova York, William Morrow, 2001.

Buber, Martin. *I and Thou*. Tradução de Walter Kaufmann. Nova York, Charles Scribner's Sons, 1970.

Buscaglia, Leo F. *Love*. Nova York, Fawcett, 1996.

Byron, John. *Cain and Abel in Text and Tradition: Jewish and Christian Interpretations of the First Sibling Rivalry*. Leiden, Brill, 2011.

Cacioppo, John e William Patrick. *Loneliness: Human Nature and the Need for Social Connection*. Nova York, Norton, 2009.

Campbell, Gordon e Thomas N. Corns. *John Milton: Life, Work, and Thought*. Oxford, Oxford University Press, 2008.

Capellanus, Andreas. *The Art of Courtly Love*. Tradução de John Jay Parry. Nova York, Norton, 1969.

Christ, Carol P. e Judith Plaskow. *Womanspirit Rising: A Feminist Reader in Religion*. São Francisco, HarperSan Francisco, 1992.

Collins, John J. *Between Athens and Jerusalem: Jewish Identity in the Hellenistic Diaspora*. Grand Rapids, William B. Eerdmans, 2000.

Comer, John Mark. *Loveology: God, Love, Sex, Marriage, and the Never-ending Story of Male and Female*. Grand Rapids, Zondervan, 2013.

Coogan, Michael David. *God and Sex: What the Bible Really Says*. Nova York, Twelve, 2010.

Crowther, Kathleen M. *Adam and Eve in the Protestant Reformation*. Cambridge, Cambridge University Press, 2010.

De Botton, Alain. *How to Think More about Sex*. Nova York, Picador, 2013.

_____. *On Love*. Nova York, Grove, 1993.

De Waal, F.B.M. *Our Inner Ape: A Leading Primatologist Explains Why We Are Who We Are*. Nova York, Riverhead, 2006.

Delumeau, Jean. *The History of Paradise: The Garden of Eden in Myth and Tradition*. Urbana, University of Illinois, 2000.

Diamond, Jared M. *Why Is Sex Fun? The Evolution of Human Sexuality*. Nova York, HarperCollins, 1997.

Díaz, Junot. *This is How You Lose Her*. Nova York, Riverhead, 2012.

Didion, Joan. *The Year of Magical Thinking*. Nova York, Vintage International, 2007. [Ed. bras.: *O ano do pensamento mágico*. Rio de Janeiro, Nova Fronteira, 2006.]

Edgell, Penny. *Religion and Family in a Changing Society*. Princeton, Princeton University Press, 2006.

Eliade, Mircea. *The Sacred and the Profane. The Nature of Religion*. Tradução de Willard R. Trask. Nova York, Harcourt, Brace & World, 1959.

Enns, Peter. *The Evolution of Adam: What the Bible Does and Doesn't Say about Human Origins*. Grand Rapids, Brazos, 2012.

Erskine, John. *Adam and Eve: Though He Knew Better*. Indianapolis, Bobbs-Merrill, 1927.

Bibliografia selecionada 229

Evans, J. Martin. *Paradise Lost and the Genesis Tradition*. Oxford, Clarendon Press, 1968.
Fara, Patricia. *Erasmus Darwin: Sex, Science, and Serendipity*. Oxford, Oxford University Press, 2012.
Fisher, Helen E. *Why We Love: The Nature and Chemistry of Romantic Love*. Nova York, Henry Holt, 2004.
Fox, Everett. *The Five Books of Moses: Genesis, Exodus, Leviticus, Numbers, Deuteronomy; A New Translation with Introduction, Commentary, and Notes*. Nova York, Schocken, 1995.
Frankel, Estelle. *Sacred Therapy: Jewish Spiritual Teaching on Emotional Healing and Inner Wholeness*. Boston, Shambhala, 2003.
Frankl, Viktor E. *Man's Search for Meaning*. Boston, Beacon Press, 2006.
Fredrickson, Barbara. *Love 2.0: Creating Happiness and Health in Moments of Connection*. Nova York, Plume, 2014.
Fredriksen, Paula. *Augustine and the Jews: A Christian Defense of Jews and Judaism*. Nova York, Doubleday, 2008.
Fromm, Erich. *The Art of Loving*. Tradução de Marion Hausner Pauck. Nova York, Harper Perennial Modern Classics, 2006. [Ed. bras.: *A arte de amar*. São Paulo, Martins Fontes, 2ª ed., 2015.]
Frymer-Kensky, Tikva. *Reading the Women of the Bible: A New Interpretation of Their Stories*. Nova York, Fawcett Columbine, 2004.
_____. *In the Wake of the Goddesses: Women, Culture, and the Biblical Transformation of Pagan Myth*. Nova York, Fawcett Columbine, 1993.
Gibran, Khalil. *The Prophet*. Londres, Heinemann, 1926.
Gilbert, Creighton. *Michelangelo: On and Off the Sistine Ceiling*. Nova York, George Braziller, 1994.
Ginzberg, Lori D. *Elizabeth Cady Stanton: An American Life*. Nova York, Hill and Wang, 2009.
Ginzberg, Louis. *The Legends of the Jews*, vol.1, *From the Creation to Jacob*. Tradução de Henrietta Szold e Paul Radin. Baltimore, Johns Hopkins University Press, 1998.
Goff, Bob. *Love Does: Discover a Secretly Incredible Life in an Ordinary World*. Nashville, Thomas Nelson, 2012.
Gottman, John Mordechai e Nan Silver. *What Makes Love Last? How to Build Trust and Avoid Betrayal*. Nova York, Simon & Schuster, 2012.
Grant, Adam M. *Originals: How Non-Conformists Move the World*. Nova York, Viking, 2016.
Hammer, Jill. *Sisters at Sinai: New Tales of Biblical Women*. Filadélfia, Jewish Publication Society, 2004.
Hammer, Jill e Taya Shere. *The Hebrew Priestess: Ancient and New Visions of Jewish Women's Spiritual Leadership*. Teaneck, Ben Yehuda, 2015.
Hammer, Jill e Holly Taya Shere. *Siddur HaKohanot: A Hebrew Priestess Prayerbook*. S.l., Lulu.com, 2007.
Hammer, Jill, com Shir Yaakov Feit. *Omer Calendar of Biblical Women*. Falls Village, Kohenet Institute, 2012.
Hạnh, Thich Nhât. *Cultivating the Mind of Love*. Berkeley, Parallax, 2008.

_____. *How to Love.* Berkeley, Parallax, 2015.

Harari, Yuval N. *Sapiens: A Brief History of Humankind.* Londres, Harvill Secker, 2014.

Haught, John F. *Deeper than Darwin: The Prospect for Religion in the Age of Evolution.* Boulder, Westview, 2003.

Hauser, Marc D. *Moral Minds: The Nature of Right and Wrong.* Nova York, Harper Perennial, 2007.

Heidegger, Martin, John Macquarrie e Edward S. Robinson. *Being and Time.* Nova York, HarperPerennial/Modern Thought, 2008.

Hemingway, Ernest. *The Garden of Eden.* Nova York, Scribner, 1986. [Ed. bras.: *O Jardim do Éden.* Rio de Janeiro, Nova Fronteira, 1987.]

Heschel, Abraham Joshua. *Man's Quest for God: Studies in Prayer and Symbolism.* Santa Fe, Aurora, 1998.

Hickman, John e Julian Fitter. *Galápagos: The Enchanted Islands through Writers' Eye.* Londres, Eland Pub, 2009.

Hill, Christopher. *The English Bible and the Seventeenth-Century Revolution.* Londres, Penguin, 1994.

Hollis, James. *The Eden Project: In Search of the Magical Other.* Toronto, Inner City, 1998.

Holmes, Richard. *The Age of Wonder: How the Romantic Generation Discovered the Beauty and Terror of Science.* Nova York, Vintage, 2010.

_____. *Footsteps: Adventures of a Romantic Biographer.* Nova York, Vintage, 1996.

Holy Bible: New Revised Standard Version with Apocrypha: Reference Edition, Burgundy Bonded. Nova York e Oxford, Cambridge University Press, 1998.

hooks, bell. *All about Love: New Visions.* Nova York, Perennial, 2001.

Hugo, Victor e Norman Denny. *Les Misérables.* Londres, Penguin, 1982.

Hurwitz, Siegmund. *Lilith, the First Eve: Historical and Psychological Aspects of the Dark Feminine.* Organizado por Robert Hinshaw. Einsiedeln, Daimon Verlag, 2009.

Illouz, Eva. *Why Love Hurts: A Sociological Explanation.* Malden, Polity, 2015.

Jankowiak, William R. *Intimacies: Love and Sex across Cultures.* Nova York, Columbia University Press, 2008.

Johnson, Elizabeth A. *She Who Is: The Mystery of God in Feminist Theological Discourse.* Nova York, Crossroad, 1992.

Jung, C.G. *The Essential Jung.* Introdução de Anthony Storr. Princeton, Princeton University Press, 1997.

Keller, Timothy e Kathy Keller. *The Meaning of Marriage Facing the Complexities of Commitment with the Wisdom of God.* Nova York, Dutton, 2011.

Kern, Kathi. *Mrs. Stanton's Bible.* Ithaca, Cornell University Press, 2001.

Kern, Stephen. *The Culture of Love: Victorians to Moderns.* Cambridge, Harvard University Press, 1994.

Kimball, Dan. *They Like Jesus but Not the Church: Insights from Emerging Generations.* Grand Rapids, Zondervan, 2007.

King, Ross. *Leonardo and the Last Supper.* Nova York, Bloomsbury, 2013.

_____. *Michelangelo and the Pope's Ceiling.* Nova York, Penguin, 2003.

Kinnaman, David e Aly Hawkins. *You Lost Me: Why Young Christians Are Leaving Church... and Rethinking Faith*. Grand Rapids, Baker Books, 2011.

Kinnaman, David e Gabe Lyons. *Unchristian: What a New Generation Really Thinks about Christianity... and Why It Matters*. Grand Rapids, Baker Books, 2007.

Kipnis, Laura. *Against Love: A Polemic*. Nova York, Vintage, 2004.

Klitsner Judy. *Subversive Sequels in the Bible: How Biblical Stories Mine and Undermine Each Other*. New Milford, Maggid, 2011.

Knust, Jennifer Wright. *Unprotected Texts: The Bible's Surprising Contradictions about Sex and Desire*. Nova York, HarperOne, 2011.

Koltun, Elizabeth. *The Jewish Women: New Perspectives*. Nova York, Schocken Books, 1976.

Konner, Melvin. *The Evolution of Childhood: Relationships, Emotion, Mind*. Cambridge, Belknap Press of Harvard University Press, 2010.

_____. *The Jewish Body*. Nova York, Nextbook, 2009.

_____. *Unsettled: An Anthropology of the Jews*. Nova York, Viking Compass, 2003.

_____. *Women After All: Sex, Evolution, and the End of Male Supremacy*. Nova York, Norton, 2015.

Krauss, Nicole. *The History of Love*. Nova York, Norton, 2005.

Kushner, Harold S. *How Good Do We Have to Be?: A New Understanding of Guilt and Forgiveness*. Boston, Little, Brown, 1997.

Kvam, Kristen E., Linda S. Schearing e Valarie H. Ziegler. *Eve and Adam: Jewish, Christian, and Muslim Readings on Genesis and Gender*. Bloomington, Indiana University Press, 1999.

Lamm, Maurice. *The Jewish Way in Love and Marriage*. Middle Village, Jonathan David, 1991.

Lawrence, D.H. *Women in Love*. Mineola, Dover Publications, 2002.

Leibowitz, Nehama e Aryeh Newman. *Studies in Bereshit (Genesis): In the Context of Ancient and Modern Jewish Bible Commentary*. Jerusalém, Eliner Library, Joint Authority for Jewish Zionist Education, Department for Torah Education and Culture in the Diaspora, 1995.

Leider, Emily Wortis. *Becoming Mae West*. Nova York, Farrar, Straus, Giroux, 1997.

Lerner, Anne Lapidus. *Eternally Eve: Images of Eve in the Hebrew Bible, Midrash and Modern Jewish Poetry*. Waltham, Brandeis University Press, 2007.

Lerner, Gerda. *The Creation of Patriarchy*. Nova York, Oxford University Press, 1986.

Levenson, Jon Douglas. *Creation and the Persistence of Evil: The Jewish Drama of Divine Omnipotence*. Princeton, Princeton University Press, 1994.

Lewalski, Barbara Kiefer. *The Life of John Milton: A Critical Biography*. Oxford: Blackwell, 2000.

Lewis, Anthony J. *The Love Story in Shakespearean Comedy*. Lexington, University of Kentucky Press, 1992.

Lewis, Thomas, Fari Amini e Richard Lannon. *A General Theory of Love*. Nova York, Vintage, 2001.

Luttikhuizen, Gerard P. *Eve's Children: The Biblical Stories Retold and Interpreted in Jewish and Christian Traditions*. Leiden, Brill, 2003.

MacDonald, George. *Lilith: A Romance*. Seaside, Watchmaker, 2009.

Mack, Cheryl Birkner, Vivian Singer, Natalie Lastreger, Avigail Antman, Rachel Cohen Yeshurun e Tammy Gottlieb (orgs.). *Women of the Wall: Prayers for Rosh Hodesh and Weekday Mornings*. 4ª ed. Chesterland, CustomSiddur, 2014.

Makiya, Kanan. *The Rock: A Tale of Seventh-Century Jerusalem*. Nova York, Pantheon, 2001.

May, Simon. *Love: A History*. New Haven, Yale University Press, 2012. [Ed. bras.: *Amor: uma história*. Rio de Janeiro, Zahar, 2012.]

Merton, Thomas. *Love and Living*. Organizado por Naomi Burton Stone e Patrick Hart. San Diego, Harcourt Brace Jovanovich, 1985.

Miles, Jack. *God: A Biography*. Nova York, Vintage, 1996.

Miller, Geoffrey F. *The Mating Mind: How Sexual Choice Shaped the Evolution of Human Nature*. Nova York, Anchor, 2001.

Miller, Henry. *The World of Sex*. Harmondsworth, Penguin Classics, 2015.

Miller, Shannon. *Engendering the Fall: John Milton and Seventeenth-Century Women Writers*. Filadélfia, University of Pennsylvania Press, 2008.

Milton, John. *Paradise Lost: Authoritative Text, Sources and Backgrounds, Criticism*. Organizado por Gordon Teskey. Nova York, Norton, 2005. [Ed. bras.: *Paraíso perdido*. São Paulo, Editora 34, 2015.]

Mitchell, Stephen A. *Can Love Last? The Fate of Romance over Times*. Nova York, Norton, 2002.

Moyers, Bill D. *Genesis: A Living Conversation*. Nova York, Doubleday, 1996.

Murphy, Cullen. *The Word According to Eve: Women and the Bible in Ancient Times and Our Own*. Boston, Houghton Mifflin, 1998.

Neumann, Erich. *Amor and Psyche: The Psychic Development of the Feminine: A Commentary on the Tale by Apuleius*. Princeton, Princeton University Press, 1971.

Oates, Joyce Carol. *A Widow's Story. A Memoir*. Nova York, Ecco, 2012. [Ed. bras.: *Uma história da viúva*. Rio de Janeiro, Alfaguara, 2013.]

Pagels, Elaine H. *Adam, Eve, and the Serpent*. Nova York, Vintage, 1988.

Pardes, Ilana. *Countertraditions in the Bible: A Feminist Approach*. Cambridge, Harvard University Press, 1992.

Patai, Raphael. *The Hebrew Goddess*. Detroit, Wayne State University Press, 1990.

Paz, Octavio. *The Double Flame: Love and Eroticism*. San Diego, Harcourt Brace, 1996. [Ed. bras.: *A dupla chama: amor e erotismo*. São Paulo, Siciliano, 2001.]

Pelikan, Jaroslav. *Mary Through the Centuries: Her Place in the History of Culture*. New Haven, Yale University Press, 1996.

Phillips, John A. *Eve, the History of an Idea*. São Francisco, Harper & Row, 1985.

Pierce, Ronald W., Rebecca Merrill Groothuis e Gordon D. Fee. *Discovering Biblical Equality: Complementarity without Hierarchy*. Downers Grove, InterVarsity, 2005.

Platão, *Symposium*. Traduzido por Robin Waterfield. Oxford, Oxford University Press, 2008. [Ed. bras.: *O banquete*. Petrópolis, Vozes, 2017.]

Pogrebin, Letty Cottin. *Deborah, Golda and Me: Being Female and Jewish in America*. Nova York, Crown, 1991.

Bibliografia selecionada

Potts, Malcolm e Roger Short. *Ever since Adam and Eve: Evolution of Human Sexuality.* Cambridge, Cambridge University Press, 1999.

Putnam, Robert D. e David E. Campbell. *American Grace: How Religion Divides and Unites Us.* Nova York, Simon & Schuster, 2010.

Raver, Miki. *Listen to Her Voice.* São Francisco, Chronicle, 2005.

Ridley, Matt. *The Red Queen: Sex and the Evolution of Human Nature.* Nova York, Perennial, 2003.

Rilke, Rainer Maria. *Rilke on Love and Other Difficulties.* Tradução e considerações de John J.L. Mood. Nova York, Norton, 2004.

Rougemont, Denis de. *Love in the Western World.* Princeton, Princeton University Press, 1983.

Ruether, Rosemary Radford. *Religion and Sexism: Images of Woman in the Jewish and Christian Traditions.* Nova York, Simon and Schuster, 1974.

Rūmi, Jalāl Al-Dīn. *Rumi: The Book of Love: Poems of Ecstasy and Longing.* Traduzido por Coleman Barks. São Francisco, HarperSanFrancisco, 2003.

Ryan, Christopher e Cacilda Jethá. *Sex at Dawn: The Prehistoric Origins of Modern Sexuality.* Nova York, Harper, 2010.

Sacks, Jonathan. *Faith in the Future.* Londres, Darton, Longman and Todd, 1995.

_____. *The Great Partnership: Science, Religion, and the Search for Meaning.* Nova York, Schocken, 2012.

Sanders, Theresa. *Approaching Eden: Adam and Eve in Popular Culture.* Lanham, Rowman & Littlefield, 2009.

Sarna, Nahum M. *Understanding Genesis.* Nova York, Schocken, 1970.

Schearing, Linda S. e Valarie H. Ziegler. *Enticed by Eden. How Western Culture Uses, Confuses (and sometimes Abuses) Adam and Eve.* Waco, Baylor University Press, 2013.

Schwartz, Howard. *Lilith's Cave: Jewish Tales of the Supernatural.* São Francisco, Harper & Row, 1988.

Scruton, Roger. *The Soul of the World.* Princeton, Princeton University Press, 2014.

Shelley, Mary Wollstonecraft. *Frankenstein.* Organizado por J. Paul Hunter. Nova York, Norton, 2012.

_____. *Frankenstein.* Nova York, Signet Classic, 2000. [Ed. bras.: *Frankenstein Ou o Prometeu moderno.* Edição comentada. Rio de Janeiro, Zahar, 2017.]

Shevack, Michael. *Adam & Eve: Marriage Secrets from the Garden of Eden.* Nova York, Paulist Press, 2003.

Shlain, Leonard. *Sex, Time, and Power: How Women's Sexuality Shaped Human Evolution.* Nova York, Viking, 2003.

Solomon, Andrew. *Far from the Tree: Parents, Children and the Search for Identity.* Nova York, Scribner, 2012. [Ed. bras.: *Longe da árvore: pais, filhos e a busca da identidade.* São Paulo, Companhia das Letras, 2013.]

Solomon, Robert C. *About Love: Reinventing Romance for Our Times.* Indianapolis, Hackett, 2006.

_____ e Kathleen Marie Higgins. *The Philosophy of (Erotic) Love.* Lawrence, University of Kansas Press, 1991.

Soloveitchik, Joseph Dov. *The Lonely Man of Faith*. Nova York, Doubleday, 2006.

Soueif, Ahdaf. *The Map of Love*. Nova York, Anchor, 2000.

Steinbeck, John. *East of Eden*. Nova York, Penguin, 2002.

Stendhal. *Love*. Harmondsworh, Penguin, 1975.

Sternberg, Robert J. *Love Is a Story: A New Theory of Relationships*. Nova York, Oxford University Press, 1998.

Stone, Irving. *The Agony and the Ecstasy: A Biographical Novel of Michelangelo*. Nova York, New American Library, 2004.

Stone, Merlin. *When God Was a Woman*. Nova York, Harcourt Brace Jovanovich, 1978.

Stone, Michael E. *A History of the Literature of Adam and Eve*. Atlanta, Scholars, 1992.

Strauch, Dore. *Satan Came to Eden: A Survivor's Account of the "Galápagos Affair"*. Relatado por Walter Brockmann. North Charleston, Troise Publishing, 2015.

Szalavitz, Maia e Bruce Duncan Perry. *Born for Love: Why Empathy Is Essential – and Endangered*. Nova York, William Morrow, 2010.

Tennov, Dorothy. *Love and Limerence: The Experience of Being in Love*. Lanham, Scarborough House, 1999.

Trible, Phyllis. *God and the Rhetoric of Sexuality*. Filadélfia, Fortress, 1978.

Trzebiatowska, Marta e Steve Bruce. *Why Are Women more Religious than Men?*. Oxford, Oxford University Press, 2012.

Turguêniev, Ivan Sergeievitch. *First Love*. Tradução de Isaiah Berlin. Harmondsworth, Penguin, 1978. [Ed. bras.: *Primeiro amor*. São Paulo, Penguin-Companhia das Letras, 2015.]

Twain, Mark. *The Diaries of Adam & Eve*. Organizado por Don Roberts. São Francisco, Fair Oaks, 2001.

_____. *The Bible According to Mark Twain: Writings on Heaven, Eden, and the Flood*. Organizado por Howard G. Baetzhold e Joseph B. McCullough. Athens, University of Georgia Press, 1995.

The Vatican: 100 Masterpieces. Londres, Scala, 2001.

Visotzky, Burton L. *The Genesis of Ethics*. Nova York, Three Rivers, 1997.

Watts, Jill. *Mae West: An Icon in Black and White*. Nova York, Oxford University Press, 2003.

Weiner, Jonathan. *The Beak of the Finch: A Story of Evolution in Our Time*. Nova York, Knopf, 1994.

Wolkstein, Diane. *The First Love Stories: From Isis and Osiris to Tristan and Iseult*. Nova York, HarperCollins, 1992.

Wuthnow, Robert. *After the Baby Boomers: How Twenty- and Thirty-somethings Are Shaping the Future of American Religion*. Princeton, Princeton University Press, 2007.

_____. *The Restructuring of American Religion: Society and Faith since World War II*. Princeton, Princeton University Press, 1989.

Yalom, Marilyn. *What Really Happened in the Garden of Eden?* New Haven, Yale University Press, 2013.

Zornberg, Avivah Gottlieb. *The Beginning of Desire: Reflections on Genesis*. Nova York, Schocken, 2011.

Fontes

Para as citações de traduções inglesas da Bíblia hebraica, gosto de *Tanakh: The Holy Scriptures* (The New JPS Translation) e *The Torah: A Modern Commentary*, organizado por W. Gunther Plaut (Union of America Hebrew Congregations). Para o Novo Testamento, *The Holy Bible* (New Revised Standard Version) e, conforme o caso, *The Holy Bible: King James Version*. Outras traduções adequadas estão disponíveis em BibleGateway.com e BibleHub.com.

Introdução: O primeiro casal (p.9-20)

A citação de Thomas Merton usada como epígrafe a este livro, bem como a da Introdução, vem da coletânea de ensaios *Love and Living*. O uso de "infantil" por Agostinho vem de *A cidade de Deus*. A citação de Avraham Biran sobre Abraão pode ser encontrada em meu livro *Abraão: Uma jornada ao coração de três religiões*.

As estatísticas sobre solidão vêm de *Loneliness*, de John Cacioppo e William Patrick, *Born for Love*, de Bruce Duncan Perry e Maia Szalavitz, bem como de "Americans increasingly likely to lead lonely, loveless existences, except in old age", de Jordan Weissman, *Slate*; "A longtime proponent of marriage wants to reassess the institution's future", de Brigid Schulte, *The Washington Post*; "A gray revolution in living arrangements", de Jonathan Vespa e Emily Schondelmyer, U.S. Census Bureau; e "Loneliness: a silent plague that is hurting young people most", de Natalie Gil, *The Guardian*.

As citações de Erich Fromm vêm de *A arte de amar*; as de Joseph Campbell, de *O poder do mito*; as de Solomon, de *About Love*. A exortação de Auden vem de seu poema "O tell me the truth about love".

1. Primeiro vem o amor (p.21-43)

Uma descrição mais longa e detalhada de minha visita à confluência entre o Tigre e o Eufrates, juntamente com outros sítios bíblicos no Iraque, pode ser encontrada em meu livro *Where God Was Born: A Daring Journey Through the Bible's Greatest Stories*.

Minha discussão sobre deuses e deusas no Oriente Próximo antigo é baseada nos seguintes livros, e em alguns casos cito diretamente deles: *The Creation of Patriarchy*, de Gerda Lerner; *In the Wake of the Goddesses*, de Tikva Frymer-Kensky;

When God Was a Woman, de Merlin Stone; *Eve*, de John Phillips; *Ever Since Adam and Eve*, de Malcolm Potts e Roger Short; e *Sapiens*, de Yuval Harari.

Para mais sobre a relação entre o Deus singular/plural e a humanidade singular/plural, veja *The Beginning of Desire*, de Avivah Zornberg, e *Eternally Eve*, de Anne Lapidus Lerner.

A estatística sobre o amor através de culturas vem de *Why We Love* e *Intimacies*, de Helen Fisher, organizados por William Jankowiak. Minha análise da história do amor no Ocidente baseia-se fortemente em *Amor*, de Simon May; bem como em *On Romantic Love*, de Berit Brogaard; *Love 2.0*, de Barbara Frederickson; *Elogio ao amor*, de Alain Badiou; *The Culture of Love*, de Stephen Kerr; e *Love in the Western World*, de Denis de Rougemont.

O amor na Bíblia hebraica é discutido em Zornberg e May. A interpretação de Gênesis 1 como se referindo a uma criação andrógina é discutida em *Adam and Eve in Seventeenth-Century Thought*, de Philip Almond; tanto Zornberg quanto Lerner citam Rashi a propósito dessa ideia, juntamente com o Gênesis Rabbah. Os escritos de Robert Alter sobre Adão e Eva podem ser encontrados em *Genesis* e *The Art of Biblical Narrative*. Robin Waterfield tem uma útil introdução a *O banquete* em sua tradução da Oxford World Classics.

A ideia de relação humana é elegantemente explorada em *On Love*, de Alain de Botton; *I and Thou*, de Martin Buber; e em *The Book of Love*, de Rumi, que contém o poema sem título citado aqui. O "sentimento oceânico" de Freud vem de *O futuro de uma ilusão*; "dois sexos na mente", de Woolf, vem de *Um teto todo seu*.

2. Encontro encantador (p.44-66)

A citação de Robert Alter é encontrada em *Genesis*. Compilação e análise de interpretações da história da criação podem ser encontradas em *Paradise Lost in the Genesis Tradition*, de J.M. Evans; *Eve and Adam*, organizado por Kristen Kvam, Linda Schearing e Valarie Ziegler; e *Adam and Eve in Seventeenth-Century Thought*, que contém a citação de João Calvino. A análise dos diferentes usos de *levaddo* e *ezer kenegdo* vem de *Eternally Eve*. Ramban é encontrado em Zornberg; Yeats é encontrado em "Sailing to Byzantium"; e Hobbes, em *Do cidadão*.

Bergson é de *A evolução criadora*; Stevens, de "To Henry Church"; e Lewis, de *The Four Loves*.

A biologia da solidão é coberta em fascinante detalhe em *Loneliness* e *Born for Love*. Minhas citações de Cacioppo vêm de nosso almoço na Universidade de Chicago. As estatísticas sobre os efeitos danosos sobre a saúde vêm de seu livro também.

A análise de *tsela'* vem de *What Really Happened in the Garden of Eden?*, de Ziony Zevit, e *Eternally Eve*. Rashi é encontrado em Evans. Citações de Zornbeg vêm de *The Beginning of Desire*. Citações de *Jane Eyre* vêm de todo o romance.

Fontes

Sobre a história da capela Sistina, baseei-me em *Michelangelo*, de Gilbert Creighton; *Michelangelo and the Sistine Chapel*, de Andrew Graham-Dixon; *Michelangelo and the Pope's Ceiling*, de Ross King, bem como "Who's who in Michelangelo's Creation of Adam", de Leo Steinberg; "The divine wisdom of Michelangelo in *The Creation of Adam*", de Maria Rzepinska; e "The left side of God", de Jane Schulyer.

A piada sobre Adão e Eva pode ser encontrada em *What Really Happened in the Garden of Eden?*. A história da interpretação é discutida em *Eve*; *Adam and Eve in Seventeenth-Century Thought*; *Eternally Eve*; *Adam, Eve, and the Serpent*, de Elaine Pagels; e *Mary Through the Centuries*, de Jaroslav Pelikan, bem como em outros lugares.

3. O demônio me levou a fazer isso (p.67-90)

A frase sobre Milton inventando o casamento de companheirismo é inspirada por uma citação de Barbara Lewalski em minha entrevista com ela em sua casa. A citação de Solomon é de *About Love*. O material sobre a serpente e a maçã está em *Adam and Eve in the Protestant Reformation*, de Kathleen Crowther; *Approaching Eden*, de Theresa Sanders, juntamente com *Eve*; *Adam and Eve in Seventeenth-Century Thought* e *What Really Happened in the Garden of Eden?*, que também contém a canção "Them bones Will Rise Again".

As citações históricas são encontradas em *What Really Happened*, bem como em *Paradise Lost in the Genesis Tradition*; *Eve's Journey*, de Nehama Aschkenasy; *Eve*; e *Adam and Eve in the Protestant Reformation*.

As mais úteis biografias de Milton que consultei foram *The Life of John Milton*, de Lewalski; *John Milton*, de Gordon Campbell; e *Anna Beer Milton*, de Thomas Corns. Minha discussão sobre Milton e mulheres recorre também a *Engendering the Fall*, de Shannon Miller, e *Paraíso perdido*, organizado por Gordon Tesky, que contém as citações críticas que menciono. Os detalhes sobre a popularidade da Bíblia vêm de *The English Bible and the Seventeenth-Century Revolution*, de Christopher Hill.

O material sobre o amor cortês vem de *Amor*, de May; *The Philosophy of (Erotic) Love*, organizado por Robert Solomon e Kathleen Marie Higgins; *A History of the Wife*, de Marilyn Yalom; e *The Natural History of Love*, de Diane Ackerman. A "queda afortunada" é discutida em *Eve, Adam and Eve in Seventeenth-Century Thought* e *Paradise Lost in the Genesis Tradition*. "Ó, queda feliz" vem de "A treatise of paradise", de John Selked.

Octavio Paz vem de *A dupla chama*; Walt Whitman, de "From pent-up aching rivers"; Merton, de *Love and Living*; Katha Pollitt, de "The expulsion".

4. Guerras das tarefas (p.91-111)

A história de Friedrich Ritter e Dore Strauch é contada em memórias conflitantes: *Satan Came to Eden*, com Joseph Troise, organizador; e *Floreana*, de Margret Wittmer. Há também um documentário meticuloso chamado *The Galápagos Affair*, dirigido por Dan Geller e Dayna Goldfine.

A vívida história do Jardim do Éden é examinada em *The History of Paradise*, de Jean Delumeau. Temas similares são explorados em *Adam and Eve in Seventeenth-Century Thought*, *Paradise Lost in the Genesis Tradition* e *What Really Happened in the Garden of Eden?*.

Para mais sobre a história do casamento, veja *A History of the Wife*, *A Natural History of Love* e *Ever Since Adam and Eve*. A tradução de *ezer kenegdo* recorre a Alter, Ziony e Lerner.

A história literária de Galápagos é capturada em *Galápagos*, de John Hickman. Artigos de Ritter na *Atlantic* podem ser encontrados on-line em http://www.galapagos.to/TEXTS/ATLANTIC1931.HTM. Sobre a vida de Darwin, beneficiei-me da biografia de Janet Browne em dois volumes, *Voyaging* e *The Power of Place*.

Consultei numerosos volumes sobre as origens biológicas da formação de casais, monogamia e amor em seres humanos. Estes incluem *Why Is Sex Fun?*, de Jared Diamond; *Why We Love*, de Helen Fisher; *Born for Love*, de Perry e Szalavitz; *The Mating Mind*, de Geoffrey Miller; *The Philosophy of (Erotic) Love*, organizado por Robert Solomon e Kathleen Marie Higgins; *Intimacies*, organizado por William Jankowiak; *The Red Queen*, de Matt Ridley; *Elogio ao amor*, de Alain Badiou, Nicolas Truong e Peter Bush; e *The Evolution of Childhood* e *Women After All*, de Melvin Konner.

As citações de Ben Franklin e Oscar Wilde sobre o amor vêm de *The Jewish Way in Love and Marriage*, de Maurice Lamm; as citações de Solomon vêm de *About Love*; o hieróglifo egípcio é de *A Natural History of Love*; a citação de James vem de *On Vital Reserves*; a letra de *O violinista no telhado* vem da canção "Do you love me?".

5. Aquele olhar nos olhos deles (p.112-32)

Minha história de Mae West faz uso de *Becoming Mae West*, de Emily Wortis Leider, *Mae West*, de Jill Watts, e *Approaching Eden*, de Theresa Sanders. O incidente de Adão e Eva foi cuidadosamente estudado por Matthew Murray em "Mae West and the limits of radio censorship", *Colby Quarterly*; Steve Craig em "Out of Eden: The Legion of Decency, the FCC, and Mae West's 1937 appearance on The Chase & Sanborn Hour", *Journal of Radio Studies*; e Lori Amber Roessner e Matthew

Broaddus em "The sinners and the scapegoat: public reaction in the press to Mae West's Adam and Eve skit", *American Journalism*.

Minha leitura dos temas sexuais da história bíblica foi baseada em *Eternally Eve, What Really Happened in the Garden of Eden?* e *Eve's Journey*. A importância dos olhos no amor é discutida em ampla variedade de lugares, inclusive *Why We Love, About Love* e *The Philosophy of (Erotic) Love*. A pesquisa de Zick Rubin pode ser encontrada em "Measurement of romantic love", *Journal of Personality and Social Psychology*, entre outros. Sobre escritores românticos amarem usar olhos para invocar sentimentos, veja *Madame Bovary, Os miseráveis* e *Um par de olhos azuis*.

O "antropólogo do bem-amado" de Alain de Botton é de *On Love*; o detalhe sobre orgasmo é de *Loneliness*; a etimologia de *"love"*, de *Why We Love*. "O prazer que sentimos" de De Botton é de *How To Think More About Sex*.

Minha discussão sobre como o sexo tornou-se estimagtizado na religião ocidental faz uso de *In the Wake of Goddesses, Why Is Sex Fun?, The Jewish Way of Love and Marriage* e *Adam, Eve, and the Serpent*, que inclui comentários de Agostinho sobre "partes de vergonha".

John Mark Comer escreveu um livro chamado *Loveology* que faz intenso uso da narrativa de Adão e Eva. A história de como o amor se tornou público é cuidadosamente contada em *Amor*, de May, que contém as citações de Freud e outros.

6. A outra mulher (p.133-52)

A história de *O Jardim do Éden* de Hemingway e como ela se enquadra em sua experiência mais ampla de identidade sexual é memoravelmente narrada em *Hemingway*, de Kenneth Lynn, e *Hemingway*, de James Mellow, bem como em *Approaching Eden*; "The Garden of Eden and *The Garden of Eden*", de Kelly Fisher Lowe, tese de mestrado na Universidade do Tennessee, Knoxville; "Hemingway's gender trouble", de J. Gerald Kennedy, *American Literature*; *Hemingway's The Garden of Eden*, de Suzanne del Gizzo e Frederic J. Svoboda; "The Androgynous papa Hemingway", de James Tuttleton, *The New Criterion*.

O livro definitivo sobre a história de Lilith é *Lilith, the First Eve*, de Siegmund Hurwitz, organizado por Robert Hinshaw. Outras obras incluem *Lilith*, de George MacDonald, *Lilith's Cave*, de Howard Schwartz, e *The Hebrew Goddess*, de Raphael Patai. A conexão cristã com Lilith está em *Eve*, de Pamela Norris; *Adam and Eve in Seventeenth-Century Thought*; e *Adam and Eve in the Protestant Reformation*.

Jill Hammer escreveu *Sisters at Sinai* e, com Taya Shere, *The Hebrew Priestesses* e o livro de orações *Siddur HaKohanot*.

A história original de Judith Plaskow pode ser encontrada em *The Coming of Lilith*. A história de Lilith em Hollywood, inclusive Lilith Fair, é coberta em detalhes em *Approaching Eden*.

7. Assunto de família (p.153-74)

A história de *Cain, A Mistery* é contada em *Lord Byron's Cain*, de Truman Guy Steffan; "Lord Byron in the wilderness", de Leslie Tannenbaum, *Modern Philology*; e "Byron's Cain", de Leonard Michaels, Modern Language Association.

Minha interpretação da expulsão faz uso de *Eternally Eve*, que contém a crítica de Gênesis 3:16; *The Beginning of Desire*; *Religion and Sexism*, organizado por Rosemary Radford Ruether; e três obras essenciais de Phyllis Trible: *God and the Rhetoric of Sexuality*; "Eve and Adam: Genesis 2-3 Reread", em *Eve and Adam*; e "Depatriarchalizing in biblical interpretation", em *The Jewish Woman*.

Leituras detalhadas de Caim e Abel podem ser encontradas em *Cain and Abel in Text and Tradition*, de John Byron, e *Eve's Children*, organizado por Gerald Luttikhuizen. A citação de Ovídio vem de *Amores*, Livro III, Elegia XI. A estatística sobre assassinatos em família vem do Departamento de Justiça dos Estados Unidos, "Murder in Families", 1994.

All Joy and No Fun, de Jennifer Senior, discute o impacto que filhos têm sobre os pais, e contém a maior parte das estatísticas citadas aqui. O levantamento de Kahneman vem de "Toward national well-being accounts", de Daniel Kahneman, Alan Krueger, David Schkade, Norbert Schwartz e Arthur Stone, *American Economic Review*. O impacto de filhos adultos sobre os pais vem de "You are such a disappointment", de Kelly Cichy, Eva Lefkowitz, Eden Davis e Karen Fingerman, *The Journal of Gerontology Series B*.

O comovente livro de memórias de Sue Klebold intitula-se *A Mother's Reckoning*; ele inclui um prefácio de Andrew Solomon, que também escreveu sobre a história da família em *Longe da árvore*.

Elaine Stillwell escreveu memórias sobre luto intituladas *The Death of a Child*. As estatísticas sobre a perda de um filho vêm de "A survey of bereaved parents", conduzida por NFO Research, junho de 1999. As citações de Efrém, o Sírio, vêm de "Imagining what Eve would have said after Cain's murder of Abel", de Kevin Kalish, *Bridgewater Review*. A história do corvo e do cão pode ser encontrada em *Pirke de Rabbi Eliezer*, de Eliezer ben Hyrcanus, traduzido por Gerald Friedlander.

A pesquisa de Shirley Murphy aparece em "Misconception about parental bereavement", *Journal of Nursing Scholarship*; "Challenging the myths about parents", *Journal of Nursing Scholarship*; e "Finding meaning in a child's violent death", *Death Studies*.

A citação de Harold Kushner é de *When Bad Things Happen to Good People*, a de M. Scott Peck, de *The Road Less Traveled*; a de Antoine de Saint-Exupéry é de *Airman's Odyssey*. A canção de *Hamilton* mencionada é "It's quiet uptown".

Fontes

8. O amor que você faz (p.175-98)

Lori Ginzberg escreveu uma útil biografia, *Elizabeth Cady Stanton*. A história de *The Woman's Bible* é cuidadosamente narrada em *Mrs. Stanton's Bible*, de Kathi Kern. Beneficiei-me de muitos livros sobre a ascensão da influência das mulheres na religião: *The World According to Eve*, de Cullen Murphy; *Womanspirit Rising*, de Carol Christ e Judith Plaskow; *Religion and Sexism*, de Rosemary Radford Ruether; e *Deborah, Golda, and Me*, de Letty Cottin Pogrebin.

O nascimento de Set é analisado em Lerner, Alter e outros; a ideia do amor perdurando através de conflito é discutida em Fromm e May. O trabalho de Dorothy Tennov aparece em seu livro *Love and Limerence*; o de Helen Fisher está em *Why We Love* e outros.

Minhas considerações a respeito de *Frankenstein* fazem intenso uso da Norton Critical Edition, organizada por J. Paul Hunter, com o texto de 1818, contextos e críticas. O tema do amor na literatura romântica é explorado em *The Culture of Love*, de Stephen Kirn. A citação sobre a invenção do casamento moderno vem de Yalom; a citação de Austen é de *Emma*; a citação de Fromm, de *A arte de amar*; o extenso discurso de Woolf sobre o amor como ilusão está em *Noite e dia*; a citação de Emma Goldman aparece em *The Philosophy of (Erotic) Love*; a citação de Daly aparece em *Approaching Eden*; e a citação de Trible, em "Eve and Adam". O principal livro de teologia de Elizabeth Johnson é *She Who Is*.

Conclusão: Vida após a morte (p.199-226)

A vida e a obra do papa Francisco são descritas em *The Great Reformer*, de Austen Ivereigh, e *The Francis Miracle*, de John Allen.

Os números de Josefo vêm de *Antiquities of the Jews*, Livro I. A história do retorno de Eva e Set ao Jardim do Éden aparece em *Adam and Eve in the Protestant Reformation*.

A pesquisa de George Bonanno pode ser encontrada em "Loss, trauma, and human resilience", *American Psychologist*, bem como em "The secret life of guilt", de Derek Thompson, e "The space between mourning and grief", de Claire Wilmot, ambos em *The Atlantic*. As citações de Shakespeare, Brontë, Didion, Oates e Díaz são das fontes mencionadas. O poema de bell hooks encontra-se em seu livro *A Woman's Mourning Song*.

A ideia de pacto é discutida em *Understanding Genesis*, de Nahum Sarna, entre outros. Os votos do casamento judaico são analisados em *The Jewish Way in Love and Marriage*. A citação de Stendhal vem de *O vermelho e o negro*; a de Gibran, de *O profeta*; a citação de Rilke, de *Rilke on Love and Other Difficulties*, traduzido por John Mood; e a citação de Weil, de *Gravity and Grace*. May discute *kenosis* em *Amor*;

o trabalho de Gottman aparece em *What Makes Love Last?* e *The Seven Principles for Making Marriage Work*, entre outros.

A citação de Zornberg é de *The Beginning of Desire*. As citações de James e Gattis vêm de *The Philosophy of (Erotic) Love*. Conarração é discutida em *Conversational Narratives*, de Neal Norrick, e *Dinner Talk*, de Shoshana Blum-Kulka, entre outros. Fromm sobre se apaixonar é de *A arte de amar*. Piaget é de *The Language and Thought of the Child*. A pesquisa de Fisher encontra-se em *Why We Love*. Solomon é de *About Love*.

Os escritos de Mark Twain sobre Adão e Eva aparecem em *The Diaries of Adam and Eve*, organizado por Don Roberts. Eles são analisados em *The Bible According to Mark Twain*, de Howard Baetzhold e Joseph McCullough. A história por trás de "An Arundel Tomb" de Larkin, o próprio poema e um registro do poeta lendo a obra podem ser encontrados em www.poetryfoundation.org.

Agradecimentos

Gostaria de agradecer às dezenas de pessoas que são citadas neste livro, todas as quais cederam seu tempo, convidaram-me para suas casas e locais de trabalho e responderam às minhas questões, muitas vezes incisivas e pessoais, com desembaraço, perspicácia e de bom grado. Vocês são prova da capacidade de Adão e Eva de continuar a moldar o mundo milhares de anos depois que nele ingressaram. Obrigado pela orientação, sabedoria e, em muitos casos, amizade.

Avner Goren deu os primeiros passos dessa jornada comigo em Jerusalém, como fez em quase todas as que empreendi desde nosso primeiro encontro há quase duas décadas, que levou a *Walking the Bible*. Em Israel, sou profundamente grato a Susan Silverman, Anat Hoffman, Avital Hochstein, Nama Goren e Michal Govrin. Pela ajuda com a capela Sistina, a Geraldine Torney e a maravilhosa equipe da Italy With Us, Enrico Bruschini, Gregory Waldrop, Jeremy Zipple e Ian Caldwell. Pela companhia nas Galápagos, à família Pan-Stier: Max, Florence, Zachary e Noah.

No Fashion Institute of Design & Merchandising Museum, a Kevin Jones e Shirley Wilson. Também em Los Angeles, a David Wolpe. Às muitas mulheres no Kohenet e à equipe em Hazon. Em Long Island, a toda a comunidade do Compassionate Friends. Em Seneca Falls, a Coline Jenkins, Ami Ghazala e ao rev. Allison Stokes. A todos na CNN que me convidaram para cobrir a visita do papa, Jeff Zucker, Charlie Moore, Kerry Rubin, Rebecca Kutler e especialmente Anderson Cooper. No *New York Times*, a Stuart Emmrich e Laura Marmor.

Pelo apoio para manter este projeto e minha vida correndo sem problemas, a Chadwick Moore e Jerimee Bloemeke. Também Tim Hawkins e Tyler Gwinn.

David Black lidou com a gênese deste livro com habilidade e competência e continuou a ser seu defensor por toda a vida. Scott Moyers abraçou essa ideia com entusiasmo, conduziu-a até sua conclusão com generosidade e perspicácia e publicou-a com prazer e elegância. Obrigado por me acolher em sua família. Sou profundamente agradecido a Ann Godoff por seu apoio, compromisso e liderança. Christopher Richards melhorou o manuscrito imensuravelmente com seu olho detalhista e atento e seu espírito colaborador. Fiquei assombrado a cada passo pelo profissionalismo e a criatividade da Penguin Press. Um especial reconhecimento a Matt Boyd, Sarah Hutson, Yamil Anglada e tantos mais.

Agradeço aos companheiros de viagem que ajudaram a tornar os campos criativos um desafio que ainda vale a pena perseguir: Ben Sherwood, Joshua Ramo, Craig Jacobson, Alan Berger; àqueles que viajam junto aonde quer que vamos: Justin Castillo, David Kramer, Jeff Shumlin; e à minha irmandade viajante: Cari Bender, Lauren Schneider, Karen Lehrman Bloch, Sunny Bates. E um reconhecimento pessoal às muitas pessoas que se envolvem comigo nessas paixões, nas páginas, pessoalmenete e em redes sociais.

Tenho muita sorte (na maior parte do tempo!) em ter duas alegres e participativas famílias para condescender com minhas paixões e compartilhar minha vida. Essas raridades não acontecem por acidente. No meu caso, elas são possíveis devido à dedicação e à administração de Jane e Ed Feiler e Debbie e Alan Rottenberg.

Linda Rottenberg é certamente a pessoa mais indulgente com minhas ideias loucas – e ela é uma especialista diplomada, tendo escrito o livro *Crazy Is a Compliment*. É um elogio profundo a seu amor e paciência que ela tenha acalentado este meu sonho, melhorado cada rascunho, ajudado a levar o livro de volta ao curso algumas vezes e surgido com seu lendário sorriso. Depois de quase duas décadas juntos, posso ao menos dizer isso: querida, pode não ser o paraíso viver comigo, mas pelo menos comigo você nunca se perde!

É uma fonte de completa alegria para mim que este livro tenha começado com nossas filhas, Tybee e Eden, percebendo algo que eu não tinha visto numa das mais famosas peças de arte jamais produzidas. Desde quando eram muito novas, eu as estimulei a ser boas observadoras. Este livro também encarna a declaração de missão de nossa família: "Possa sua primeira palavra ser aventura e sua última palavra amor." Meninas, cada palavra nestas páginas está impregnada do sonho de que vocês vivam essas dádivas gêmeas assim como nos ensinam a cada dia as dádivas de serem gêmeas.

Meu irmão, Andrew, esteve ao meu lado, caneta vermelha na mão, ao longo deste livro como esteve em cada livro que escrevi. Durante a vida deste projeto, ele encontrou, com Laura Adams, o relacionamento recompensador, engenhoso e estimulante que procurou por tanto tempo. No espírito da primeira história de amor, este livro é dedicado a eles.

Índice remissivo

Números de página em *itálico* referem-se a ilustrações.

Abel, 24, 93, 153
    assassinato de, 154, 159-61, 162, 165, 169,
        173, 177
Abelardo e Heloísa, 35
Abraão, 15, 25, 159, 195, 202, 205
Ad e Evie, 147
Adão, 95, 97, 223-4
    criação de, 23-4, 32-3, 45-7, 62, 65, 95, 136,
        148, 197
    Jesus comparado a, 60
    Lilith como primeira esposa de, 134-7
    morte de, 31, 155, 201-2, 205
    representado por Michelangelo, 46,
        54-6, *61*, *63*
    tentação e queda de, 73, 190
Adão e Eva, história de:
    como alegórica, 15, 16, 94, 103, 129
    como emblemática de todas as pessoas,
        32-3, 42
    como usada por Hemingway *ver Jardim*
        do Éden, O
    contexto histórico da, 25-32
    culpa atribuída a, 15, 197, 216
    esquete radiofônico da *ver Chase and*
        Sandorn Hour
    expulsão do Éden, 23, 24, 27, 41, 56, 66,
        79, 89, 93, 109, 155-6, 217
    filhos de, 160, 161, 170, 173, 180, 181-2,
        198, 201, 207, 214; *ver também* Abel;
        Caim; Set
    Frankenstein e, 190-2
    fratricídio em *ver* Caim e Abel, história
        de
    interpretação fundamentalista alterna-
        tiva da, 126-32
    interpretada por Stanton, 185-9
    invenção do amor na, 21-43, 69
    luto na, 159-61, 167-8, 169-71, 173-4
    múltiplas narrativas da, 23-31, 32-3, 38-9,
        41, 43, 46-7, 135-7, 200-1

    interpretada por Milton *ver Paraíso*
        perdido
    na era da mídia, 112-32
    narração feminista da, 148-9, 186-9, 193-4
    no exílio do Éden, 155-60, 177, 181
    outras histórias da criação, 32, 46
    precedentes ausentes e estabelecidos
        na, 13, 95, 96, 109, 154, 155, 168, 178-9,
        202-3
    ramificações sexuais da, 32, 112-8, 120,
        159-60
    significado da, no mundo antigo, 23-31
    significado da, para a cultura, 12-20, 42,
        64-6, 72-3, 85-7, 97, 107, 126, 130, 146,
        164-5, 174, 199-226
    tentativa de Ritter e Strauch de recriar,
        91-2, 98-102
"Adão e Eva nas Galápagos", 92
Adeus às armas (Hemingway), 140
afinação, 219
África, 104, 106
Afrodite, 35
ágape, 37
Agostinho de Hipona, 15, 94, 120, 127, 130, 191
Alfabeto de Ben-Sira, 136-8, 141
Alter, Robert, 38, 46
American Academy of Religion, encontro
    de mulheres na, 148
amor:
    aceitação da dor e, 170-4, 178
    cair vs. ficar de pé, 220
    como antídoto para o isolamento, 9,
        18-20, 48-52, 68, 86, 104, 106-7, 117,
        129-30, 159, 173-4, 213, 216-7, 224-6
    como essência da humanidade, 9, 49, 66
    como procura do outro desaparecido,
        40-1, 43, 48-9, 51-2, 65-6
    conclave do autor de, 210-2
    definido, 19, 107, 212
    "estar apaixonado" vs., 181-2

246   *Adão e Eva, a primeira história de amor*

eixo *x* e eixo *y* do, 109-10
em relações duradouras, de longo
   prazo, 10-1, 105-6, 107-11, 178-82, 193,
   197-8, 220-1, 225-6
escolha e livre-arbítrio no, 88, 174
evolução do, 34-43
história de Adão e Eva como invenção
   do, 21-43, 64
individualidade e realização pessoal
   no, 35-6
introdução da ideia de, 20, 35
lado sombrio do, 133-52
objetivo do, 104-6
origem do termo, 117
parental, 153-74
raízes biológicas do, 49
reação fisiológica ao, 115, 180-1, 220-1
religião substituída por, 192, 214-5
sexo vs., 116-7
teorias de Darwin do, 103-4
três estágios do, 181
ver também amor romântico
Amor: uma história (May), 37, 214
amor a si mesmo, 37, 42, 81, 220
amor cortês, 35, 82
amor romântico, 105, 107
   Adão e Eva e, 95
   desejado por Dylan Klebold, 165-6
   evolução do, 34-43, 81-2
   seis elementos, 212-23
   três fases do, 34-6
amuletos, 137, 146
androginia, 39-40, 134, 141, 236
animais, 48-9
   dominação humana sobre, 25, 32, 41, 89
   formação de casais como rara em, 105
ano do pensamento mágico, O (Didion), 203-4
Anthony, Susan B., 175-7, *183*, 185, 188
   representação de, 175-6, 182, 183
antropologia, 34, 103, 211
argila, em histórias da criação humana, 32, 46-7
Aristófanes, 40
arqueologia, 26, 30, 103
arte, história da criação retratada na, 22, 44
arte de amar, A (Fromm), 19, 179, 216
"Arundel Tomb, An" (Larkin), 226
árvore da vida, 47, 70
árvore do conhecimento do bem e do mal,
   24, 47, 69-72, 156

Asclépio, bastão de, 70
assassinato:
   de Abel, 154, 159-61, 162, 165, 169, 173, 177
   de Wagner-Bosquet e Philippson, 100
   dentro de famílias, 160
   na Columbine High School, 163-7
assassinos, pais de, 163-7
Associação Médica Americana, 70
Astaire, Fred, 112
Aub, Ted, *183*
Auden, W.H., 20
Austen, Jane, 193
autoajuda, 49, 82, 83
Autobiography of Eve (Twain), 224

Babilônia, deusa demoníaca na, 135
bandolim de Corelli, O (Bernières), 182
banquete, O (Platão), 40, 141
Barbara (mãe enlutada), 168-70
basílica do Santo Sepulcro ("Túmulo de
   Adão"), 202, 223
Beagle, HMS, 95, 98, 102-3
Beauvoir, Simone de, 51, 193
Bento XVI, papa, 58
Bergen, Edgar, 113, 124
Bergoglio, Jorge Mario *ver* Francisco, papa
Bergson, Henri, 49, 237
Bernières, Louis de, 182
Bíblia do Rei Jaime, 23, 48, 79
Biran, Avraham, 16
Blake, William, 67, 153, 169
"Bless the Broken Road", 180
Bloomer, Amelia, *183*
bom, uso bíblico do termo, 47-8, 213
Bonanno, George, 203
Brontë, Charlotte, 192, 193, 203
Brontë, Emily, 193, 203
Brooks, Garth, 152
Bunhill Fields Burial Grounds, 67, 78, 84
Byron, Lord, 153-4, 161-3, 165, 189-90, 226

caçadores-coletores, 26-7, 30-1, 106-7
Cacioppo, John, 50, 117
Cady, Daniel, 184, 188-9
Cady, Eleazar, 184, 188
Cady, Margaret Livingston, 184
Caim, 153, 159-61, 177-8
   fratricídio cometido por, 159-61, 162-3,
   165, 173, 177

Índice remissivo

marca de, 165
nascimento de, 24, 93, 153, 159-60, 177
retratado por Byron, 153-4, 161
Caim (Byron), 153, 161-3
Caim e Abel, história de, 153-74
Calvino, João, 47
Campbell, Joseph, 19
Cântico dos Cânticos, 38, 71
casamento:
    amor como elemento do, 68, 84, 110
    Darwin sobre, 107-8, 111
    de Adão e Eva, 14, 68, 80, 84, 96, 108-9
    e amor duradouro, 179-82
    entre homem e mulher, 206-7
    entre pessoas do mesmo sexo, 183
    evolução moderna do, 151, 192-3
    feminismo e, 184
    índice declinante de, 11
    judaico, 119, 213
    Milton sobre, 76-80
    objetivo do, 127
    perda de filho como estresse sobre o,
      166-7, 170-1
    perda do amor no, 108
    sexo como domínio do, 124-5, 127, 130
casamento de companheirismo, 68, 193-4
Cecille (mãe enlutada), 168-9
censura, cinema, 120, 122, 146-7
cérebro:
    humano vs. animal, 104-5
    resposta fisiológica do, 49-50, 180-1, 220-1
Chalfont St. Giles, casa de Milton e museu
    em, 84-6, *85*
Chase and Sandorn Hour, escândalo da peça
    radiofônica em, 113, 122-5
Chichester, catedral de, efígies de pedra
    em, 226
ciências sociais, 18, 34, 50, 52
Clemens, Livy, elogio de Twain a, 224
Clemens, Samuel L. *ver* Twain, Mark
Clemente de Alexandria, 119
Código Hays, 122
Coleridge, Samuel Taylor, 138, 153
Colombo, Cristóvão, 94
Columbine High School, tiroteio na, 163-7
comédia romântica, 106
Comer, John Mark, 126-32, 144
Comer, Jude, 127
Comer, Tammy, 126-7

companheirismo, 9, 86, 213-4
    Adão e Eva como exemplos de, 17, 34,
      89, 158, 178, 226
    fomentado pelo sexo, 115, 118, 158-9
completude, amor como, 40-1, 43, 49-52,
    64-6, 191-2
comunicação, 17, 55-6
conarração, como elemento do amor, 219-23
conectividade, como elemento do amor, 214-5
conhecimento, 87-8
    amor baseado em, 179
constância, como elemento do amor, 216-8
Constituição, 14ª Emenda, 185
contrapeso, como elemento do amor, 215-6
Crescente Fértil, 21, 23, 26
criação de Adão, A (Michelangelo), *13*, 54, 61,
    62, 64
    na visão da família Feiler, 13, 65
criação de Eva, A (Michelangelo), 61, 63
criação de filhos, 104-6, 164-5
    luto na, 153-74
    pelo autor, 10-3
    tensões e desafios na, 12, 161-2
cristianismo, 35, 97
    desigualdade de gênero no, 43, 73
    interpretação positiva do sexo no, 126-32
    Lilith no, 137-8
    teologia do sexo como pecado no, 119-20,
      127
culpa, 131
    vergonha vs., 117-8
cultura atual, 126-44
    amor na, 192-8
    como enraizada na história de Adão e
      Eva, 13-20, 42, 137, 146, 176-7
    influência de Lilith na, 146-52
    isolamento na, 9, 11, 17-8
    lições e mensagens na história de
      Adão e Eva para, 12-20, 42, 64-6, 72-3,
      85-7, 97, 107, 126, 130, 146, 164-5, 174,
      199-226
    mulheres outsiders na, 142-6
    sexo como onipresente na, 129
Cuomo, Chris, 200, 209

Darwin, Charles, 92, 95, 98, 102-4, 107-8, 111, 187
Darwin, Emma Wedgwood, 108, 111
Davi, rei, 15, 26, 96, 202
De Botton, Alain, 40, 65, 116, 117

De Palma, Brian, 118
Declaração de Sentimentos, 184
Defoe, Daniel, 67, 79, 84, 98
depressão:
    isolamento e, 18, 50
    no luto, 168
desigualdade de gêneros, 157-8
    raízes da, 42, 43, 60, 72-4, 97, 128, 136-7,
        148, 176-7
Deus:
    autoridade vertical de, 89
    como fonte do amor, 35
    criação por, 24-5, 28-31, 32, 45-8, 65-6,
        119, 136, 191, 201, 213
    desejo do homem de brincar de, 190-2
    proibições da representação física, 55
    representado por Michelangelo, 45-6, 55
    retratado como mulher, 144-5
    uso do plural por, 29-30
deusas, 27-8, 29, 30, 135
deuses, 119
    múltiplos, 26-9, 30
    um deus comparado a, 28-9
Diabo:
    em *Paraíso perdido*, 80, 83
    Lilith associada com, 149-50
    mulheres associadas com, 137, 141-2
    no nascimento de Caim, 159
    serpentes associadas com, 69-70, 92,
        135, 137
    sexo associado com, 118
diálogo coletivo, 221
diálogo interno, 172
Didion, Joan, 203-5
Dietrich, Marlene, 112
divórcio, 68, 121-2, 129, 130, 133, 145, 206-7
    defendido por Milton, 77-8, 84
    índice em elevação do, 11
    luto e, 166-7, 171-2
DNA, 18, 49
dois, 193
    poder de, 24, 25, 32, 42-3, 51
Donne, John, 85
dualidade, 9, 23-4, 25, 32, 42, 51
    de luz e escuridão, 138
    no papel das mulheres, 151
"duas" histórias, 42-3, 51, 220

Eastman, Max, 140
"Eden Bower" (Rossetti), 141
Eduardo VIII, rei, e Wallis Simpson, 215

efeito de doação, 88
Egito, 33, 35, 70, 109, 159
Eleanor de Lancaster, 226
Em busca de sentido (Frankl), 19
Em busca do tempo perdido (Proust), 178-9
emoções, 109-10, 221-2
empatia, 49, 221
Enki e Ninmah, 32
Equador, 94
equilíbrio, igualdade vs., 215-6
era neolítica, 26-7, 30-1
erotismo, 138
escolha:
    na aceitação do trauma, 172, 174
    para Adão e Eva, 81, 83-4
    três motivos para, 88
escrita, processamento do luto através da, 172
Esdras, 73
espiritualidade, 143-6, 169-70
Estátua da Liberdade, 223
Eva:
    atribuição de nome a, 158, 178, 217
    caracterização individual de, 32
    criação de, 23, 48, 51-3, 56, 60, 62, 65-6,
        96, 109, 118, 136, 148, 181, 186, 187, 194,
        197
    descrita por Michelangelo, 13, 45, 55-6,
        57, 61, 63-4
    estátua de, 86
    idade de, 95, 97
    igualdade crescente de, 193, 194-5
    imortalidade de, 205-6
    Lilith identificada com, 148-9, 151
    Maria comparada com, 60, 62-3
    morte de, 155, 205
    reação inicial de Adão a, 51-2
    representada por Mae West, 113, 122-4
    tentação e queda de, 24, 41-2, 64, 70-3,
        93, 107, 126, 135, 156-7, 215
    viuvez de, 201-6
Eve's Diary ("Eve's Love Story"; Twain), 224
"Eviada", *Paraíso perdido* como, 87
evolução, 103, 126
exílio, 155-61
Êxodo, Livro do, 55
Extracts from Adam's Diary (Twain), 224
Eyre, Jane (personagem), 52-3
Ezequiel, Livro de, 94

Índice remissivo

Falwell, Jerry, 149
famílias:
  disfunção nas, 107, 160-3
  luto nas, 153-74
  teologia das, 206-10
fantástica vida breve de Oscar Wao, A (Díaz), 206
fase do afeto, 181, 214
Fausto (Goethe), 138
Feiler, Bruce:
  casamento de, 180
  duas filhas de, 10-2, 62, 65, 94, 180, 207-8, 210
Feiler, Linda, 10-2, 180
"felix culpa" (queda afortunada), 83
feminismo, 158, 175-98
  história de Lilith e, 142-52
  segunda onda do (anos 1960), 188, 196
  ver também mulheres, movimento das
festa da Imaculada Conceição, 62
figos, folhas de figueira, 71, 114, 155
Filadélfia, discurso do papa Francisco na, 199-200, 206-10
filhos, 221
  devoramento de, 135-6, 148
  educação *ver* criação
  morte de, e luto por, 18, 159-61, 163-74, 202-4, 214
Fisher, Helen, 34, 181, 211-2, 215-6, 221
Flaubert, Gustave, 116, 138
Floreana (ilha Charles), tentativa de recriar o paraíso em, 92
Forster, E.M., 215
França, 35, 82
Francisco, papa, 58, 199-200, 206-10, 226
Frankenstein (Shelley), 190-2
Franklin, Benjamin, 108
freiras, 196-8
Freud, Sigmund, 16, 17, 40, 128, 138-9
Friedo, propriedade, 98-102
Fromm, Erich, 17, 19, 179, 193, 208, 216, 220
fruto proibido:
  comido por Adão, 24, 64, 71, 83, 86-9, 95, 114-5, 120, 156
  comido por Eva, 24, 41, 64, 70-2, 82, 87, 93, 95, 114, 115, 148-9, 156, 187, 215
  conotações sexuais do, 71, 114-5
  consequências da ingestão, 93, 117
  pecado e, 72-3, 82-3
Frye, Northrop, 79

Gabbay, Uri, 32, 46
Galápagos, ilhas, 91-2, 98-103, 107
Gallagher, Daniel, 57-9, 64
Garfinkel, Yossi, 26-31
gênero, 81, 105-6
  debate sobre superioridade do, 25, 46
  em reações parentais ao, 162, 166
  inversão de, 87, 134
  origens do, 38-40, 46
  papéis cambiantes do, 11, 24-30, 39-40, 134, 140-2
Gênesis, 15, 22, 38, 64-5, 69, 126, 129-31, 158, 165, 170, 173, 174, 177, 186, 197, 212, 217
  amor descrito no, 40-1
  histórias da criação no, 23-31, 32, 38-9, 41, 43, 46-8, 135-7, 200-1
Gênesis Rabbah, 60, 95, 160
Gilgamesh, Epopeia de, 135
Godwin, Mary Wollstonecraft *ver* Shelley, Mary
Goethe, Johann Wolfgang von, 138
Goldman, Emma, 193-4
Gottman, John, 219
Grécia Antiga, 20, 36, 37, 71, 119
  amor e casamento na, 96-7
  drama da, 69
  mitologia da, 16, 35, 40, 135
Gregório de Nissa, 97, 119
Grube, Melinda, 175-6, 183-6, 188-9
grupos de apoio para o luto, 167-72

ha-adam (o adão; o humano), 29, 47
Hamilton (Miranda), 173
Hamilton, Alexander, Eliza e Philip, 173
Hammer, Jill, 143-6, 150-1
Hardy, Thomas, 116
Harris, Eric, 163-6
Hemingway, Ernest, 16, 133-4, 140-2, 226
  orientação sexual de, 140
Hemingway, Marcelline, 140
herança, 109
Hikmat (guia), 21, 22
história de uma viúva, A (Oates), 204
histórias de amor, 68-9, 221-3
  Adão e Eva como a primeira das, 33-4, 38, 68, 84, 155, 222, 225
  tradição histórica das, 33-43, 49, 52-3, 115
Hobbes, Thomas, 48
Hollywood, indústria cinematográfica de, 14
  amor romântico em, 36, 52

censura, 120, 122, 146
estrutura em três atos em, 93
figuras de Lilith em, 146-8
sexualidade em, 118, 120, 121; *ver também*
West, Mae
homens, 28, 29, 42, 47, 60
na criação de filhos, 105-6
objetivo dos, 104
paixão por, 52
Homero, 180
"Homo solitarius", experimento, 91-3
homossexualidade, 140, 143, 206-7
Howards End (Forster), 215
Hugo, Victor, 116, 138
humanismo, 82
Hussein, Saddam, 21, 22

idade, e amor duradouro, 95, 178-82, 197-8
identidade e orientação sexual, 39-40
Igreja católica, 122, 141, 195-8
igualdade de gêneros:
evolução da, 175-98
hierarquias cambiantes da, 24-5, 29-30,
59-60, 125, 177-8, 206
história de Adão e Eva interpretada
para, 13-4, 24-5, 29-30, 41, 43, 46, 51, 57,
63-6, 81-2, 83, 88-9, 109-10, 136-7, 147-8,
185-9, 201, 215
luta das mulheres pela *ver* feminismo;
mulheres, movimento das
ilusões positivas, 221
independência:
e interdependência, 80, 84, 90, 216
na escolha, 86-8
internet, 11
Iraque, guerra no, 21-2
Isaac, 25, 205
Isabella Freedman Jewish Retreat Center, 142
Isaías, Livro de, 135, 198
isolamento:
amor como antídoto para, 9, 18-20,
48-52, 68, 86, 104, 106-7, 117, 129-30,
159, 173-4, 213, 216-7, 224-6
como tema de *Frankenstein*, 190-2
na cultura atual, 9, 11, 17-8, 211, 225
Israel, 36, 47, 145
visita do autor a, 23, 25-32, 36
israelitas, 30, 31, 94, 159, 174

Jacó, 25, 38, 159, 202, 205
Jamerson, Carolyn, 112, 121, 124-5
James, William, 110, 219
Jane Eyre (C. Brontë), 192
Jardim do Éden:
Adão e Eva expulsos do, 23, 24, 27, 41,
56, 66, 79, 89, 93, 109, 155-6, 217
descrição do, 93-4, 207
esquete de rádio ambientado no, 113, 123-4
lado sombrio do, 133-52
local do, 21-3, 47, 93-5, 101-2
ramificações sexuais do, 112-8
revolução agrícola refletida, 26-7
tentativa de Ritter e Strauch de recriar,
91-2, 98-102
vida de Adão e Eva no exílio do, 155-61
Jardim do Éden, O (Hemingway), 133-4, 140-2
Jefferson, Thomas, 186
Jerusalém, 23, 25, 31, 36, 94, 202, 223
Jesus Cristo, 15, 57, 60, 62, 72, 82-3, 97, 129,
187, 219
Adão identificado com, 201-2
idade de, 95
sobre o amor, 37
Jó, 202
João, Primeira Epístola de, 35
João Paulo II, papa, 44, 58
Johnson, Elizabeth, 195-8
Johnson, Samuel, 79
Jonson, Ben, 85
Josefo, 201
Juízo Final (Michelangelo), 62
Júlio II, papa, 53
Jung, Carl, 16

Kalahari, deserto do, 106
Keats, John, 16, 52, 138
kenosis, 219
Klebold, Dylan, 163-7
Klebold, Sue, 163-7
Klebold, Tom, 163, 164-5
Klitsner, Judy, 36-7, 41-2, 81
kohen (sacerdote), 145
Kohenet (sacerdotisas), 145, 150
Konner, Melvin, 103-7
Kubler-Ross, Elizabeth, 202
Kushner, Harold, 172-4

Lameque, assassinato cometido por, 177
Larkin, Philip, 226

Índice remissivo

Le Grau du Roi, França, 133-4
Lerner, Anne Lapidus, 51
Lerner, Gerda, 27
Lev, Liz, 58-9, 62-6
Lewalski, Barbara, 80-4, 87
Lewis, C.S., 49
Lia, 38, 96, 205
Lilith, 134-52, 159, 170
  narração feminista de, 148-9
  transformação positiva, 142-52
Lilith Fair, 148-50
lingerie, de Mae West, 112, 120, 121, 122
língua, 32, 56, 58, 76
  contribuições de Milton para, 85-6
Littleton, Colorado, tiroteio, 163-4
livre-arbítrio, 120
  na escolha do amor, 88
  na Queda, 185
loira para três, Uma, 113, 121, 146
Londres, 67, 74, 76-9, 84
Lorenz (amante de Wagner-Bosquet), 100
Lutero, Martinho, 73, 97
luto, 18, 202-6
  na literatura, 203-4
  por cônjuge *ver* viuvez
  por filhos, 18, 159-61, 163-74, 202-4, 214
  processamento da dor no, 171-4
luto, cinco estágios do, 202-3

maçãs, 71, 123, 148
mal-estar na civilização, O (Freud) 138
Martin, James, 200
Massimo, Cesare, 44-5, 54-6
matriarcados, 27
May, Simon, 37, 43, 179, 211-2, 214, 219
McCarthy, Charlie, 113, 122, 124
McLachlan, Sarah, 149
Mefistófeles (personagem), 138
Melville, Herman, 98
Merton, Thomas, 5, 19, 89
Mesopotâmia, 14, 21-2, 28, 30, 33, 70, 94, 135
  criação bíblica comparada a histórias
    da, 32-3, 46-7
Michelangelo, 13, 16, 44-6, 71, 191, 226
  personagens na criação representados
    por, 53-6, 57, 59, 60, 61
millennials, 126, 128-9
Milton, John, 14, 16, 72-3, 74-90, 75, 153, 191, 215
  adversidade e tragédias de, 68-9, 76-9, 101

casamentos de, 76-9, 84, 101
  morte de, 78
Milton, Katherine Woodcock, 78
Milton, Mary Powell, 76-7, 78, 84
Miranda, Lin-Manuel, 173
miseráveis, Os (Hugo), 116, 192
mitos de origem, 26
mitzvá, sexo como, 119
Moby Dick (Melville), 98
Moisés, 15, 48, 89, 174, 205
  os cinco livros de, 103, 174, 186, 205, 213
monogamia, 105, 121, 212
monólogo coletivo, 221
morro dos ventos uivantes, O (E. Brontë), 203
morte,169-70
  estabelecimento da, 93, 157, 168
  pranteamento da *ver* luto
Mother's Reckoning, A (Sue Klebold), 164
Mott, Lucretia, representação de, 175, 182
movimento "Jesus é judeu", 195
mulheres, 11, 124, 133-52, 212
  crescente fortalecimento das, 82, 87,
    105-6, 145-6
  demonizadas na tentação de Eva, 73-4
  elevação eclesiástica das, 62-3
  na criação dos filhos, 105-6
  na escolha de parceiro, 105-6
  na religião, 147-50, 183-4, 185-6
  no ambiente do autor, 10
  opressão das, 11, 36, 59-60, 157-8, 175-6
  representadas no teto da capela Sistina,
    59, 65
  subserviência cultural das, 28, 97
  visão bíblica das, 59-60
mulheres, movimento das, 14, 175-7, 182-98
  cisma no, 185-8
Murphy, Shirley, 171-2
Museus do Vaticano, 44
  ver também Sistina, capela, teto

narrativa de histórias, 15-6, 26, 30-1
  conarração em, 43, 44-51, 219-23
National American Woman Suffrage Association, 188
NBC, 113, 122-4
nomes, importância dos, 33, 158, 177-8, 215, 217
Nova Versão Internacional, 158
Novo Testamento:
  amor no, 35-6

em *The Woman's Bible*, 177
influência de Adão e Eva sobre, 60-2
Nozick, Robert, 215
nudez, 100, 127
   de Adão e Eva, 24, 69, 93, 114-5, 116, 117, 130, 156, 181, 217-8, 222
   na cultura atual, 11

Oates, Joyce Carol, 204-5
obediência, amor vs., 88
olhos, contato visual, 115-6
Oliveiras, monte das, 31
orientação e identificação de gênero, variações da, 143, 182, 194, 206
origem das espécies, A (Darwin), 103
origens humanas, histórias comparáveis das, 32
Ovídio, 135, 159
Oxford English Dictionary, 85

pacientes de câncer, 166-7, 168, 180
pacto, como elemento do amor, 212-4
par de olhos azuis, Um (Hardy), 116
parábolas, 103, 129
paraíso, origem do termo, 94
Paraíso perdido (Milton), 68, 78-90, 98, 153, 190, 191
Paraíso Recuperado, hotel, 92, 100
paridaeza, pardes (jardim murado), 94
Parker, Dorothy, 88
parto, 160
   estabelecimento do, 157-8, 215
Paulo, são, 60, 73, 119
Paz, Octavio, 43, 88
pecado, 82-3
   mulher como fonte de, 73-4, 125, 216
   original, 128, 216-7
   sexo transformado em, 119-20, 127-8, 130
pecado original, 128, 216-7
Peck, M. Scott, 173
Perel, Esther, 138-9
peste, 67, 84
Pfeiffer, Pauline, 133
Philippson (amante de Wagner-Bosquet), 100
Piaget, Jean, 220-1
Pierson, Lance, 67-8, 74-9
Plaskow, Judith, 147-50
Platão, 35, 36, 40, 141, 179, 187
Plutarco, 97

poesia de amor, 33, 40
Polidori, John, 189
poligamia, 28
Pollitt, Katha, 89
Por quem os sinos dobram (Hemingway), 140
pornografia, 106, 130, 131
Powell, Richard, 76
preferência por idade, 155
procriação, 119
   ordem de Deus para, 25, 41, 77, 104, 131, 158
profeta, O (Gibran) 216
Proust, Marcel, 178
Provérbios, Livro dos, 96, 119
próximo, amor ao, 37, 42
psicologia, 50, 110
psicologia positiva, 110
Pursuit of Loneliness, The (Slater), 106

Queda:
   interpretação positiva da, 81-3, 87-90, 131
   reação de Deus à, 155-8
   responsabilidade de Adão e Eva na, 64-5, 72-4, 156-7
Qurnah, 21-2

raiva, amor e, 165-6
Raquel, 38, 96, 205
Rashi, 39, 52
Reagan, Nancy, 112
recém-nascidos, 49
Reis, Livro dos, 30
relações entre pessoas do mesmo sexo, 39
religião, 31, 207-10
   costumes de Hollywood vs., 114, 122-5
   de Milton, 74-8
   dominação masculina na, 14, 145, 147, 186-7, 188, 206
   e ciência, 50-1, 102-4
   e sexualidade, 124-31
   feminismo e, 142-52
   fundamentalista alternativa, 126-32, 144
   influência declinante da, 18, 35, 81-2, 102-3, 192, 214-5
   muros vs. pontes na, 207-10
rememoração, 169, 170
reprodução sexual, 104
revolução agrícola, 22, 26-8
Revolução Americana, 193
Richardson, Hadley, 133

Rilke, Rainer Maria, 217
Ritter, Friedrich, 91-2, 98-102, 111
Roma Antiga, 20, 35, 37, 71, 96-7, 119, 120, 135
Romantismo, 20, 153-4
    feminismo no, 192-4
    sexo no, 128
Romeu e Julieta (Shakespeare), 49, 69, 116, 127, 203
Roosevelt, Eleanor, 122
Rossetti, Dante Gabriel, 141
roupas, origem das, 158, 207, 217-8
Rousseau, Jean-Jacques, 128
Rubin, Zick, 115

sacerdotisas, do dia de hoje, 143-6, 150
Sacks, Jonathan, 42, 105, 211-3, 217-8
Saint-Exupéry, Antoine de, 173
Santa Helena, monte, erupção do, 171
Santa não sou, 113
São Pedro, basílica de, 44
Sara, 202, 205
Satan Came to Eden (Strauch), 92
Saul, 202
Scopus, monte, 31
Seberg, Jean, 147
Seneca Falls Convention (1848), representação da, 175-6, 182-3
serpente, 113, 123, 137-8, 157
    no Jardim do Éden, 14, 24, 41, 69-7, 73, 83, 87, 92, 93, 129, 156-7
    simbolismo da, 69-70, 135, 137-8
Set, 24, 173, 177-8, 179, 200, 201, 214
Sex, 122
sexo, sexualidade, 11, 29, 38, 113, 114, 129
    abstenção do, 170
    amor vs., 116-7
    avanço das fronteiras do, 112-32
    celebrado como bom, saudável e alegre, 127-32
    como domínio do casamento, 124-5, 127, 130
    freios impostos ao, 104, 106, 138
    lado sombrio do, 133-52
    mulheres fortalecidas pelo, 88, 105-6
    para Milton, 76
    pecaminosidade e, 118-20, 127-8, 130-1
    raízes na história de Adão e Eva, 14, 38, 52-3, 64, 71, 80, 112, 113, 114-8, 157-8
    relações cimentadas através do, 115, 130, 158-9

Sexo no cativeiro (Perel), 138
Shakespeare, William, 16, 84, 85, 87
    peças românticas de, 35, 69
    soneto CXVI de, 218
Shekhinah (nome feminino para Deus), 144
Shelley, Mary, 16, 189-92, 193, 226
Shelley, Percy Bysshe, 153, 189-90
Shere, Taya, 145, 150
Sinatra, Frank, 179-80
Sínodo sobre a família, 211, 212
Sistina, capela, teto, 12-4, *13*, 44-6, 58, *61*
    figuras e imagens do, 53-7
    lugar de Eva no, 46, 62
    visita da família Feiler a, 13, 62, 65
Sisto IV, papa, 53, 62
Slater, Philip, 106
Sobre o amor, 82
solidão, 47-50, 142, 190-2, 204
    disfuncão e, 166
    ver também isolamento
Solomon, Andrew, 165
Solomon, Robert, 19, 69, 108, 197-80, 223
St. Giles without Cripplegate, *75*, 76
Stallone, Sylvester, 208
Stanton, Elizabeth Cady, 175-7, 182, *183*, 183-9, 193, 194, 196, 226
    representação de, 175-6, 182, 183
Stein, Gertrude, 140
Stevens, Wallace, 49
Strauch, Dore, 91-2, 98-102, 111
substâncias neuroquímicas, 49-50, 180-1
sufrágio afro-americano, 185
sufrágio feminino, 176, 185, 188
Sugden, Keith, 85-6
suicídio, 133, 168
Suméria, 28, 135

Talmude, 12, 36, 39, 47, 95, 136, 202
Templo, monte do (monte Moriá), 31
Tennov, Dorothy, 180
tentadoras, 138, 142
Thoughts on the Education of Daughters (Wollstonecraft), 191-2
Tigre e Eufrates, 21-2, 26, 47
Tocqueville, Alexis de, 211
tomografias cerebrais, 181, 221
Torá, 23, 37, 39
Trabalhos de amor perdidos (Shakespeare), 87
transgênero, 39, 182

trauma, 171-4, 178-9
Trible, Phyllis, 194
Tristão e Isolda, 35, 49
Twain, Mark, 16, 223-4, 226

união, 89
  mistério universal da, 18
  na transgressão de Adão e Eva, 71-2
  no casamento, 77
  sexo e, 116-7

Vaticano, 12, 57-8, 196, 208, 210, 217
vergonha, sexo e, 117-8, 120, 131
vida íntima de Adão e Eva, A, 147
Vindication of the Rights of Women, A
  (Wollstonecraft), 191-2
violinista no telhado, O, 110
Virgem Maria, 60, 62-3, 97
virgindade, 96, 119, 126-7
viuvez, 201-6, 224

Wagner-Bosquet, Eloise Wehrborn de, 100
Weil, Simone, 218
West, Mae, 14, 112-4, 121-5, 131, 146
  Eva representada por, 113, 122-4
When Bad Things Happen to Good People
  (Kushner), 172
When God Was a Woman (Stone), 27
Whitman, Walt, 88, 205
Wilde, Oscar, 108
Wittmer, Heinz e Margret, 100
Wollstonecraft, Mary, 189, 191-2
Woman's Bible, The (Stanton), 177, 186-9, 194
Woolf, Virginia, 40, 193

Yeats, William B., 48

Zeus, 40, 135
Zornberg, Avivah, 52, 219

A marca FSC® é a garantia de que a madeira utilizada na fabricação
do papel deste livro provém de florestas que foram gerenciadas de maneira
ambientalmente correta, socialmente justa e economicamente viável,
além de outras fontes de origem controlada.

Este livro foi composto por Mari Taboada em Dante Pro 11,5/16
e impresso em papel offwhite 80g/m² e cartão triplex 250g/m²
por Geográfica Editora em março de 2019.